电子商务
数据分析与应用

隋东旭 ◎ 编著

微课+思政版

清华大学出版社
北京

内 容 简 介

本书着眼于电子商务数据分析岗位的主要工作内容，将理论与实践相结合，以训促学，分别对电子商务数据分析概述、市场数据、竞争数据、商品数据、流量数据与转化率、采购数据、销售数据、库存数据、客户与客服数据、数据可视化与报告做出具体阐述。在讲解知识时，提供多个微课视频、数据分析案例辅助读者深入理解相关电子商务数据分析的具体概念及方法，同时配以丰富的小贴士、知识链接、实训拓展等资源，旨在锻炼学习者的数据分析与应用能力，同时让学习者能够独立地根据电子商务运营中的数据分析结果解决在运营中出现的相关问题。

本书可作为高等院校、高职高专院校电子商务专业、移动电子商务专业、市场营销、统计等相关专业的教学用书，也可供欲从事电子商务网络数据分析相关工作的人士学习、参考。

图书在版编目（CIP）数据

电子商务数据分析与应用：微课+思政版 / 隋东旭编著. —北京：清华大学出版社，2023.4
（2025.3重印）
ISBN 978-7-302-63309-9

Ⅰ．①电…　Ⅱ．①隋…　Ⅲ．①电子商务—数据处理—高等学校—教材　Ⅳ．①F713.36

中国国家版本馆 CIP 数据核字（2023）第 060491 号

责任编辑：邓　婷
封面设计：刘　超
版式设计：文森时代
责任校对：马军令
责任印制：刘海龙

出版发行：清华大学出版社
　　网　　址：https://www.tup.com.cn，https://www.wqxuetang.com
　　地　　址：北京清华大学学研大厦 A 座　　　　邮　　编：100084
　　社 总 机：010-83470000　　　　　　　　　　邮　　购：010-62786544
　　投稿与读者服务：010-62776969，c-service@tup.tsinghua.edu.cn
　　质量反馈：010-62772015，zhiliang@tup.tsinghua.edu.cn
印 装 者：三河市君旺印务有限公司
经　　销：全国新华书店
开　　本：185mm×260mm　　　印　　张：18.75　　　字　　数：456 千字
版　　次：2023 年 5 月第 1 版　　　　　　　　　印　　次：2025 年 3 月第 3 次印刷
定　　价：69.80 元

产品编号：095965-01

前　言

党的二十大报告指出，高质量发展是全面建设社会主义现代化国家的首要任务。习近平总书记强调，构建新发展格局的重要任务是增强经济发展动能、畅通经济循环。与其他生产要素相比，数据具有可复制、非消耗、边际成本接近于零等新特性，打破了自然资源有限供给对增长的制约，能够为经济转型升级提供不竭动力。同时，数据对其他生产要素具有放大、叠加、倍增作用，可以推动资源快捷流动、市场主体加速融合，提升经济社会各领域资源配置效能。

随着互联网新媒体的发展，云计算、互联网、社交网络等新兴技术及服务不断涌现，电子商务行业的竞争日益加剧，内容同质化现象越来越严重，电子商务企业承受的竞争压力也愈来愈大，原始的运营模式已无法在新媒体经济环境下立足，因此，实现数据化运营、数据化营销才是改变现状的唯一方法，而这些措施的实施基础就是对电子商务数据进行精准分析。由此，数据分析能力成为当下电子商务行业人才的必备技能之一。从市场分析到数据报告的撰写，从商品数据分析到客户与客服数据分析，营销与客户服务紧密联系在一起，可见，数据分析已经渗透到电子商务运营的大部分流程中，辅助电子商务企业提高运营效率，为电子商务企业提供重大决策依据，实现电子商务企业的商务价值。

本书秉承理论与实践相结合的设计理念，以 Excel 2016 版软件为基本工具，结合大量电子商务运营中的真实数据，如商品数据、市场数据、流量数据、采购数据、库存数据等，辅助读者理解电子商务数据分析的内涵，将烦琐的数据分析问题用简单易懂的案例进行全面详细且深刻独到的解析，提升读者的数据分析能力，使其发现数据中存在的问题并将其解决，为企业市场人员、电子商务从业者、个人创业者等提供指导，继而推动企业可持续发展。

本书编写思路

本书以电子商务数据为导向，突出了"以数据为主体，以技能为核心"的编写特点，体现了"以训促学、学做合一"的思想，系统地阐述了电子商务数据分析的基本概念、模型、方法和分析与应用，以实用为原则，重点培养"应用能力"，同时让读者在了解电子商务数据分析概念的基础上，快速掌握电子商务数据的分析方法、技巧，并应用到具体实战中。全书共 10 章，以下为具体章节的内容。

第 1 章：以电子商务数据对电子商务运营的意义为基础，阐述电子商务数据分析的概念及原则，在更深层次分析电子商务数据分析模型的类型以及有效的电子商务数据分析方法，多角度剖析电子商务数据分析的基础知识，提升读者对电子商务数据分析的认知。

第 2 章至第 4 章：主要讲述电子商务运营基础数据，从市场的行情及行业数据分析入手，结合竞争对手的销售数据及竞争产品数据、商品数据等进行讲解，使读者对整个电子商务运营数据的精准分析打下坚实的基础。

第 5 章至第 9 章：主要讲述电子商务运营核心数据，以营销推广数据为着力点，以"采购、销售、库存"数据为主线，以"客户和客服数据"为评价指标，深入浅出地全方位地分析电子商务运营主要数据，培养读者的全局数据运营观念。

第 10 章：对数据可视化进行阐述，并将特殊图表实现数据可视化，实现将数据分析结果以报告形式呈现。因此，本章节在数据可视化，数据报告的撰写流程、撰写技巧方面做出详细讲解，并列举诸多数据分析报告实例，讲练结合，达到学以致用的目的。

本书特色

基于笔者对电子商务数据的认知和读者需求的综合考量，本书呈现如下几个特点。

（1）系统规划、案例主导。根据当下电子商务运营的形势，本书在内容规划上具有系统化、全面化的特点，在注重系统性和科学性的基础上，更加注重可操作性及实用性，同时通过大量的案例操作和分析，深入浅出的讲解，让读者真正掌握电子商务分析的方法及技巧，辅助读者建立自己的知识体系。

（2）图表教学、内容详尽。本书采用了多种数据图表，给读者直观的感受，以此种教学模式，使读者更直观、清晰地掌握数据分析的应用知识，全面掌握电子商务数据分析的技能，进而提升学习效果，解决电子商务企业在运营中所面对的问题。

（3）知识拓展、资源丰富。本书每章设置多个小贴士、知识链接、章节练习、拓展实训等模块，总结了电子商务运营相关的知识拓展，增强了读者与作者的互动；同时本书还提供电子课件、微课教学视频、期末测试卷及答案、教学标准、数据原始素材等丰富的教学资源，方便直观，使读者不仅可以着眼于书本知识，还可以放开眼界，将理论知识运用于实践，更好地为电子商务行业服务。

（4）板块新颖、融入思政。本书在板块设计上努力做到将"学思用贯通"与"知信行统一"相结合，还在理论教学及案例中融入前沿知识、文化传承、职业道德等思想政治教育的元素，体现课程思政，提升读者思想认识，以加强对电子商务数据分析及运营人才的素养的培养。本书不仅能开拓读者的眼界，还能激发读者的家国情怀和工作责任意识。

本书由隋东旭老师负责全书内容的组织与编写。同时感谢具有丰富经验的电子商务行业培训与实战讲师宋广运和刘凯伦两位老师对本书的帮助、建议以及为本书提供的大量数据素材。

本教材既可作为高等院校市场营销专业、电子商务专业、移动电子商务专业、统计学专业及相关专业的教学用书，也可作为从事电子商务数据分析相关职业的人员的参考用书。

本书在编写过程中参考了大量书籍、论文、网站内容，在此对相关作者表示感谢。由于编者水平有限，书中难免存在不足和疏漏，请各位专家与读者不吝赐教。

作者
2023 年 1 月

目 录

第1章

电子商务数据分析概述

案例导入

数据时代助力精准营销

利用明星效应进行营销的模式我们并不陌生，各大品牌也一直在选用当下最有影响力的明星为自己的产品代言。李宁曾与少女时代的郑秀妍跨界合作，推出 LI-NING X Jessica 系列产品。该系列产品备受追捧，销量遥遥领先。这种合推新产品的成功并不是偶然的，而是大数据下的产物，是基于社交媒体的数据收集、处理的一次精准营销。这一切都要归功于时趣数据中心。

首先，时趣数据中心基于大数据的人群洞察，找到品牌与消费者的最优连接者；其次，通过采集、清洗、存储、计算并整合海量微博数据匹配明星信息，以确保信息精准抵达；最后，建立相应的预测响应机制，根据客户在社交媒体的活动建立数据模型，优化后续营销活动设计。

总的来说，在当下互联网快速发展的新媒体经济形势下，通过对庞大复杂的客户数据进行挖掘、追踪、分析，对不同的客户群体进行聚合，建立较为完整的客户或客户群体模型，可以更精准地提出产品营销解决方案，最终以个性化营销和主动营销方式取代传统无差异的、被动的产品营销方式，促进电子商务企业发展。

学习目标

1. 了解电子商务数据分析的概念、原则、流程及作用。
2. 理解电子商务数据分析的 SWOT 模型、PEST 模型、5W2H 模型、逻辑树模型、漏斗模型。
3. 掌握电子商务数据的分析方法及分析工具的用法。

重难点分析

1. 正确认识并区分电子商务数据分析 SWOT 模型、PEST 模型、5W2H 模型、逻辑树模型、漏斗模型，并能用以上模型分析解决实际问题。

2. 能够运用电子商务数据分析的工具和方法对电子商务数据进行分析。

思政导学

根据我国相关法律法规的规定，引导学生在进行数据分析时讲究先后顺序，采用合理的工作方法和工具，培养学生树立做事情讲条例、恪尽职守的职业道德。

1.1 电子商务数据分析认知

电子商务数据分析是为了帮助电子商务企业在电子商务经营过程中分析所产生的一切数据，继而在此过程中寻找模式、数据之间的相关性以及其他可参考的信息，以达到帮助商家做出重大决策的目的。

1.1.1 电子商务数据分析的概念与目的

1. 电子商务数据分析概念

数据分析是指收集、处理数据并将其转化为有效信息的过程。我们也可将其定义为在业务逻辑的基础上，运用简单有效的分析方法和合理的分析工具对获取的信息进行处理的一个过程。

2. 数据分析的目的

数据分析的目的是把隐藏在一大批看来杂乱无章的数据中的信息集中和提炼出来，从而找出所研究对象的内在规律。在实际应用中，数据分析可帮助人们做出正确判断，以便采取适当的行动。假设电子商务企业经营者准备开拓一个新的市场，那么其需要充分了解竞争对手的市场状况、市场潜力及销售预测，从而为发现市场机会找到突破口。因此数据分析在企业运营过程中具有极其重要的地位。

1.1.2 电子商务数据分析的流程

对于任何数据，不同的人因所处的位置不同，根据数据得出的结论就不同，因为每个模块都可以细化到小模块，并"大作文章"。数据是客观事实，它本身并不会说明什么，但是其中蕴含的信息需要通过一系列数据分析流程进行发掘，因此专家将有效的电子商务数据分析流程总结为以下 6 个步骤，如图 1-1 所示。

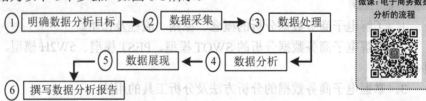

图 1-1　数据分析流程

1. 明确数据分析目标

根据数据分析的目标选择需要分析的数据，明确数据分析想要达到什么效果，带着一个清晰的目的进行数据分析，才不会偏离方向，才能为企业决策者提供有意义的指导意见，这是确保数据分析过程有序进行的先决条件，同时也为后续的数据采集、处理、分析提供清晰的指引方向。因此需要梳理分析思路，并搭建分析框架，把数据分析目标分解成若干个不同的分析要点，然后针对每个分析要点确定分析方法和具体分析指标。

2．数据采集

数据是数据分析的基本原料，没有数据就无法开展数据分析工作。数据的采集可利用 Excel 对统计调查或科学实验得到的第一手或企业内部直接的统计数据进行直接获取，也可通过查阅资料或使用数据统计工具（如 Python 语言）等间接获取。

3．数据处理

数据处理是指对采集到的数据进行加工整理，其基本目的是从大量的，可能杂乱无章、难以理解的数据中抽取并推导出对解决问题有价值的数据。这些数据需要根据数据分析目标进行加工整理，以形成适合数据分析的样式，保证数据的一致性和有效性。这是数据分析前必不可少的环节，其中包括以下处理环节。

（1）数据清洗：对数据进行重新审查和校验的过程，目的在于删除重复信息、纠正存在的错误，并提供数据一致性。

（2）数据转化：将数据从一种表现形式变为另一种表现形式的过程，即将原始数据转换成适合数据分析的形式。

（3）数据提取：从数据源中抽取数据的过程。

（4）数据计算：对数据表中的数据有目的地进行加、减、乘、除等计算，以求最大化地开发数据价值、提取有用信息。

4．数据分析

数据分析是用适当的分析方法及工具对处理过的数据进行分析，提取有价值的信息，形成有效结论的过程。通过对数据进行探索式分析，可以对整个数据集形成比较全面的认识，从而选择恰当的分析策略。提取价值信息的有效方法包括对比法、拆分法、分组法等。

5．数据展现

数据展现是数据可视化的部分，是把数据观点展示出来的过程。数据展现除遵循各电子商务企业已有的规范原则外，具体形式还要根据实际需求和场景而定，常用的展现图形有饼图、柱状图、条形图、折线图、气泡图、散点图、雷达图等，如图 1-2 所示。

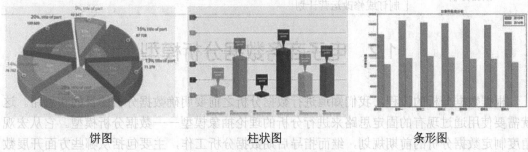

饼图　　　　　　　　　　柱状图　　　　　　　　　　条形图

图 1-2　常见的数据展现图形

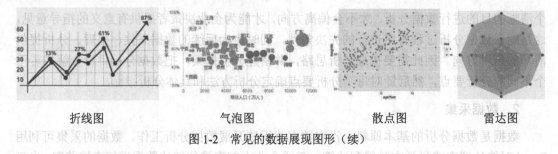

| 折线图 | 气泡图 | 散点图 | 雷达图 |

图 1-2 常见的数据展现图形（续）

6．撰写数据分析报告

数据分析报告是对整个数据分析过程的一个总结与呈现。通过报告，把数据分析的思路、过程、得出的结论及建议完整呈现出来，供决策者参考。常用的制作报告的软件有PPT、Word。

撰写数据分析报告结构要清晰，主次要分明，以使读者正确理解报告内容；报告需图文并茂，让数据更加生动活泼，提高视觉冲击力，帮助企业更形象、直观地看清楚问题和结论，从而产生思考；要注重数据分析报告的科学性和严谨性，可以通过报告中对数据分析方法的描述、对数据结果的处理与分析，让企业感受到整个数据分析过程的严谨。

1.1.3 电子商务数据分析的作用

数据分析具有极其广泛的应用范围，从最初对产品的市场调研到售后的跟踪服务，再到最后的处置都需要数据分析加以支撑。在电子商务企业的运营过程中，定期对企业进行数据分析可帮助领导做出决策、预防企业隐藏的风险、把握市场动向，而在日常经营中，数据分析的作用主要体现在以下三个方面，如表 1-1 所示。

知 识 链 接

大数据的特征

表 1-1 电子商务数据分析作用

作　　用	具 体 表 现
现状分析	提供企业现阶段运营状况，勘察企业各项业务的构成情况，主要对企业内部各项业务的发展以及变动情况做重点分析
原因分析	可及时发现企业存在的问题，并分析具体原因，从而制订相应的解决方案
预测分析	通过对电子商务数据的分析，对企业未来大发展趋势做出预判，便于企业随时制订或修改运营计划

1.2　电子商务数据分析模型

根据数据分析的流程，我们知道进行数据分析之前要明确数据分析的目的和思路。这就需要使用通过现有的固定思路来进行分析的理论抽象模型——数据分析模型。它从宏观角度制定数据分析的前期规划，继而指导后期数据分析工作，主要包括从哪些方面开展数据分析、各方面包含什么内容或指标。熟练掌握这些数据分析模型有利于进行现状分析、原因分析和预测分析。常用的数据分析模型有 SWOT 模型、PEST 模型、5W2H 模型、逻辑树模型、漏斗模型等。

1.2.1 SWOT 模型

1. SWOT 模型的概念及应用范围

SWOT 模型从优势（strength）、劣势（weakness）、机会（opportunity）、威胁（threats）四个维度对企业的现状、未来加以预测。常用于制定公司发展战略、做竞争对手分析、企业市场定位以及个人生涯规划，是应用矩阵思维的一种模型，需要罗列组织内部的优势与劣势以及外部的机会与威胁，继而有机组合并进行数据分析。

（1）优势与劣势（SW）。优势与劣势是对企业或某个产品内部环境的分析，从中得知与竞争对手相比存在哪些优势和劣势。正确认识优势与劣势，才能够扬长避短。

（2）机会与威胁（OT）。机会与威胁是对宏观大环境的分析。对机会要积极争取，对威胁要进行规避，同时也要意识到，威胁本身既是机遇也是挑战。

将这四个维度下的条件逐一列出，运用矩阵思维对这四个方面进行交叉组合，还可以得到 SO（优势+机会）、WO（劣势+机会）、ST（优势+威胁）和 WT（劣势+威胁）的维度，如图 1-3 所示，其中对组合而成的四个方面列出了相应的内容。对于自身的优势同时也是机会的部分要放大并加以利用；对于自身的劣势是机会的部分要改进以迎合机会；对于自身的优势是威胁的部分不能冒进，要持续监控和跟进；对于自身的劣势同时也是威胁的部分要尽可能地消除。

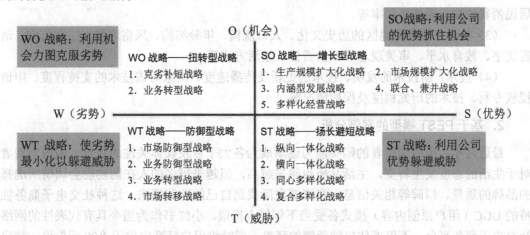

图 1-3 SWOT 模型矩阵图

2. 基于 SWOT 模型的案例分析

SWOT 模型应用较为广泛，在电子商务企业中的应用较为典型。以下为基于 SWOT 分析的吉林省电子商务企业发展策略研究的过程：通过数据调研结果分析吉林省电子商务企业发展现状，运用 SWOT 分析法，对吉林省电子商务企业发展具有的优势与劣势、面临的发展机遇与挑战进行系统分析，构建 SWOT 矩阵，提出了吉林省电子商务企业发展的四种策略。

（1）SO 策略。利用区位优势，发展跨境电子商务，加快工业生产创新，建立电子商务培养基地，加强区域合作。

（2）WO策略。引进成功电子商务企业的同时大力培育本土电子商务企业，推动大型企业建立行业化的电子商务平台，带动产业链上下游企业发展，完善电子商务高级人才引进机制。

（3）ST策略。发挥区位优势，积极发展农村电子商务，开拓各行业线上线下融合创新模式，有效应对各地区抢占电子商务市场的竞争状况。

（4）WT策略。加大财政支持力度和人才引进力度，鼓励小微企业创新创业，加强物流基础设施建设。

上述SWOT战略组合使吉林省对其电子商务企业的发展有了更加清晰的认识与把握，对于提升吉林省对外发展水平，提高城市竞争力，推动新一轮全面振兴具有重要的指导意义。

1.2.2 PEST模型

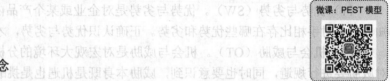

微课：PEST模型

1. PEST模型的概念

PEST模型是用来帮助企业检阅其外部宏观环境的一种方法，是指宏观环境的分析。虽然不同行业和企业根据自身特点和经营需要，分析的具体内容会有差异，但一般都会对政治（political）、经济（economic）、技术（technological）和社会（social）这四大类影响企业的主要外部环境因素进行分析。因此，称之为PEST分析法，以下为其具体内容。

（1）政治：政治体制、经济体制、政局稳定性、财税政策、行业法规等。

（2）经济：经济发展水平、经济政策、国家经济形势、国民生产总值、居民消费水平、居民消费结构、通货膨胀率等。

（3）社会：国家或地区的历史文化、人口规模、年龄结构、风俗习惯、宗教信仰、语言文字、教育水平、审美观念、社会责任、生活方式等。

（4）技术：新技术的发明、技术的更新及传播速度、国家对该技术的支持程度、申请授权专利、技术的研究程度及保护情况等。

2. 基于PEST模型的案例分析

最近几年，国内消费者的购买能力逐渐成为各大平台及媒体关注的焦点。国内消费者对于生活的态度发生转变，生活品质也越来越高，但越来越多的人在购物前会调研所选择的品牌的质量、口碑等相关信息，在浏览之际找到自己的购买需求。这种社交电子商务独特的UGC（用户原创内容）模式备受当下年轻人推崇。小红书作为当今具有代表性的网络社交电子商务平台，不仅抓住口碑营销的商机，同时将用户精准定位于"90后"这一精致生活消费群体，迅速受到年轻用户群体特别是年轻女性用户的喜爱。因此我们重点分析一下PEST模型在小红书中的应用。

（1）从政治法律角度看，国务院相关政策使社交电子商务发展迅速。近年来，电子商务在国家经济发展、拉动内需、助农扶贫等方面都有突出贡献。2018年1月，国务院办公厅印发了《关于推进电子商务与快递物流协同发展的意见》，明确提出促进、引导电子商务与快递业协同发展。该政策实施后，小红书可以与其合作的物流企业同时优化发展，实现更加规范化的合作。

2019年8月，国务院办公厅印发《国务院办公厅关于促进平台经济规范健康发展的指导意见》，强调加强政府与平台的数据共享，大力发展并完善社会信用体系，同时加强平台、经营者以及消费者的权益保护。这是平台创新发展的重大政策机遇。

（2）从经济角度看，能够顺利融资和当前国民经济平稳运行使小红书迅速发展。当前，虽然新冠疫情对于中国经济造成严重冲击，但中国反应迅速，及时转危为机，开拓了经济发展的新路线。目前，国内疫情防控与复工复产两手抓，同时政府在当前的工作报告中也大力强调要加强宏观经济政策的实施力度，着力实现企业稳定和就业保障，并积极部署实施扩大内需战略。在政府政策的支持下，小红书的发展迎来良好态势。

（3）从社会角度看，后消费水平和消费观念带动消费转化升级。当前，小红书平台的月活跃用户数已经过亿，其中90%的用户是"90后"。"90后"群体的消费能力相对较高，主要来源于校外兼职、父母支付生活费、奖学金等。他们的消费观主要以"超前消费"这种新兴的特殊消费主义支撑。在这种消费主义的引导下，小红书用户进行的美好生活好物分享无异于一种精准的对于消费欲望的刺激。对于大学生来说，学习消费已经不再是最主要的消费内容，消费内容还包括各种休闲娱乐、特色吃喝等。"90后"这种高消费水平和新兴消费观念对于小红书等社交电子商务的发展来说无疑是绝佳的机遇。

（4）从技术角度看，人工智能的迅速发展为社交电子商务创新提供了转机。小红书对目前在平台内的产品推荐、搜索和智能理解三个主体功能上，都大量采用了人工智能技术。对于当前国内人工智能技术产业的创新创造和大规模应用，小红书首席设计官认为人工智能是中国人工智能产业实现迅速发展的重要机遇：本土企业掌握着更丰富的数据，与产业结合更加便利，大量高端技术人才不断涌现。

当前人工智能的发展与社交电子商务的发展相辅相成，协同进步。各大平台人工智能技术的广泛应用也促进小红书不断寻求突破与创新，不断优化平台质量，提高运营效率，提升服务品质。

1.2.3 5W2H模型

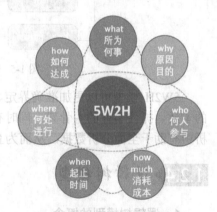

图1-4 5W2H数据分析模型图

1. 5W2H模型的概念

5W2H分析模型又叫"七问分析法"，即以5个以W开头的英文单词和2个以H开头的英文单词进行提问，从回答中寻找答案的分析方法，具体表现如图1-4所示。

（1）what：以"什么"为结尾的提问，如"要做什么？""目的是什么？"

（2）why：以"为什么"开始的提问，如"为什么要做？""为什么是这个方案？"

（3）who：以人为关键词的提问，如"谁来负责？""谁来承担？""谁来完成？""目标受众是谁？"

（4）when：以时间为关键词的提问，如"什么时候开展活动？""什么时候活动结束？""每一步分别何时开展？""什么时机最适宜？"

（5）where：以地点为关键词的提问，如"在哪里开展活动？""渠道有哪些？""从哪里入手？"

（6）how：具体的实施步骤，越详细越好，如"该怎么做？""如何优化？""如何实施？""如何提高效率？"

（7）how much：涉及程度的提问，如"费用产出如何？""质量水平如何？""预算多少？""配备多少人员？""做到什么程度？"

2. 基于5W2H模型的案例分析

如果平时不善于提问，那么在发明设计中就会对问题不敏感，看不出问题。对一个问题刨根问底，才有可能发现新的知识和疑问。所以从根本上说，想要准确地解决问题首先要学会提问，善于提问。例如，如果对用户购买行为进行分析，就可以用5W2H分析模型从各方面搭建框架，再进行细化分解，最终得到一个整体的分析框架，如图1-5所示。

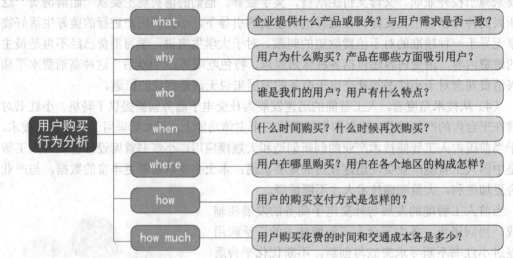

图1-5　用户购买行为5W2H分析模型

5W2H模型可以更加准确界定、清晰表述问题，提高工作效率，有利于有效掌控事件的本质，抓住事件的主骨架。同时有助于思路的条理化，杜绝盲目性。在电子商务数据分析中有助于全面分析数据，从而为企业发展规划提出建设性意见。

1.2.4 ▶ 逻辑树模型

1. 逻辑树模型的概念

逻辑树分析模型运用逻辑树来分析问题。逻辑树又叫树图、问题树、演绎树或分解树等，常用来对问题层层拆解，将问题的所有子问题分层罗列，从最高层开始，逐步向下扩展，直至找到末端原因。

2. 逻辑树模型的类型

逻辑树可分为三种类型：议题树、假设树、是否树。

（1）议题树是将一项事物细分为有内在逻辑关系的副议题，有助于将问题分解为可以分别处理的利于操作的小模块。议题树的主要形式是先提出一个问题，然后将这一问题细分为多个与其有内在逻辑关系的副议题。议题树结构如图1-6所示。

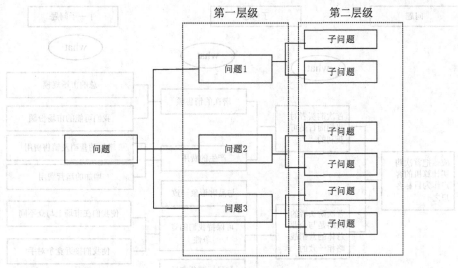

图 1-6　议题树结构

（2）假设树即假设一种解决方案，并确认足够的论据证明或否定这种假设，有助于较早集中潜在的解决方案，加快解决问题的进程。假设树的主要形式是先假设一种解决方案，然后通过已有的论据对该方案进行证明。对于某种假设方案，只有当所有论点都支持该方案时，该假设方案才可以得到验证，否则会被推翻，如图 1-7 所示。

（3）是否树用于说明可能的决策和相关的决策标准之间的联系，有助于确认对目前要做的决定有关键意义的问题。其主要形式是先提出一个问题，然后对这一问题进行判断与分析，分析的结果只有两种，非"是"即"否"。是否树结构如图 1-8 所示。在对问题进行分析前，有些结果已有标准方案。

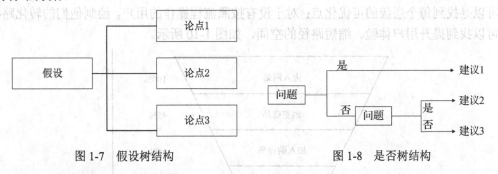

图 1-7　假设树结构　　　　　图 1-8　是否树结构

3. 基于逻辑树模型的案例分析

逻辑树能使解决问题的过程更加完整，也可将工作细分为一些利于操作的部分，然后确定各部分的优先顺序，最终明确地把责任落实到个人。例如，某计算机销售公司通过网络营销，制定计算机推广方案，因此必须对之前的销售数据进行系列分析，从而有效提升本轮销售业绩。在众多环境因素下，该企业选择利用逻辑树模型进行分析，为销售方案提供价值参考，具体分析过程如图 1-9 所示。

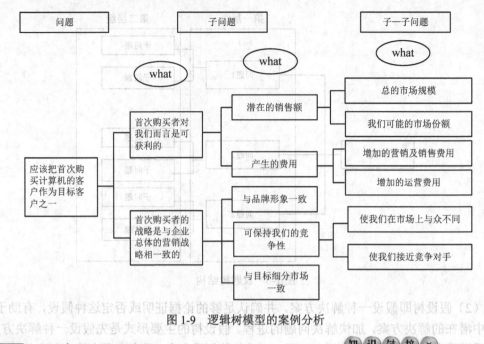

图 1-9　逻辑树模型的案例分析

1.2.5 漏斗分析模型

1. 漏斗分析模型的概念

漏斗分析模型是指由多个自定义事件序列按照指定顺序依次触发流程中的量化转化模型的过程。在营销中是将潜在客户逐步变为客户的转化量化模型。

2. 基于漏斗分析模型的案例分析

例如在做电子商务的分析转化中，对按照流程操作的用户进行各个转化层级上的监控，就可以寻找到每个层级的可优化点；对于没有按照流程操作的用户，绘制他们的转化路径，就可以找到提升用户体验、缩短路径的空间，如图 1-10 所示。

> **知识链接**
>
> 如何建立逻辑树思维

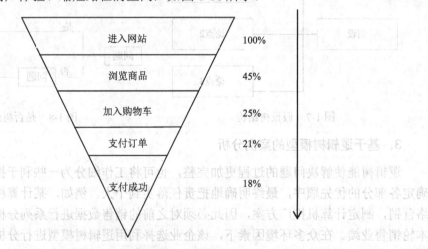

图 1-10　电子商务分析的漏斗模型

用户从进入网站到浏览商品页面，转化率是45%；从添加购物车到购物车结算，转化率是25%；如果想找出哪个环节转化率最低，就需要有对比数据。

如从进入网站到浏览商品，如果同行业水平的转化率是50%，而本网店只有45%，那说明这个过程的转化率没有达到行业内的平均水平，这时就需要分析具体原因，继而有针对性地优化和改善。

漏斗分析模型一般用于业务流程规范、周期长、环节多的流程分析，通过对漏斗各环节数据的对比分析，直观地发现问题所在。漏斗模型也广泛应用于流量监控、产品目标转化等日常数据运营工作中。

1.3 电子商务数据分析方法与工具

1.3.1 电子商务数据分析方法

1. 电子商务数据分析方法概念

在电子商务运营中，选择合适的数据分析方法，往往可达到事半功倍的效果，数据分析方法是指在进行分析时具体采用的分析方法，主要从微观角度指导如何进行数据分析。

2. 电子商务数据分析的常用方法

常见的基本数据分析方法有对比分析法、分组分析法、结构分析法、平均分析法、矩阵分析法等。

1）对比分析法

对比分析法也称比较分析法，是把客观事物加以比较，以认识事物的本质和规律并做出正确的评价的分析法。对比分析法通常是把两个相互联系的指标数据进行比较，从数量上展示和说明研究对象规模的大小、水平的高低、速度的快慢，以及各种关系是否协调。在对比分析中，选择合适的对比标准是十分关键的步骤，选择合适才能做出客观评价，选择不合适可能得出错误的结论。

对比分析可以选择不同的维度进行，以下为常用的维度。

（1）时间维度。时间维度以不同时间的指标数值作为对比标准，是一种很常见的对比方法。根据选择比较的时间标准的不同，可分为同比和环比。

同比是指将本期分析数据与去年同期分析数据对比而得到的相对数据。这类数据一般消除了季节变动带来的影响，如今年1季度与去年1季度相比。

环比是指本期分析数据与前一时期的分析数据对比，以表明现象逐期的发展速度，如本年3季度与2季度对比、2季度与1季度对比等。

例如，某企业2021年1季度与2022年1季度产值同比的情况如图1-11所示，2022年1季度与2季度的产值环比情况如图1-12所示。

（2）空间维度。空间维度可选择不同的空间指标数据进行比较，可以与同级部门、单位、地区进行比较，也可以与行业内的标杆企业、竞争对手或行业平均水平等进行比较。

（3）计划目标标准维度。计划目标标准维度指实际完成值与目标、计划进度进行对比。

这类对比在实际应用中是非常普遍的，如公司本季度完成的业绩与目标业绩相比，促销活动实际销售情况与原计划销售情况相比，等等。

图 1-11　企业产值同比情况

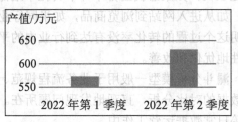

图 1-12　企业产值环比情况

（4）经验与理论标准维度。经验标准是通过对大量历史资料的归纳而得到的标准，理论标准则是通过已知理论经过推理得到的标准，如衡量生活质量的恩格尔系数，对比农村、城镇的恩格尔系数，等等。

2）分组分析法

分组分析法是一种重要的数据分析方法，其根据数据分析对象的特征，按照一定的标志，把数据分析对象划分为不同的部分或类型来进行研究，以揭示其内在的联系和规律性。

分组是为了便于对比，把总体中具有不同性质的对象区分开，把性质相同的对象合并在一起，保持各组内对象属性的一致性、组与组之间对象属性的差异性，以便进一步运用各种数据分析方法来解构内在的数量关系。因此，分组分析法必须与对比分析法结合运用。

分组分析法的关键是分组。那么该如何分？按什么样的规则分？选择不同的分组标志，可以有不同的分组方法。通常可以按属性标志和数量标志等进行分组。

（1）属性标志分组分析法。属性标志分组分析法是指按分析数据中的属性标志来分组，以分析社会经济现象的各种类型特征，从而找出客观事物规律的一种分析方法。

属性标志所代表的数据不能进行运算，只用于说明事物的性质、特征，如人的姓名、所在部门、性别、文化程度等标志。

按属性标志分组一般较简单，分组标志一旦确定，组数、组名、组与组之间的界限也就确定了。例如，人口按性别分为男、女两组，具体到每一个人应该分在哪一组是一目了然的。

一些复杂问题的分组称为统计分类。统计分类是相对复杂的属性标志分组方法，需要根据数据分析的目的统一规定分类标准和分类目录。例如，反映国民经济结构的国家工业部门分类，其先把工业分为采掘业和制造业两大部分，然后分为大类、中类、小类三个层次。

（2）数量标志分组分析法。数量标志分组分析法是指选择数量标志作为分组依据，将数据总体划分为若干个性质不同的部分，分析数据的分布特征和内部联系。

数量标志所代表的数据能够进行加、减、乘、除运算，说明事物的数量特征，如人的年龄、工资水平、企业的资产等。

3）结构分析法

结构分析法是指将分析研究的总体内各部分与总体进行对比的分析方

法。总体内的各部分占总体的比例属于相对指标，一般某部分所占比例越大，说明其重要程度越高，对总体的影响越大。例如，对国民经济的构成分析，可以得到国民经济的生产、流通、分配和使用各环节占国民经济的比重或是占各部门的贡献比重，揭示各部分之间的相互联系及变化规律。

以下为结构相对指标（比例）的计算公式。

结构相对指标（比例）=总体某部分的数值/总体总量×100%

结构分析法的优点是简单实用，在实际的企业运营分析中，市场占有率就是一个非常典型的应用。

市场占有率=(某种商品销售量/该种商品市场销售总量)×100%

市场占有率是分析企业在行业中竞争状况的重要指标，也是衡量企业运营状况的综合经济指标。市场占有率高，表明企业运营状况好，竞争能力强，在市场上占据有利地位；反之，则表明企业运营状况差，竞争能力弱，在市场上处于不利地位。

所以，评价一个企业运营状况是否良好，不仅需要了解客户数、收入等绝对数值指标是否增长，还要了解其在行业中的比重是否维持稳定或者也在增长。如果在行业中的比重下降，说明竞争对手增长更快，相比较而言，企业就是在退步。对此，企业要提高警惕，出台相应的改进措施。

4）平均分析法

平均分析法是运用计算平均数的方法来反映总体在一定时间、地点条件下某一数量特征的一般水平的分析方法。平均指标可用于同一现象在不同地区、不同部门或单位间的对比，还可用于同一现象在不同时间的对比。

平均分析法的主要作用包括以下两点。

（1）利用平均指标对比同类现象在不同地区、不同行业、不同类型单位等之间的差异程度，比用总量指标对比更具有说服力。

（2）利用平均指标对比某些现象在不同历史时期的变化，更能说明其发展趋势和规律。平均指标有算术平均数、调和平均数、几何平均数、众数和中位数等，其中最常用的是算术平均数，也就是日常所说的平均数或平均值。

以下为算术平均数的计算公式。

算术平均数=总体各单位数值的总和/总体单位个数

算术平均数是非常重要的基础性指标。平均数是综合指标，它的特点是将总体内各单位的数量差异抽象化，只能代表总体的一般水平，掩盖了平均数背后各单位的差异。

5）矩阵分析法

矩阵分析法是将事物（如产品、服务等）的两个重要属性（指标）作为分析的依据，进行分类关联分析，以解决问题的一种分析方法，也称为矩阵关联分析法。

矩阵分析法是由交叉分析法演变而来的，和交叉分析法最大的区别是矩阵分析法的两个轴是维度，不是度量。交叉分析就是将两项及多项指标进行交叉，从而找到变量之间的关系，发现数据的特征的分析方法。

下面就以用户满意度研究这一经典案例来介绍矩阵分析法的应用。某公司用户满意度调查情况如图1-13所示，通过该图能够非常直观地看出公司在各方面的竞争优势和劣势，从而合理分配公司有限的资源，有针对性地确定公司在管理方面需要提升的重点。

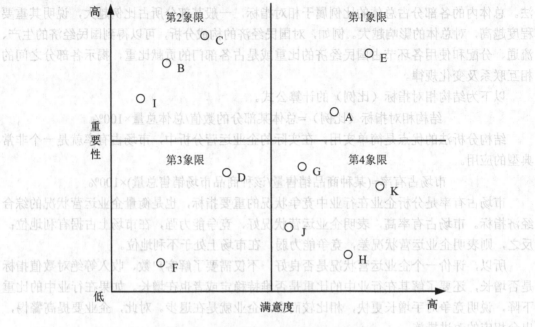

图 1-13　某公司用户满意度调查象限图

（1）第 1 象限（高度关注区）：属于重要性高、满意度也高的象限。A、E 两个服务项目落在这个象限上。它意味着用户对公司提供的某方面服务的满意程度与用户所认为的此方面服务的重要程度相符合，均高于平均水平。对该象限上的两个服务项目，公司应该继续保持并给予支持。

（2）第 2 象限（优先改进区）：属于重要性高但满意度低的象限。B、C、I 这三个服务项目落在这个象限上。这个象限标志着改进机会，用户对公司提供的某方面服务的满意程度大大低于他们认为的此方面服务的重要程度。公司必须谨慎地确定需要什么类型的改进。用户感觉有时候与事实一致，有时候并不一致，所以必须谨慎对待。如果确定确实是产品或服务存在问题，则需要进行改进。做好这几项服务项目，可以有效地提高用户满意度，为公司赢得竞争优势。

（3）第 3 象限（无关紧要区）：属于重要性低、满意度也低的象限。D、F 这两个服务项目落在这个象限上。这个象限意味着用户认为此方面服务不太重要，而且公司也没有对此投入相应资源，满意度也低。对这个象限上的两个服务项目，公司应该进一步关注用户对其期望值的变化，以便于提供更好的服务。

（4）第 4 象限（维持优势区）：属于重要性低、满意度高的象限。G、H、J、K 这四个服务项目落在这个象限上。这个象限标志着资源过度投入，用户对公司提供的某方面服务的满意程度大大超过了他们认为此方面服务的重要程度。公司投入了比达到用户满意的结果更多的时间、资金和资源。如果可能，公司应该把在此区域投入的过多资源转移至其他更重要的产品或服务上，如第 2 象限上的 B、C、I 这三个服务项目。

通过上述分析可知，矩阵分析法非常直观清晰，使用简便，所以它在营销管理活动中应用广泛，对销售管理可起到指导、促进、提高的作用，并且在战略定位（市场定位、产品定位）、用户细分、满意度研究等方面都有较多应用。

6）聚类分析法

聚类分析法是指将物理对象或抽象对象的集合分组，形成由类似的对象组成的多个类的分析方法。聚类分析的目标是在相似的基础上收集数据并进行分类。聚类技术源于很多领域，包括数学、计算机科学、统计学、生物学和经济学等。在不同的领域，很多聚类技术都得到了很好的应用，这些技术被用于描述数据、衡量不同数据源间的相似性，以及把数据源分到不同的簇中。

聚类分析法是一种探索性的分析方法。在分类的过程中，人们不必事先给出一个分类标准，聚类分析法能够从样本数据出发自动进行分类。不同的研究者对于同一组数据进行聚类分析，所得到的结论未必一致。

聚类常常与分类放在一起讨论。聚类与分类的区别在于，聚类所要求划分的类是未知的，聚类是将数据分类到不同的类或者簇的一个过程。所以，同一个簇中的对象有很大的相似性，而不同簇间的对象有很大的相异性。

从统计学的观点看，聚类分析法是通过数据建模简化数据的一种方法。传统的聚类分析方法包括系统聚类法、分解法、加入法、动态聚类法、有序样品聚类法、有重叠聚类法和模糊聚类法等。采用 k-均值、k-中心点等算法的聚类分析工具已被置入许多统计分析软件，如 SPSS、SAS 等。

从实际应用的角度看，聚类分析是数据挖掘的主要任务之一。而且聚类分析能够作为一个独立的工具获取数据的分布状况，观察每一簇数据的特征，对特定的聚簇集合做进一步分析。聚类分析还可以作为其他算法（如分类和定性归纳算法）的预处理步骤。

7）回归分析法

回归分析法是研究一个随机变量（Y）对另一个随机变量（X）或一组随机变量（$X_1, X_2, \cdots, X$）的相依关系的统计分析方法。回归分析法是确定两种或两种以上随机变量间相互依赖的定量关系的一种统计分析方法，其运用十分广泛。回归分析法按照涉及的自变量的多少，可分为一元回归分析和多元回归分析；按照自变量和因变量之间的关系类型，可分为线性回归分析和非线性回归分析。

回归分析法简单地说就是几个自变量经加减乘除后得到因变量。例如，想知道活动覆盖率、产品价格、客户薪资水平、客户活跃度等指标与购买量存在何种关系，就可以运用回归分析法，把这些指标及购买量的数据输入系统，运算后即可分别得出这些指标与购买量存在何种关系的结论，以及通过进一步的运算得出相应的购买量。

回归分析工具是一种非常有用的预测工具，既可以对一元线性或多元线性问题进行预测分析，也可以对某些可以转化为线性问题的非线性问题进行预测分析。一般线性回归分析主要有以下五个步骤：根据预测对象确定自变量和因变量；制作散点图，确定回归模型的类型；估计参数，建立回归模型；检验回归模型；利用回归模型进行预测。利用回归分析法进行预测时，常见的是一元线性回归分析，又称简单线性回归。

1.3.2 电子商务数据分析工具

1. 常用工具

掌握两个及两个以上的分析工具才能更好地进行数据分析。分析工具可分为以下五类。

1）数据思路类工具

常用工具：思维导图（MindManager）、XMind、FreeMind、Visio。

作用：数据分析思路的拓展和管理，便于记忆并组织思路。

应用：项目分析思路、工作规划、头脑风暴、创意。

2）数据存储与提取工具

常用数据存储工具：Access、MySQL、SQL Server、Oracle。

常用数据提取工具：数据库工具；Navicat（SQL客户端）；Excel、数据分析和挖掘工具的数据接口。

这些工具应用于数据项目的起始阶段，用于原始数据或ETL11后数据的存储与提取，并进行初步计算和筛选，如计数、汇总、求和、排序、过滤等。以下为常用的数据库工具。

（1）Access。Access是Office套件之一，是微软公司发布的关系型数据库。

适用人群：个人及小规模数据量。

优点：与Office产品结合好，界面化操作。

缺点：数据文件不能突破2G，结构化查询语言（JETSQL）能力有限，不适合大型数据库处理应用。

（2）MySQL。MySQL是世界级开源数据库，属于Oracle的关系型数据库。

适用人群：中、小型企业及部分大企业。

优点：体积小，速度快，成本低，开放源码，应用广泛。

缺点：相比大型付费工具，其稳定性和商业支持不足，缺乏存储程序功能。

（3）SQL Server。SQL Server是由微软公司开发的关系型数据库。

适用人群：大、中型企业。

优点：与微软公司产品线结合紧密、支持大多数功能、界面友好、易于操作、具有丰富的接口、伸缩性好。

缺点：只支持Windows，多用户时性能受限，图形界面执行效率低。

（4）Oracle。Oracle是世界级数据库解决方案，属于关系型数据库的一种。

适用人群：大型企业。

优点：兼容性好，多平台支持，效率高，稳定性强，可连接性广泛。

缺点：功能复杂，多用户时性能受限，图形界面执行效率低。

3）数据分析与挖掘工具

入门基本工具：Excel（函数、数据分析模块）。

专业应用工具：SPSS、Clementine、SAS。

"骨灰级"工具：Python、R。

作用：通过模型挖掘数据关系和深层数据价值。

应用：数据项目的核心阶段，用于数据挖掘处理。

（1）Excel。Excel Office是基本套件，自带函数功能和数据分析模块。

适用人群：入门数据分析师、经验丰富的VBA工程师。

优点：是基本工具，使用广泛，模块简单。

缺点：功能简单，适用场景较少。

（2）SPSS。SPSS是数据统计和分析主要工具之一。

适用人群：数据统计和基本挖掘的数据分析师。

优点：基本数据统计和处理功能强大，可用模型较多，可与 Clementine 结合。

缺点：数据挖掘的流程控制较弱。

（3）Clementine。Clementine 是专业的数据挖掘工具。

适用人群：数据挖掘工程师、高级分析师。

优点：丰富的数据挖掘模型和场景控制、自定义功能，可与 SPSS 结合。

缺点：功能略显复杂，需要丰富的实践经验。

（4）SAS。SAS 是专业的数据挖掘工具。

适用人群：数据挖掘工程师、高级分析师。

优点：丰富的数据挖掘模型和场景控制、平台化、EM 模块整合。

缺点：学习难度大。

（5）R 语言。R 是免费、开源的专业数据统计、分析、挖掘和展现工具。

适用人群：程序员、数据挖掘工程师。

优点：免费，开源，功能丰富，应用广泛。

缺点：学习难度大，需要编程能力。

（6）Python。免费、开源的编程语言，可应用于数据计算方向。

适用人群：程序员、开发工程师、数据挖掘工程师。

优点：免费，开源，容易上手，适合大数据应用。

缺点：语法独特，运行速度比 C 和 C++慢。

4）数据可视化工具

入门展示工具：Excel（PowerPivot）、PPT。

专业可视化工具：Tableau、Power BI。

其他工具：GoogleChart。

作用：展现数据结果。

应用：用于数据项目结尾时，通过数据展现增加沟通效果。

（1）Tableau。Tableau 是付费的商业可视化工具。

适用人群：图形可视化人群、分析师、BI 人员。

优点：接口较为丰富，美观，操作相对简单。

缺点：侧重于可视化，缺少深入挖掘的功能。

（2）Power BI。Power BI 是微软推出的一种交互式报表工具，能够把静态数据报表转换为效果酷炫的可视化报表，还能够根据 filter 条件动态筛选数据，对数据进行不同层面和维度的分析。Power BI 本质上是一款数据分析工具，数据分析的所有流程，包括对数据的采集、清洗、建模和可视化都能实现，以此用数据驱动业务，帮助企业做出正确决策。

适用人群：图形可视化人群、分析师、BI 人员。

优点：操作简单，可视化图形丰富，有免费版本。

缺点：安装步骤烦琐，只支持 Windows 平台。

5）商业智能类

BI（business intelligence）即商业智能。

内涵：数据仓库、OLAP、数据挖掘。

内容：数据仓库、数据抽取、OLAP、数据可视化、数据集成。

常用工具：微软、IBM、Oracle、SAP、Informatica、Microstrategy、SAS。

作用：数据综合处理和应用。

应用：数据工作的整个流程，尤其是智能应用。

（1）微软商业智能（SQL Server 系列）。以下为 SQL Server BI 的产品组成。

SSIS：集成服务，ETL 及整体 BI 的调度。

SSAS：分析服务，包括 Cube、OLAP 和数据挖掘。

SSRS：报表服务，包括订阅和发布等功能。

另外，通过 Excel、SharePoint 可做数据门户和集成展示；通过 Performance Server 做绩效管理应用。

（2）IBMCognos。IBMCognos 是世界级商用 BI 解决方案之一，具有广泛的易用性、稳定性、完整性。以下为 Cognos 的产品组成。

Powerplay Transformation Server：数据连接、调度、ETL。

Powerplay Enterprise Server：第三方集成、OLAP、数据门户。

ReportNet Server：数据展现和详细定义。

Access Manager：安全管理模块。

Powerplay Client：ES 的客户端，OLAP 报表制作工具。

（3）Oracle BIEE（Oracle business intelligence enterprise edition）。BIEE 的数据模型也是世界级商用 BI 解决方案之一。

物理层（physical）：用于定义和连接各类异构数据源。

逻辑层（business model and mapping）：定义逻辑模型与物理模型间的映射关系。

展现层（presentation）：前端展现和应用。

（4）SAP BI（SAP business intelligence）。BI 即端到端的数据应用平台，包括 Business Objects Enterprise（BI 平台）、Webintelligence（查询分析）、CrystalXcelsius（水晶易表）等。

2．网站分析常用工具

1）Adobe Analytics

Adobe Analytics 是一种行业领先的解决方案，用于收集、整理、分析和报告客户的一切行为。

Analytics 可整合所有营销数据，为用户提供个性化程度更高的体验，更明智地使用广告费用并利用内容实现盈利；获取专为移动营销人员设计的仪表板和报告，并将应用程序数据与更广泛的营销指标整合起来；随着 Web 分析需求的增长，可将 Analytics 与全方位客户视图、强大的预测模型和跨渠道属性相结合。

2）Webtrekk

Webtrekk 是一个以原始数据为基础提供网站分析工具和服务的公司。与美系的商业级分析工具一样，Webtrekk 可以提供从实时分析、社交媒体分析、App 应用追踪到线下电视广告效果追踪的全套分析工具和服务。以下为 Webtrekk 的主要特点。

（1）实时：工具提供插件处理并展示实时数据。

（2）原始数据：所有分析过程基于原始数据进行。

（3）快速：工具提供预设置和缓存功能，提高使用效率。

3）Google Analytics

Google Analytics 是 Google 的一款免费的网站分析工具，其功能非常强大，只要在网站的页面上加入一段代码，就可以提供丰富详尽的图表式报告，提高网站的投资回报率、转换率，以在网上获取更多收益。

Google Analytics 可对整个网站的访问者进行跟踪，并能持续跟踪到营销广告系列效果，不论是电子邮件广告系列，还是任何其他广告计划。利用此信息，可了解哪些关键词真正起作用、哪些广告词最有效，访问者在转换过程中从何处退出。

4）IBM Coremetrics

IBM Coremetrics 网站分析和营销优化工具能帮助营销人员全面掌握网站访客的情况及客户的行为，并可以提供一套综合全面的网站会话指标，衡量其在线营销方案的效果，了解社交媒体战略对业务的影响并自动实现交叉销售和追加销售。此外，网络行为分析洞察服务能够捕获访客在各个营销触点及渠道中的数字化轨迹，营销人员只需点击数次便可获得深入的洞察并据此制订个性化的营销方案。

5）百度统计

百度统计是百度推出的一款稳定、免费、专业、安全的数据统计、分析工具，它能够为 Web 系统管理者提供权威、准确、实时的流量质量和访客行为分析，帮助监控日常指标，为实现系统优化、提升投资回报率等目标提供指导。

百度目前可提供几十种图形化报告，可以帮助用户监控网站运营状态，提升网站推广效果，优化网站结构和用户体验。

拓展实训

【实训目标】

通过实训，使学生能自主准确地选择合适的数据分析方法及工具，对电子商务运营数据进行精准分析。

【实训内容】

掌握多种数据分析方法，收集电子商务数据分析常用工具，并做出异同点的对比，制定对比分析表，写出对比方法，并撰写分析报告。

【实训步骤】

（1）以 2～3 人为单位组成一个团队，设负责人一名，负责整个团队的分工协作。

（2）团队成员通过分工协作，多渠道收集相关资料。

（3）团队成员对收集的材料进行整理，总结并分析不同数据分析方法及工具的异同点，制定分析过程的思维导图。

（4）各团队将总结制作成表格，撰写分析报告，派出 1 人上台演讲，阐述自己团队的成果。

（5）教师对各团队的成果进行总结评价，指出不足与改进措施。

【实训要求】

（1）考虑到课堂时间有限，实训可采取"课外+课内"的方式进行，即团队组成、分工、讨论和方案形成在课外完成，成果展示安排在课内。

（2）每个团队方案展示时间为 10 分钟左右，教师和学生提问时间为 5 分钟左右。

课后习题

1．列举常用的数据展现图的类型。

2．对 PEST 模型的具体内容做出陈述。

3．列举常用的数据分析方法。

4．说明 5W2H 中的"W"和"H"分别指什么。

第 2 章

市场数据分析

Balabala 的"童年不同样"

中国著名企业森马在香港创建了一个童装品牌——Balabala,并有意通过线上市场切入。森马第一步考虑的是淘宝天猫市场,但由于森马是生产企业,品类齐全,不知道如何制定前期切入市场的战略。因此森马首先分析人口及儿童出生数据,了解未来使用群体的基数变化;然后分析童装类目近三年发展趋势,了解该类目的交易概况与生命周期;最后分析品牌交易集中度,找准自身的合理品牌定位,构建消费者画像,定位目标消费者,从而挖掘出该类目二级类目的市场潜力与定位,找出机会类目,以"高起点、高档次、低价位"为企业经营战略,并将品牌定位于休闲、时尚、运动、健康的都市化风格。Balabala 因一直秉持"童年不同样"的理念进行产品设计、广告策划以及线下活动推广,成为家长的首选品牌。

学习目标

1. 了解市场容量分析及市场趋势分析的思路。
2. 掌握市场趋势分析的计算方法。
3. 理解市场行情分析的内容与方法。
4. 掌握对行业数据的挖掘、商家搜索量走势、行业卖家情况、行业商品价格与销量进行分析的方法。

重难点分析

1. 基于数据进行同比及环比的计算,并进行组合图的创建与设置。
2. 独立对商家搜索量走势、行业卖家情况、行业商品价格与销量进行分析。

思政导学

在市场数据采集和分析的过程中,应该注意市场整体行情、趋势等宏观数据的收集、整理与汇总,培养学生做事情顾全大局的意识。

2.1 市场行情分析

市场行情是指市场上商品流通和商业往来中有关商品供给，商品需求，流通渠道，商品购销和价格的实际情况、特征以及变动的情况、趋势和相关条件的信息。只要有市场就有市场行情，就需要进行市场行情数据分析，包括市场容量分析及市场走势分析。

2.1.1 市场容量分析

市场容量是指在不考虑产品价格或供应商的前提下，市场在一定时期内能够吸纳某种产品或劳务的单位数目。市场容量分析就是对市场规模的分析和判断，市场的规模大小决定市场中企业的发展。

微课：市场容量
分析思路

1. 市场容量分析思路

市场规模的瓶颈是由市场容量决定的，容量越大瓶颈越高，因此分析市场容量的首要条件是确定市场瓶颈，而市场瓶颈需要根据市场容量和头部企业来确定。

例如，当当网某一个市场的规模是 20 亿元，那么对于市场内的店铺来说最大的可能就是 20 个亿，但从市场经济方向来看是不可能实现的。假如市场中有 40 家店铺瓜分市场规模的 60%，那么这 40 家店铺的规模瓶颈就在 3000 万元上下浮动。除此之外，也可以用市场占有率在头部的企业份额作为规模瓶颈进行参考，把其作为当前市场的规模瓶颈。

市场竞争力也可由市场容量的大小决定，容量越大市场竞争力就越大，预算就越高；反之则越低。

除此之外，也可以用流量、销售额、销售量等多个指标描述市场容量。值得注意的是，市场容量并不是越大越好，市场容量代表的只是一种现状，不能作为企业确定市场策略的唯一参考条件，还需结合企业内部及外部的多重因素。

2. 市场容量汇总与整理

收集到的大量的市场数据经过汇总整理，才可以帮助企业快速发现数据的特征，常用的方法就是统计分组法。

【例 2-1】 表 2-1 所采集的数据为美妆护肤行业 2020—2022 年的市场数据，现使用 Excel 表格汇总并以此为依据研究市场规模。

表 2-1 美妆护肤行业数据

一 级 类 目	二 级 类 目	月 份	成交金额/元	访客数/人	搜索人数/人
美妆护肤	面部精华	2020/1/1	12 643 891.98	1 328 971	575 349
......		......	......	......	......
美妆护肤	面部精华	2022/12/1	179 373 622.71	11 926 732	1 576 534
美妆护肤	口红	2020/1/1	1 220 306.12	626 394	78 677
......	......	......	......	......	......

解：首先创建数据透视表。选择 Excel 中的数据，选择"插入"选项卡，单击"数据

透视表"按钮，在弹出的"创建数据透视表"对话框中检查设置。若引用的数据是表则无须检查，此处引用的数据是区域，因此需要检查区域范围是否正确。检查完毕后单击"确定"按钮，如图 2-1 所示。

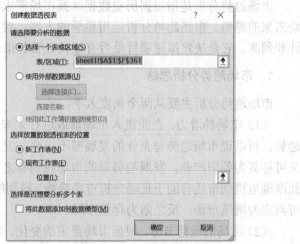

图 2-1　创建数据透视表

设置数据透视表。在新建的数据透视表中设置字段，"行"设置为"二级类目"，"值"设置为"求和项：成交金额（元）"、"求和项：访客数（人）"和"求和项：搜索人数（人）"三个字段，如图 2-2 所示。

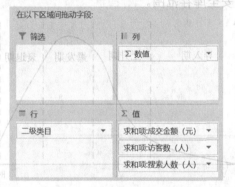

图 2-2　数据透视表字段设置

设置好字段后，结果如图 2-3 所示。完成对类目的数据汇总后，可以直观地看到眼影、卸妆产品、隔离霜是一级类目下规模最大的二级类目。

类目名称	求和项:成交金额（元）	求和项:访客数（人）	求和项:搜索人数（人）
防晒	10634779.13	1218583827	24872076
粉底	217904298.3	43226383	5747631
隔离霜	49035594.71	427859499	52900238
洁面乳	14113141.75	376229817	41139293
口红	209268762	86965894	9493402
面部精华	2054653988	135759083	31677882
散粉	38241714.03	517329235	51185118
卸妆	63152818.51	407502361	44008095
眼部精华	227663246.5	225754649	25123143
眼影	76357530.72	75191040	7682661
总计	2961025874	3514401788	293829539

图 2-3　汇总的类目数据

2.1.2 市场趋势分析

市场趋势分析是指根据历史数据掌握市场需求随时间变化的情况，从而估计和预测市场未来的趋势。市场趋势分析运用科学的方法，对市场的需求和某些商品销售趋势做出估计和预测。它是决定拟建项目是否有建设必要和拟建项目生产规模的关键因素。

1. 市场趋势分析思路

市场趋势分析主要从两个角度入手。

（1）市场的潜力。企业进入市场前或进行未来发展规划的制定都需要准确地掌握市场趋势。可以说市场趋势与企业的发展密不可分，发展趋势好的市场我们称之为增量市场，又可称其为朝阳产业；发展趋势差的市场我们称之为存量市场，又可称其为黄昏产业。因此准确地辨别市场有助于正确分析市场趋势。辨别的标准为：入股连续两年增幅超过 15%，可判定为增量市场；反之则为存量市场。

（2）市场的运营节奏。根据市场需求的变化，市场趋势可以被划分为导入期、上升期、爆发期、衰退期四个阶段，如图 2-4 所示。消费者开始产生需求的阶段我们称之为导入期，企业在导入期需要布局产品并将其投入市场；消费者需求上升的阶段我们称之为上升期，企业在上升期需要投入足够的资金抢占市场；消费者需求到达顶峰的阶段我们称之为爆发期，企业在爆发期要尽量促进销售；消费者需求开始下降的阶段我们称之为衰退期，企业在衰退期要将库存清理到安全库存范围。

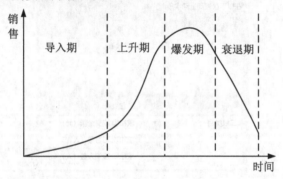

图 2-4　商品投放市场后的四个阶段

2. 同比和环比的计算

在市场趋势分析中常常使用指标法，就是通过同比和环比两个指标掌握趋势的变化情况。其中，同比看的是最大趋势，环比看的是最小趋势，基于此可以掌握商业变化的趋势。这两个指标都受时间粒度（时间粒度可以是年、季、月）的影响，时间粒度选得越大，度量值能解释的趋势时间跨度越长。

1）利用 Excel 计算同比及环比的方法

【例 2-2】 基于例 2-1 的数据计算行业同比和环比。

解：在 Excel 中计算同比、环比可使用数据透视表的功能。

创建数据透视表，数据透视字段设置如图 2-5 所示。将"行"设置为"月份"字段；

"值"设置为"求和项：成交金额"字段，且反复拉拽 3 次，直至"值"中显示 3 个成交金额为止。"行"会默认为显示年、季度和月份 3 个字段，将季度从"行"中移除。

设置好字段后展开数据透视表的行标签，可以观察到数据透视表，如图 2-6 所示。

行标签 ▾	求和项:成交金额1	求和项:成交金额2	求和项:成交金额3
⊟2020年	356347916.9	356347916.9	356347916.9
1月	21585260.71	21585260.71	21585260.71
2月	22832023.58	22832023.58	22832023.58
3月	22369829.07	22369829.07	22369829.07
4月	25464228.83	25464228.83	25464228.83
5月	26960360.84	26960360.84	26960360.84
6月	28063466.84	28063466.84	28063466.84
7月	30012552.79	30012552.79	30012552.79
8月	31590612.9	31590612.9	31590612.9
9月	33233030.15	33233030.15	33233030.15
10月	35663985.5	35663985.5	35663985.5
11月	38128121.54	38128121.54	38128121.54
12月	40444444.13	40444444.13	40444444.13
⊟2021年	837255977	837255977	837255977
1月	44063073.11	44063073.11	44063073.11
2月	48026165.06	48026165.06	48026165.06

图 2-5　数据透视表设置页面　　　　图 2-6　创建的数据透视表

计算环比。右击"求和项：成交金额 2"，在弹出的快捷菜单中选择"值显示方式"→"差异百分比"命令，在弹出的对话框中设置"基本字段"为"月份"，"基本项"为"（上一个）"，如图 2-7 所示。

把字段名称修改为"环比增幅"，如图 2-8 所示。

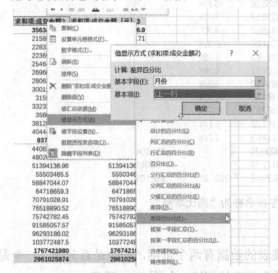

行标签 ▾	求和项:成交金额1	环比增幅
⊟2021年	837255977	
1月	44063073.11	
2月	48026165.06	8.99%
3月	51394136.96	7.01%
4月	55503465.5	8.00%
5月	58847044.07	6.02%
6月	64718659.3	9.98%
7月	70791028.91	9.38%
8月	76518890.52	8.09%
9月	75742782.45	-1.01%
10月	91585057.57	20.92%
11月	96293186.02	5.14%
12月	103772487.5	7.77%
⊟2022年	1767421980	
1月	29100171.77	
2月	114590294.1	293.78%

图 2-7　计算环比增幅操作页面　　　　图 2-8　修改字段名称为"环比增幅"

计算同比。右击"求和项：成交金额 3"，在弹出的快捷菜单中选择"值显示方式"→"差异百分比"命令，在弹出的对话框中设置"基本字段"为"年"，"基本项"为"（上一个）"，如图 2-9 所示。

把字段名称修改为"同比增幅"，如图 2-10 所示。

至此，同比、环比已进行完整的计算，数据透视表的计算机制是每年的 1 月不计入环比增幅，除第一年外其余年份的 1 月计算同比增幅。

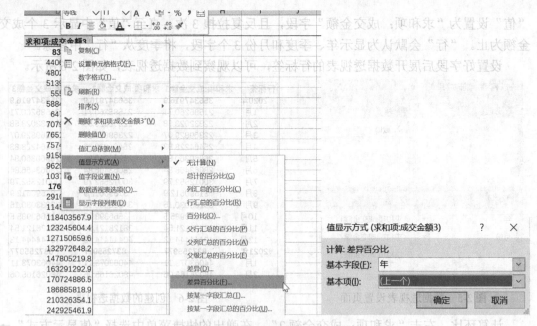

图 2-9 计算同比增幅操作页面

行标签	求和项:成交金额1	环比增幅	同比增幅
⊟2021年	837255977		134.95%
1月	44063073.11		
2月	48026165.06	8.99%	
3月	51394136.96	7.01%	
4月	55503465.5	8.00%	
5月	58847044.07	6.02%	
6月	64718659.3	9.98%	
7月	70791028.91	9.38%	
8月	76518890.52	8.09%	
9月	75742782.45	-1.01%	
10月	91585057.57	20.92%	
11月	96293186.02	5.14%	
12月	103772487.5	7.77%	
⊟2022年	1767421980		111.10%
1月	29100171.77		-33.96%
2月	114590294.1	293.78%	138.60%

图 2-10 修改字段名称为"同比增幅"

2）利用组合图创建预设值

完成同比、环比的计算后，数据透视表的数据有两个量纲，一个是百分比，一个是金额，这种情况如果直接作图，小量纲的数据将无法阅读，如图 2-11 所示。

在数据分析的过程中，如果要在一张图上将所有的数据直观地展示出来，可以选用组合图的功能，具体操作为在"组合图"下拉列表中选择"创建自定义组合图"选项，如图 2-12 所示。

在组合图的设置页面中，按照图 2-13 所示内容进行设置，将环比增幅和同比增幅的图表类型设置为"折线图"，然后打开次坐标轴，用两个轴分别支持两个量纲。

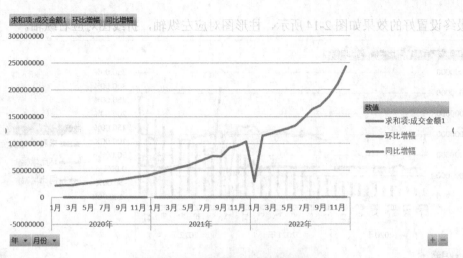

图 2-11　不同量纲的数据折线图

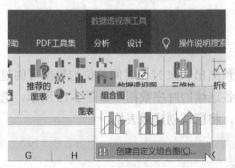

图 2-12　"创建自定义组合图"操作界面

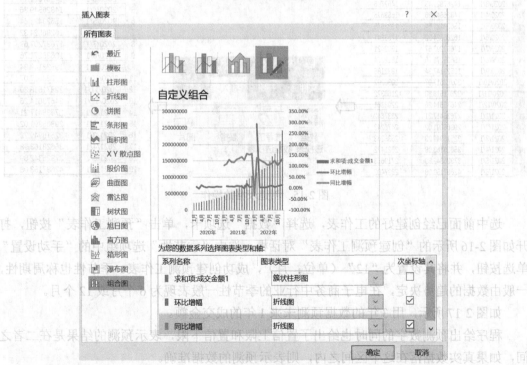

图 2-13　组合图设置页面

最终设置好的效果如图 2-14 所示，柱形图对应左纵轴，折线图对应右纵轴。

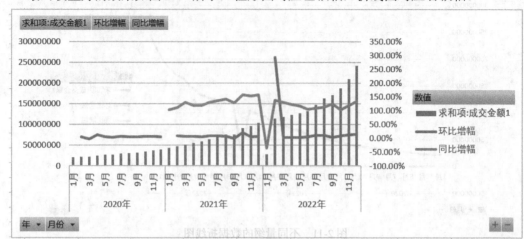

图 2-14　创建的组合图

3．创建预测工作表

根据连续的时序数据预测出未来 N 个时间单位的数据可创建预测工作表，使用的时序方法就是指数平滑法。准备连续的时序数据，如图 2-15 所示。选中数据，选择“插入”选项卡，单击“表格”按钮，将区域创建成表格。

	C	D	E
1	月份	成交金额（元）	访客数（人）
2	2020/1/1	12643891.98	1328971
3	2020/2/1	13256781.63	1567843
4	2020/3/1	14267821.43	1462786
5	2020/4/1	14826549.86	1653675
6	2020/5/1	15623421.64	1732575
7	2020/6/1	16286524.32	1753241
8	2020/7/1	17637297.67	1803421
9	2020/8/1	18635271.76	1812374
10	2020/9/1	19523147.34	1832185
11	2020/10/1	20983617.07	2036292
12	2020/11/1	22871518.80	2168372
13	2020/12/1	24673614.26	2298361
14	2021/1/1	27635417.21	2337642
15	2021/2/1	29865391.02	2476243
16	2021/3/1	32516949.23	2538263
17	2021/4/1	35628163.98	2621472
18	2021/5/1	37826342.89	2719613
19	2021/6/1	42687153.08	2837402

	C	D
1	月份	成交金额（元）
2	2020/1/1	12643891.98
3	2020/2/1	13256781.63
4	2020/3/1	14267821.43
5	2020/4/1	14826549.86
6	2020/5/1	15623421.64
7	2020/6/1	16286524.32
8	2020/7/1	17637297.67
9	2020/8/1	18635271.76
10	2020/9/1	19523147.34
11	2020/10/1	20983617.07
12	2020/11/1	22871518.80
13	2020/12/1	24673614.26
14	2021/1/1	27635417.21
15	2021/2/1	29865391.02
16	2021/3/1	32516949.23
17	2021/4/1	35628163.98
18	2021/5/1	37826342.89
19	2021/6/1	42687153.08

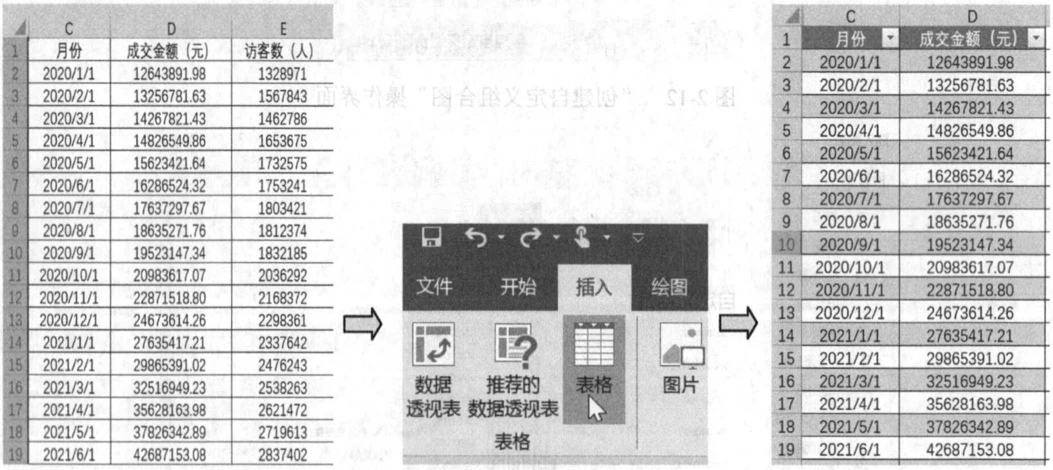

图 2-15　创建表格的操作

选中前面已经创建好的工作表，选择“数据”选项卡，单击“预测工作表”按钮，打开如图 2-16 所示的“创建预测工作表”对话框，选中“季节性”选项组中的“手动设置”单选按钮，并将其设置为“12”（单位：月），成功创建预测工作表。季节性也称周期性，一般由数据的趋势决定，在电子商务中行业的季节性一般表现为 6 个月或 12 个月。

如图 2-17 所示，用 3 年的数据预测未来 1 年的成交金额。

程序给出预测数字的同时也给出了置信上限和置信下限，表示预测的结果是在二者之间，如果真实数据落在这个区间之内，则表示预测的数据准确。

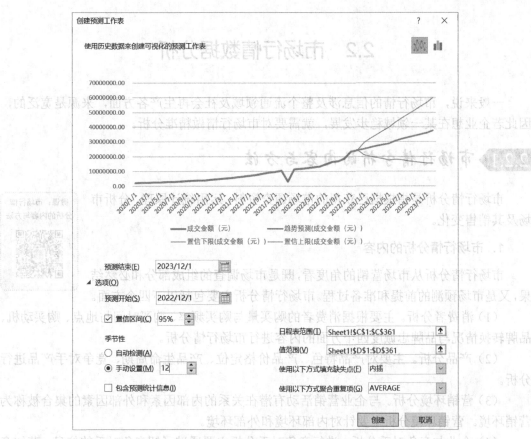

图 2-16　预测工作表设置页面

月份	成交金额(元)	趋势预测(成交金额(元))	置信下限(成交金额(元))	置信上限(成交金额(元))
2022/12/1	24292546.19	24292546.19	24292546.19	24292546.19
2023/1/1		25282873.57	21208782.89	29356964.25
2023/2/1		26269857.93	20222324.88	32317390.99
2023/3/1		27148908.90	19382635.14	34915182.66
2023/4/1		28053232.00	18664375.33	37442088.67
2023/5/1		28696943.33	17724027.66	39669858.99
2023/6/1		30717375.10	18171335.39	43263414.82
2023/7/1		31896503.33	17773094.02	46019912.65
2023/8/1		32873426.78	17159325.77	48587527.79
2023/9/1		33946684.10	16622847.60	51270520.60
2023/10/1		35049023.28	16092676.86	54005369.70
2023/11/1		36018215.32	15404103.53	56632327.11
2023/12/1		37775922.43	15477127.05	60074717.81

图 2-17　创建的预测工作表

知 识 链 接

什么是置信区间?

2.2　市场行情数据分析

一般来说，市场行情的信息涉及整个流通领域及社会再生产各方面，来源是宽泛的，因此若企业想在某一领域稳步发展，就需要对市场行情做精准分析。

2.2.1　市场行情分析的内容与方法

市场行情分析是指根据已获得的市场调查资料，运用统计原理，分析市场及其销售变化。

微课：市场行情
分析的内容与方法

1. 市场行情分析的内容

市场行情分析从市场营销的角度看，既是市场调查的组成部分和必然结果，又是市场预测的前提和准备过程。市场行情分析主要包括以下四个方面。

（1）消费者分析。主要根据消费者的购买量与购买频率、购买时间与地点、购买动机、品牌转换情况与品牌忠诚度四个方面的内容进行市场行情分析。

（2）产品分析。主要对产品特色、产品价格定位、产品生命周期、竞争对手产品进行分析。

（3）营销环境分析。与企业营销活动有潜在关系的内部因素和外部因素的集合被称为营销环境。营销环境分析主要针对内部环境和外部环境。

（4）企业与竞争对手分析。进行竞争对手分析主要通过了解竞争对手的信息，获知竞争对手的发展策略以及行动，以做出最适当的应对行为，除对竞争对手进行分析，企业还需要分析自己在竞争中的地位、市场构成特性等因素。

2. 市场行情分析的方法

对于市场行情分析，常常按统计分析法进行趋势的相关分析。在估计市场销售潜力时，企业也可以根据已有的市场调查资料，采取相关分析方法进行市场行情分析，以下为具体方法。

（1）结构分析法。若使用此方法做市场行情分析，需要通过市场调查资料，进而分析某种现象的结构及其各组成部分的功能，从而认识某一现象本质。

（2）定性与定量分析结合法。市场营销活动是质与量的统一。进行市场行情分析时既要通过定性分析确定问题的性质，也要通过定量分析确定市场活动中各方面的数量关系。只有使二者有机结合起来，才能使人们看准问题的性质，使市场经济活动数量化，从而有助于更加具体和精确地对市场行情进行分析。

（3）比较分析法。对一个事物是不能孤立地认识的，只有把它与其他事物联系起来加以考察，通过比较分析，才能在众多的属性中找出本质属性和非本质属性。这种把两个或两类事物的市场资料相比较，然后确定它们之间相同点和不同点的逻辑方法叫作比较分析法。

（4）系统分析法。市场是一个多要素、多层次组合的系统，既有营销要素的结合，又有营销过程的联系，还有营销环境的影响。运用系统分析法进行市场行情分析可以使研究者从企业整体角度出发考虑营业经营发展战略，用联系的、全面的和发展的观点研究市场的各种现象，既看到"供"的方面，又看到"求"的方面，并预见它们的发展趋势，从而做出正确的营销决策。

（5）演绎分析法。把市场整体分解为各个部分、方面、因素，形成分类资料，并通过对这些分类资料的研究，分别把握特征和本质，然后将这些通过分类研究得到的认识联系起来，形成对市场整体认识的逻辑方法叫作演绎分析法。

（6）案例分析法。案例分析就是以典型企业的营销成果作为例证，从中找出规律性的东西。市场行情分析的理论不是凭空而来的，它是从企业的营销实践中总结出来的一般规律，它来源于实践，又高于实践，用它指导企业的营销活动，能够取得更好的经济效果。

（7）物与人的分析结合法。市场行情分析的研究对象是以满足消费者需求为中心的企业市场营销活动及其规律。企业营销的对象是人。因此，要把这些物送到所需要的人手中，既要分析物的运动规律，又要分析人的不同心理和需求，以便实现两者的有机结合，保证产品正常销售。

（8）宏观与微观分析结合法。市场情况是国民经济的综合反映，如果要了解市场活动的全貌及其发展方向，那么不仅要考察企业，还需从宏观上了解整个国民经济的发展状况。这就要求必须把宏观分析和微观分析结合起来以保证市场分析的客观性、准确性。

（9）直接资料法。直接运用已有的本企业销售统计资料与同行业销售统计资料进行比较，或者直接运用行业地区市场的销售统计资料同整个社会地区市场销售统计资料进行比较的方法称为直接资料法。运用这种方法需要通过分析市场占有率的变化寻找目标市场。

2.2.2 行业数据挖掘

1. 行业数据的概念

行业与行业之间在经济特性、竞争环境、未来的利润前景方面存在着巨大差别。行业经济特性的变化取决于行业总需求量和市场成长率、技术变革的速度、该市场的地理边界（区域性的或全国范围的）、买方和卖方的数量及规模、卖方的产品或服务、规模经济对成本的影响程度、到达购买者的分销渠道类型。行业之间的差别体现在竞争重视程度上，如价格、产品质量、性能特色、服务、广告和促销、新产品的革新等。在某些行业中，价格竞争占统治地位；而有些行业中，竞争的核心却集中在产品质量上或性能以及品牌形象与声誉上。

2. 影响行业数据的因素

由于行业之间在特征和结构方面有很大的差别，所以企业进行行业竞争分析必须首先从以下几点把握行业中最主要的经济特性。

（1）市场规模。大市场常能吸引企业的注意，它们认为这可以帮助它们在市场中占据稳固的竞争地位。

（2）竞争对手的数量及相对规模。具体分析行业是被众多小企业所细分还是被几家大企业所垄断。

（3）是否到达消费者的分销渠道种类。

（4）生产能力利用率的高低是否在很大程度上决定企业能否获得成本生产效率，生产过剩往往会降低价格和利润率，而生产紧缺则会提高价格和利润率。

（5）产品生产工艺革新和新产品技术变革的速度。

（6）市场增长速度。市场增长快会鼓励其他企业进入；市场增长缓慢会使市场竞争加剧，并使弱小的竞争对手出局。

（7）行业在成长周期中所处的阶段。分析是处于初始发展阶段、快速成长阶段、成熟阶段、停滞阶段还是衰退阶段。

（8）消费者的数量及相对规模。

（9）竞争角逐的范围。市场是当地的、区域性的还是全国范围的。

（10）在整个供应链中向前整合或向后整合的程度。在完全整合、部分整合和非整合企业之间往往会产生竞争差异及成本差异。

（11）竞争对手的产品服务是强差别化的、弱差别化的、无差别化的还是统一的。

（12）行业中的企业能否实现采购、制造、运输、营销或广告等方面的规模经济。

（13）行业中的某些活动是否有学习和经验效应方面的特色，从而导致单位成本会随累计产量的增长而降低。

（14）必要的资源以及进入和退出市场的难度。壁垒高往往可以保护现有企业，壁垒低则使得该行业易于被新进入者入侵。

（15）行业的盈利水平与同行业平均水平的对比。高利润行业吸引新进入者，行业环境萧条往往会加速竞争对手退出。

2.2.3 行业卖家情况分析

电子商务企业中，通过了解行业卖家所处的不同阶段，可以使卖家找准自己的市场定位，并采取相应的经营计划及策略。因此，熟练地使用 Excel 进行行业卖家情况分析是至关重要的。

Step1：打开“行业卖家经营阶段数据”文件，选择 B8 单元格，选择“公式”选项卡，单击“自动求和”按钮，计算总计数据，然后选择 C3 单元格，在编辑栏中输入公式“=B3/$B$8”，按 Enter 键，计算阶段卖家所占比例，如图 2-18 所示。

	A	B	C
1	女士手提包卖家经营阶段		
2	经营阶段	卖家数据	比例
3	新手	3500	0.246479
4	入门期	4100	
5	上升期	3600	
6	稳定期	2400	
7	资深卖家	600	
8	总计	14200	

图 2-18　女士手提包行业卖家所占比例

Step2：利用填充柄将 C3 单元格中的公式填充到本列其他单元格中，选择 C3:C8 单元格区域，在“开始”选项卡的“数字”组中单击“百分比样式”（%）按钮，效果如图 2-19 所示。

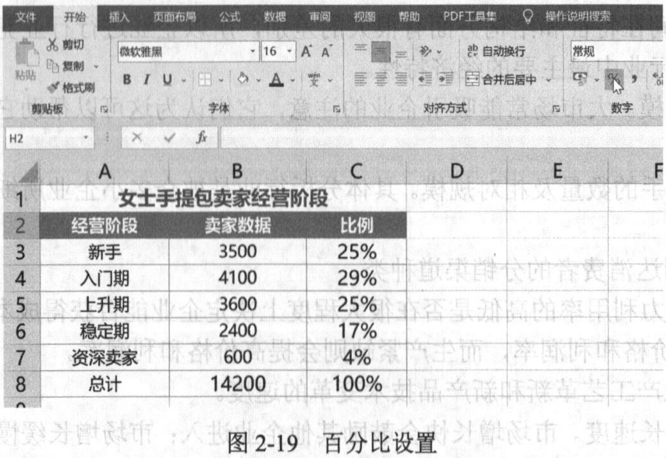

	A	B	C	D	E	F
1	女士手提包卖家经营阶段					
2	经营阶段	卖家数据	比例			
3	新手	3500	25%			
4	入门期	4100	29%			
5	上升期	3600	25%			
6	稳定期	2400	17%			
7	资深卖家	600	4%			
8	总计	14200	100%			

图 2-19　百分比设置

Step3：选择 A3:A7 单元格区域，使用复制快捷键进行组合数据复制，选择 D2 单元格，单击"剪贴板"组中的"粘贴"下拉按钮，选择"转置"选项，如图 2-20 所示。

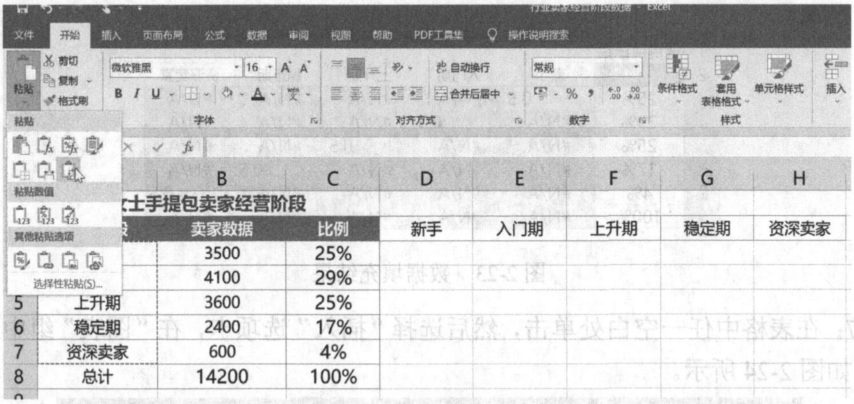

图 2-20　转置粘贴

Step4：选择 D3 单元格，选择"公式"选项卡，在"函数库"组中单击"逻辑"下拉按钮，选择 IF 函数，如图 2-21 所示。

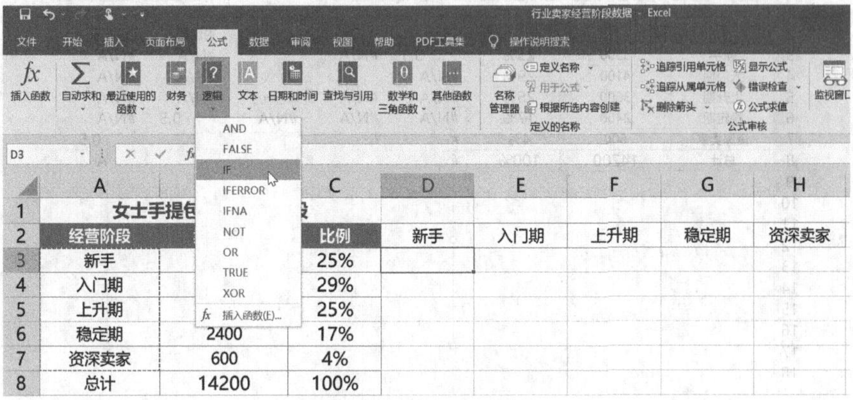

图 2-21　IF 函数的选择

Step5：弹出"函数参数"对话框，设置 Logical_test 为$A3=D$2，Value_if_true 为 0.5，Value_if_false 为 NA0，然后单击"确定"按钮，如图 2-22 所示。

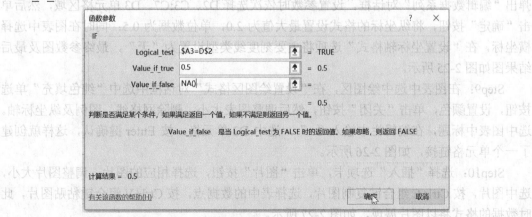

图 2-22　函数参数设置

Step6：向右拖动 D3 单元格至 H3 单元格，然后向下拖动填充至 H7 单元格，结果如图 2-23 所示。

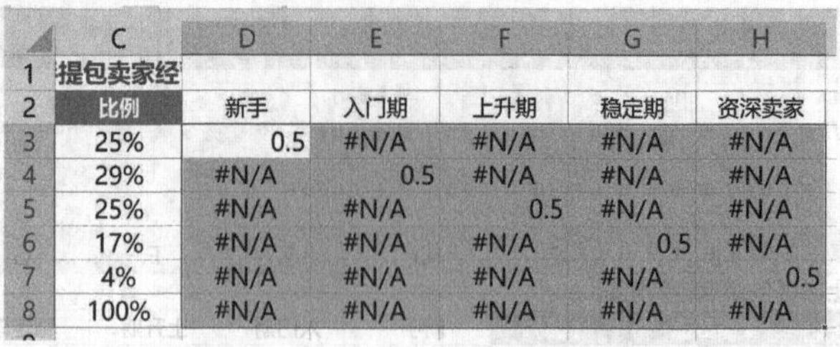

	C	D	E	F	G	H
1	提包卖家经					
2	比例	新手	入门期	上升期	稳定期	资深卖家
3	25%	0.5	#N/A	#N/A	#N/A	#N/A
4	29%	#N/A	0.5	#N/A	#N/A	#N/A
5	25%	#N/A	#N/A	0.5	#N/A	#N/A
6	17%	#N/A	#N/A	#N/A	0.5	#N/A
7	4%	#N/A	#N/A	#N/A	#N/A	0.5
8	100%	#N/A	#N/A	#N/A	#N/A	#N/A

图 2-23　数据填充结果

Step7：在表格中任一空白处单击，然后选择"插入"选项卡，在"图表"组中选择"散点图"，如图 2-24 所示。

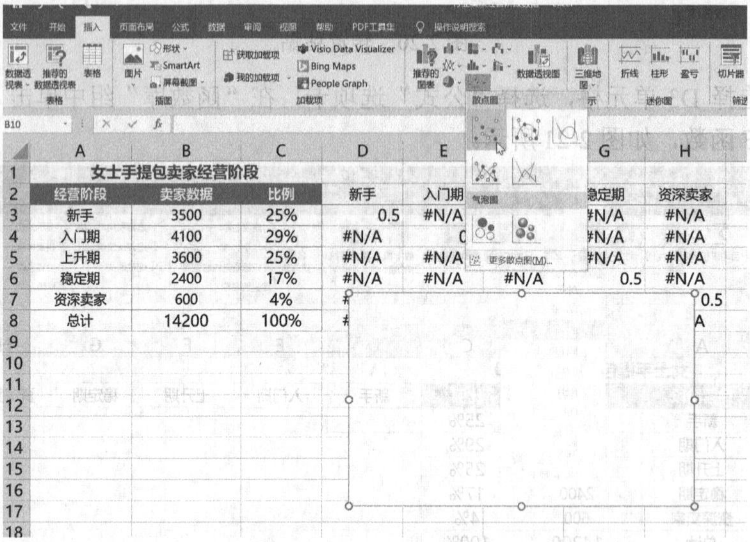

图 2-24　插入散点图

Step8：将插入的图表移至合适的位置并右击，在弹出的快捷菜单中选择"选择数据"命令，弹出"选择数据源"对话框，在"图例项（系列）"选项区域中单击"添加"按钮，弹出"编辑数据系列"对话框，设置参数时依次选择 D2、C3:C7、D3 单元格区域，然后单击"确定"按钮，将纵坐标的格式设置最大值为 2.0，单位数据为 0.5；同时在图表中选择横坐标，在"设置坐标轴格式"选项将主要刻度线类型设置为"无"，最终参数图及最后结果图如图 2-25 所示。

Step9：在图表中选中绘图区，在"设置绘图区格式"对话框中选中"纯色填充"单选按钮，设置颜色，单击"关闭"按钮，然后调整图表大小，删除网格线、图例及纵坐标轴。选中图表中标题，在编辑栏中输入"="，选中 D2 单元格，按 Enter 键确认，这样就创建了一个单元格链接，如图 2-26 所示。

Step10：选择"插入"选项卡，单击"图片"按钮，选择相应的图片，调整图片大小，选中图片，按 Ctrl+C 组合键复制图片，选择表中的数据点，按 Ctrl+V 组合键粘贴图片，此时数据的格式将以图片展现，如图 2-27 所示。

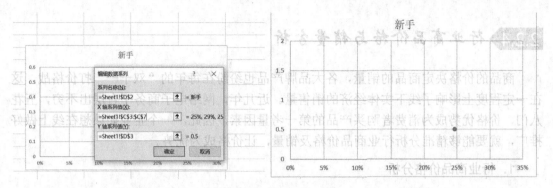

图 2-25　创建散点图

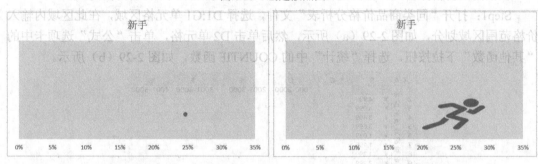

图 2-26　图表格式设置　　　　　　　　　　　图 2-27　图片复制

Step11：删除素材图片，并将图表复制一份。右击复制的图表，在弹出的快捷菜单中选择"选择数据"命令，弹出"选择数据源"对话框，选中数据系列，然后单击"编辑"按钮，弹出"编辑数据系列"对话框，设置系列名称参数为$D$3，设置"Y 轴系列值"参数为 E3:E7 单元格区域，依次单击"确定"按钮。

修改图表的标题名称，复制粘贴多个图表，制作行业卖家其他阶段图表，如图 2-28 所示，继而对行业卖家情况进行分析。

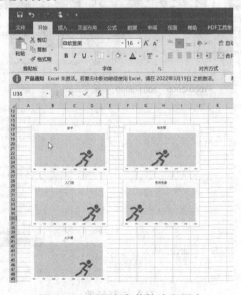

图 2-28　行业卖家其他阶段图表

2.2.4 行业商品价格与销量分析

商品的价格决定商品的销量，各大品牌产品也纷纷在每年的"双十一"打价格战，这在一定程度上影响了线下实体经济的销售量。近几年，网络电子商务平台层出不穷，五花八门，价格优势成为消费者购买产品的第一考量因素，因此，一个企业如果想在线上做好推广，就要能够精准分析行业商品价格及销量，让价格成为优势。

1. 行业商品价格分析

在做商品价格分析时，依然选择 Excel 进行数据分析，以下为具体操作步骤。

Step1：打开"同类商品价格分析表"文件，选择 D1:G1 单元格区域，在此区域内输入价格范围区域划分，如图 2-29（a）所示，然后单击 D2 单元格，单击"公式"选项卡中的"其他函数"下拉按钮，选择"统计"中的 COUNTIF 函数，如图 2-29（b）所示。

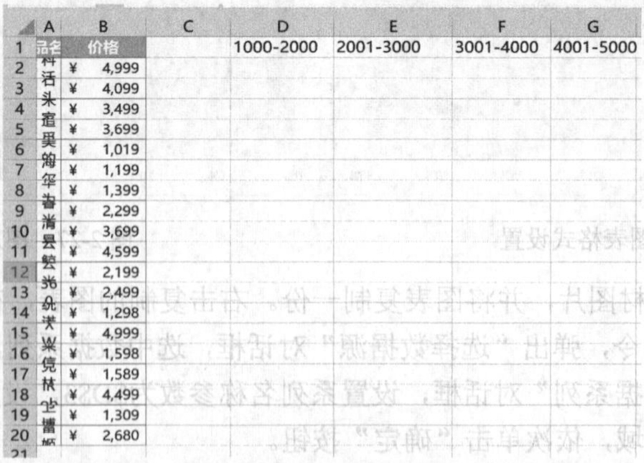

（a）按价格划分字段

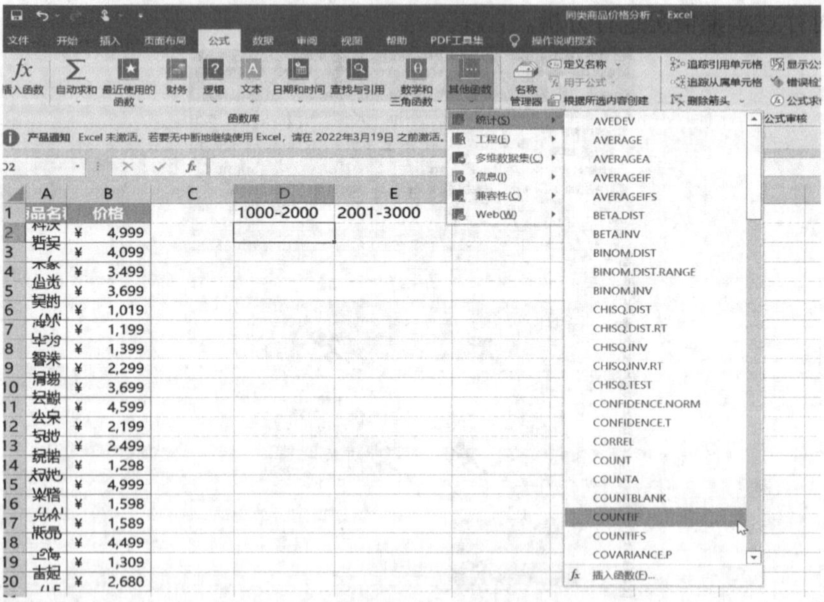

（b）选择函数

图 2-29　输入数据并选择函数

Step2：选择函数后，在弹出的"函数参数"对话框的 Range 文本框中选择 B2:B20 单元格区域，在 Criteria 文本框中输入"<=2000"，然后单击"确定"按钮，设置结果如图 2-30 所示。

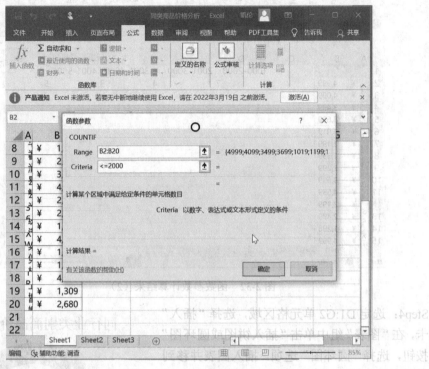

图 2-30　函数参数的设置

Step3：选定 E2 单元格，用同样的方法插入 COUNTIFS 函数，在"函数参数"对话框的 Range 文本框中选择 B2:B20 单元格区域，在 Criteria1 文本框中输入">=2001"，在 Criteria2 文本框中输入"<=3000"，如图 2-31 所示，输入完成后，单击"确定"按钮，按照同样方法完成 F2:G2 的操作，设置结果如图 2-32 所示。

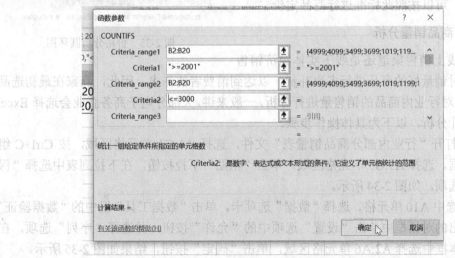

图 2-31　函数参数值的设置（1）

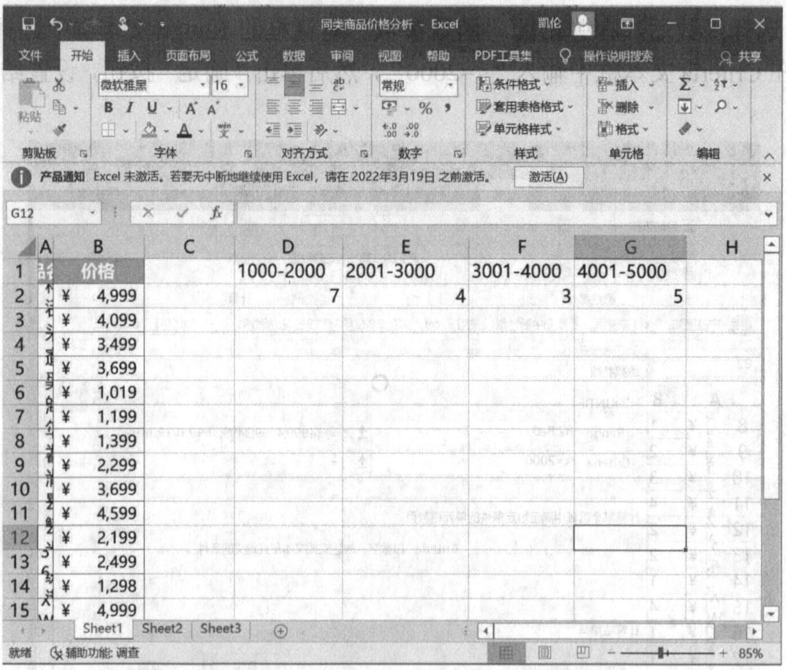

图 2-32　函数参数计算结果（2）

Step4：选定 D1:G2 单元格区域，选择"插入"选项卡，在"图表"组中单击"插入饼图或圆环图"下拉按钮，选择"圆环图"选项，插入图表并移到适当位置，单击"设计"选项卡中的"快速布局"下拉按钮并选择"布局 9"样式，效果如图 2-33 所示。

Step5：从制作好的圆环图中可以看出，在同类商品中，1000～2000 元的商品最多，在对店铺商品定价时，可以按照此标准进行商品定价。

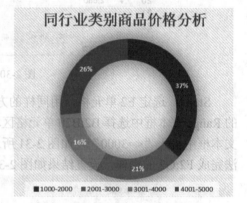

图 2-33　价格分析圆环图

2. 行业商品销量分析

无论是线上销售渠道还是线下实体经济销售渠道，都会对销量好的商品进行多次补货，以达到消费者的需求。因此，商家在最初选品时，必然需要对行业内商品的销售量进行分析，一般来讲，大部分电子商务企业会选择 Excel 表格进行统计分析，以下为具体操作步骤。

Step1：打开"行业内部分商品销量表"文件，选择 A1:G1 单元格区域，按 Ctrl+C 组合键复制数据。选择 A9:G9 单元格区域，单击"粘贴"下拉按钮，在下拉列表中选择"保留源列宽"选项，如图 2-34 所示。

Step2：选中 A10 单元格，选择"数据"选项卡，单击"数据工具"组中的"数据验证"按钮，在弹出的对话框中单击"设置"选项中的"允许"按钮，并选择"序列"选项，在"来源"文本框中选择 A2:A6 单元格区域，单击"确定"按钮，结果如图 2-35 所示。

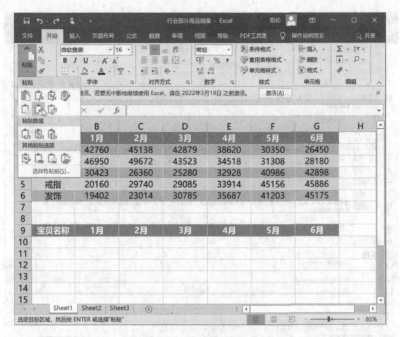

图 2-34 复制标题文本

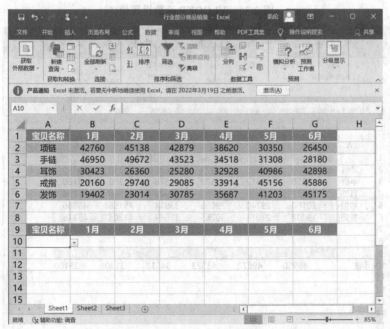

图 2-35 数据有效性的设置

Step3：选中 B10 单元格，单击"公式"选项卡中的"查找与引用"下拉按钮，选择"VLOOKUP"选项，在弹出的"函数参数"对话框中设置各项参数，如图 2-36 所示。

Step4：将 B10 单元格的公式填充到右侧单元格中。选择 C10 单元格，在编辑栏中更改函数的 Col_index_num 参数为 3。采用同样的操作，依次更改其他单元格的参数为 4、5、6、7，如图 2-37 所示。

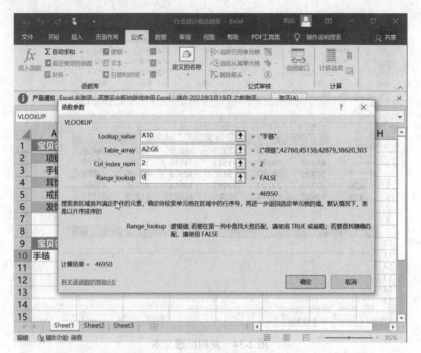

图 2-36　VLOOKP 函数设置值

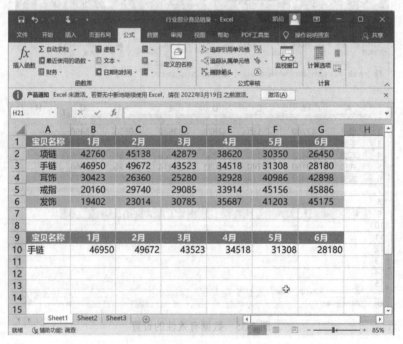

图 2-37　修改函数参数

Step5：选中 A10 单元格，即可查看某一商品各月份的销量。选择 A9:G10 单元格区域，依次单击"插入""图表"，然后点击"柱形图"和"簇状柱形图"按钮，调整图表大小和位置，删除网格线，设置图例与图表，右击数据系列，便可添加趋势线。

以此类推，每种商品的月销量都可用此方式清晰地展示出来。

做好市场行情及行业数据情况的分析，有助于协助企业及个人提升整体业务水平及市场定位分析能力，因此不仅要熟练操作具体的分析方法，更要运用于实际运营当中，以帮助企业进行运营计划的落地实施。

拓展实训

【实训目标】

通过实训，使学生能自主分析行业卖家经营阶段的数据并进行对比，找准品牌的定位，并可以制定与之相匹配的经营策略。

【实训内容】

表2-2为女装行业卖家在不同经营阶段的数据汇总，请利用Excel表计算各阶段销售数量所占比例，并绘制行业卖家各阶段数据图表，将比例表用图片表示。

表2-2 运动鞋卖家经营阶段数据表

经 营 阶 段	卖 家 数 据	比 例
新手	3900	
入门期	5400	
上升期	4300	
稳定期	3200	
资深卖家	1000	
总计		

【实训步骤】

（1）以2～3人为单位组成一个团队，设负责人一名，负责整个团队的分工协作。

（2）团队成员通过分工协作完成报告的撰写。

（3）团队成员对最终结果进行整理，总结并分析该行业卖家在不同阶段数据变化的原因，并进行汇总报告。

（4）各团队提出该卖家未来发展规划的建议及方案，派出1人作为代表上台演讲，阐述自己团队的成果。

（5）教师对各团队的成果进行总结评价，指出不足与改进措施。

【实训要求】

（1）考虑到课堂时间有限，实训可采取"课外+课内"的方式进行，即团队组成、分工、讨论和方案形成在课外完成，成果展示安排在课内。

（2）每个团队方案展示时间为10分钟左右，教师和学生提问时间为5分钟左右。

课后习题

1．阐述市场趋势分析要掌握的内容。

2．解释置信区间的含义。

3．列举市场行情分析的内容及方法。

4．阐述市场行情的概念。

第3章

竞争数据分析

沃尔玛成功的秘诀

沃尔玛的战略标志是：天天低价，商品的协作范围宽广，较大比例的名牌商品，使顾客感到友善而温馨的商业环境，较低的营业成本，对新的地理含义上的市场进行训练有素的扩张，创新性的市场营销，以及优良的售后服务保证。在每一家沃尔玛商店的外面都用大字母传递这样的信息："永远的低价，永远！"沃尔玛还向它的顾客灌输这样一种观念："竞争者在当地做出任何广告——我们都将对之做出反应！"从而使其自身树立了低价的形象。

如今，沃尔玛推出了线上销售，让顾客随时随地通过平台选取所需商品，并推出线上支付优惠活动，超市内也有专属代购员为顾客提供最优质的服务，让顾客足不出户就可以获得优质商品，因此"宣传+活动+服务"的营销模式让沃尔玛在众多商超中脱颖而出。

学习目标

1. 提升对竞争对手的认知。
2. 了解竞争对手的数据收集、商品销售分析方法。
3. 掌握竞争对手的客户拥有量、转化率以及跟踪与监测的方法。
4. 掌握竞争产品与店铺数据分析的方法。

重难点分析

1. 正确进行竞争对手的数据收集，并对其商品销售进行分析。
2. 能分析竞争对手的客户拥有量并对其进行跟踪与监测。

思政导学

在竞争对手数据采集和分析的过程中，应该注意竞争店铺、竞争产品等微观数据的收集、整理与汇总。培养学生做事情注重细节的意识，只有这样才能达到预期的目标。

3.1 竞 争 数 据

我们都听过一句话"知己知彼，百战不殆"。因为竞争的存在，企业才有了生机和活力，因此，想要做好一个品牌，做好一个市场，需要经过无数次的市场调研，分析同行业卖家的经营状况，准确制订适合自己的详细运营计划及经营策略，才能提升本企业在行业的地位，增加市场竞争力。

3.1.1 竞争对手的认知

想要分析竞争对手，首先需要对竞争对手有一个清晰的认知，竞争对手常常是指生产经营与本企业提供的产品相似或可以替代的产品，以同一客户群体为目标的其他企业，即产品功能相似、目标市场相同的企业。

1. 分析竞争对手的重要性

当今，各行业中新竞争对手的出现、原始竞争对手的不断加剧让市场陷入激烈的竞争当中，在这样一个市场环境下，把握竞争对手的动态、掌握市场先机的企业才能在竞争中掌握主动，因此对竞争对手的分析尤为重要，具体体现在以下几个方面。

（1）能充当企业的预警系统，跟踪本行业技术变化、市场需求的变化以及现有竞争对手的行动，从而发现潜在的竞争对手。

（2）能支持企业的领导决策，为企业的市场竞争策略、进入新领域开发市场、市场决策以及技术开发决策提供巨大帮助。

2. 竞争对手的识别

任何和你抢夺各种资源的人或组织都可以认定为竞争对手，其中对资源掠夺性最强的人或组织就是核心竞争对手。

资源的范围主要包括顾客资源、人力资源、生产资源、人脉资源、资金资源等。角度不同，竞争对手自然就不同。

一般而言，我们可以从货、场、人以及财四个部分识别谁是竞争对手。

1）从"货"的方面发现竞争对手

销售同品类商品或服务的为直接竞争对手，这是最常见的竞争对手，即我们常说的同行业竞争，也是狭义的竞争对手。麦当劳和汉堡王、百事可乐和可口可乐都是竞争对手。

销售扩大品类的商品或服务，也就是销售非同品类但是属于可替代商品的，也是竞争关系。休闲服的同品类竞争对手是休闲服，它的可替代竞争对手是体育运动服饰，甚至正装。再如，苹果公司的同品类竞争对手是华为公司，扩大品类的竞争对手是数码科技公司。

销售互补品类的商品或服务的商家也是竞争对手。互补商品指两种商品之间互相依赖，形成互利关系。例如，牙刷和牙膏、计算机和充电器、汽车行业和中石油都形成互补关系。一般意义上的互补商品间不形成竞争关系，但是如果是生产新能源汽车的公司，加油站就是隐形的竞争对手；如果是生产牙刷的行业，那么牙膏生产行业就是竞争对手。

微课：竞争对手的识别

2）从"场"的方面发现竞争对手

这方面的竞争对手主要是进行卖场商业资源的竞争。例如，如果想开一个服装专卖店，在确定店铺位置的时候，其他服装品牌、手机专卖、餐饮企业、银行等都会成为竞争对手，因为自己看重的地方别人可能也很中意，由此便产生了对场地资源占有的竞争关系。如果想在百货商场的公共宣传区域办一场大型特价促销活动，那么商场内的所有品牌可能都是竞争对手，因为大家都有促销的需求，由此便产生了隐形的竞争关系。

3）从"人"的方面发现竞争对手

你的员工离职后去的最多的企业或者说经常在你的企业挖掘优秀人才的企业，一定是你的竞争对手。因为企业需要的资源有相似性，大家在抢夺同一个类型的人力资源。

除了用人的资源争夺还有顾客资源争夺，主要争夺的内容包括顾客的时间资源、预算资源、身体资源等。现在是一个新媒体经济爆炸的时代，微博、微信、抖音等各种 App 都在抢夺用户的碎片化时间，它们之间互为竞争关系。

4）从"财"的方面发现竞争对手

（1）争夺生产资源的竞争对手。争夺同一类生产资源的企业间形成竞争关系，如蒙牛和所有以牛奶为生产原料的厂家都是竞争关系。

（2）争夺营销资源的竞争对手。如果想做促销，则在同时段、同一类目准备做促销的其他企业就是竞争对手。

（3）争夺物流资源的竞争对手。每年"双十一"活动都备受关注，也是销售量竞争最关键的时刻，发货速度成为消费者关注的重点，为了顺利发货，各大厂商使出了浑身解数。

对一个企业来说，找到竞争对手不难，但找准竞争对手并非易事。

知识链接

竞争对手界定的特点

3. 竞争对手分析步骤

找准竞争对手后，我们需要对竞争对手进行精准分析，在对竞争对手进行分析时，常常遵循以下几个步骤。

1）确定竞争对手的目标

确定竞争对手的目标主要考虑竞争对手的利润目标、市场定位、行为的驱动力以及目的等方面的内容。

所有竞争者制定合适的行动方案的目的就是追求最大利润。但是，每个企业对短期利润和长期利润重视的程度、目标略有不同，采取的相应的策略也会不同，正因如此，在进行竞争对手分析时，要了解竞争对手的目标及目标组合，从而分析出竞争对手对其目前状况是否满足，对不同竞争有什么样的反应。除此之外，企业还必须注意竞争对手对不同产品市场细分区域攻击的目标。

2）确定竞争对手的战略

在大多数行业里都存在战略性群体。所谓的战略性群体是指在竞争对手行业中划分的几个追求不同策略的群体。将竞争对手精准定位于其所属的战略群体，会影响企业某些重要经营决策。

3）分析竞争对手的优势和劣势

竞争者的优势会成为竞争者能否实施其策略并完成其目标的重要因素，因此掌握竞争对手的优势可使本企业做好充分的应对准备。而在寻找竞争对手的劣势时，要注意发现竞争对手对市场或策略估计上的错误。

4）探索竞争对手对市场变化的应对方式

产品降价、研发新产品、替代品的出现等都是竞争对手应对市场变化的方式。另外，竞争对手的企业文化、经营理念、品牌定位等也会影响各企业对市场变化的应对方式。

5）确定本企业的竞争策略

为了制定适合本企业的竞争战略才会分析竞争对手。只有通过观察竞争对手的强弱、竞争对手的反应方式等，企业才可最终确定自己的竞争战略。

4．竞争对手分析的层次和内容

如今新媒体时代的竞争是国际化程度很高的全方位市场竞争。因此，企业在做竞争对手分析时要明确竞争分析的站位层次，避免分析的盲目性和局限性。战略分为企业战略、经营战略、职能战略，在做竞争对手分析时，也相应地分为企业决策层竞争对手战略分析、企业经营层竞争对手战略分析、企业职能层竞争对手战略分析。

1）企业决策层竞争对手战略分析

企业决策层的竞争对手战略分析主要是对竞争对手总资产、销售额的增长、开展的业务、产品种类等方面的分析，具体包括竞争对手的企业使命、竞争对手的核心竞争力、竞争对手的市场占有率等。

这个层次的竞争对手战略分析是为了使企业决策者了解竞争对手的经营领域、市场地位、竞争对手的财务状况和组织结构等企业战略问题，从而为本企业制定战略决策提供参照与支持。

2）企业经营层竞争对手战略分析

企业经营层的竞争对手战略分析主要是分析竞争对手的产品或服务在市场上的竞争地位、发展趋势、竞争策略、财务指标等一系列决定其竞争地位的指标，具体包括竞争对手产品或服务的范围情况，竞争对手产品或服务的竞争战略、竞争对手新产品或服务开发的趋势及方向、竞争对手组织业务单位结构的详细情况等。在做这个层次的分析时可以就竞争对手的定价策略、广告宣传策略、服务策略等方面进行分析。

3）企业职能层竞争对手战略分析

企业职能层包括销售部门、市场营销部门、生产运作部门、研发部门、人力资源部门以及财务部门。在做此层面的竞争对手战略分析时主要是通过对竞争对手职能部门的管理策略、管理手段及管理措施的分析，明确竞争对手在市场中的现状，并预测竞争对手的行动计划。企业职能层管理者基于以上的分析做出相应的经营战略层面的调整，给本企业带来竞争优势。

销售部门应对竞争对手的产品价格进行追踪，同时注意分析竞争对手销售队伍构成情况、业务能力，竞争对手销售人员薪酬待遇和服务等情况。

市场营销部门应对竞争对手的品牌定位、市场份额，竞争对手的产品幅度和深度，竞争对手的广告商及媒体选择、广告开支，竞争对手的顾客满意度、服务程度、市场形象等情况进行深度分析。

生产运作部门应了解竞争对手制造基地的成本地位、竞争对手的规模经济情况、竞争对手的供应链管理情况等。

研发部门应了解竞争对手的技术路线、关键技术，竞争对手的专利及技术创新能力、竞争对手推出新产品的速度等情况。

人力资源部门应了解竞争对手组织的人员组成、奖惩政策，竞争对手的薪酬状况，竞争对手决策者、执行层及关键人员的背景等详细情况。

财务部门应了解竞争对手的收益性指标，比较竞争对手与本企业的收益性指标，并与行业的平均收益率比较，判断本企业的盈利水平处在什么样的位置上，同时要对收益率的构成进行分析；竞争对手的安全性指标，如资产报酬率、所有者权益报酬率、资产负债率等；竞争对手流动性指标，如总资产周转率、固定资产周转率、流动资产周转率等；竞争对手成长性指标，如销售收入增长率、税前利润增长率、固定资产增长率、产品成本降低率等，同时对产销量的增长率和利润的增长率做出比较分析，对比两者增长的关系；竞争对手生产性指标，如人均销售收入、人均净利润、人均资产总额等；竞争对手的创新能力指标，如推出新产品的速度，科研经费占销售收入的百分比，等等。

3.1.2 竞争对手数据收集

商场如战场，如果想在同行业市场中立足，就必须充分了解竞争环境、竞争对手，这样企业才能扬长避短，利用自身优势规避风险。但如果想对一个企业做出全面剖析，就需要通过各种渠道获取大量信息，从中提炼有效信息，并通过对信息的组织、加工及分析，辨别对手的竞争策略，常使用的收集渠道主要有线上收集渠道和线下收集渠道。线下收集渠道主要包括购买行业分析报告、参加论坛、购买竞争对手产品、了解共同客户等。

如今，互联网的普及为企业收集竞争对手信息提供了便利条件，线上收集渠道受到众多企业的喜爱。除了设计调查问卷等，目前一些专业网站开发了相关的工具，可以帮助我们分析竞争对手的舆情及发展趋势，并且都有现成的分析模型。通常，企业会通过以下集中渠道获取信息。

（1）淘宝指数。淘宝指数是淘宝官方免费的数据分享平台，通过淘宝指数，用户可以根据关键词窥探淘宝购物数据，了解淘宝购物趋势。注册后大家都可以使用，不仅限于买家和卖家。

（2）百度文库。百度文库是一个供网友在线分享文档的平台。百度文库的文档由网民上传，经百度审核后发布。文库内容包罗万象，专注于教育、PPT、专业文献、应用文书四大领域。文档的上传者包括普通网民、合作伙伴、企业员工、企业前员工……用户只要变换不同的关键词进行搜索，就能找到很多有价值的资料，其中不乏货真价实的数据。

（3）新浪微指数。新浪微指数通过对新浪微博中关键词的热议情况，以及行业、类别的平均影响力，来反映微博舆情或账号的发展走势。同时新浪微指数还提供企业类的行业指数分析甚至是现成的分析报告。

（4）谷歌趋势。谷歌趋势类似于百度指数，二者内容相似，但数据展示方式略有不同，通过谷歌趋势可以看到关键词在全球的搜索分布。它有两个功能，一是查看关键词在谷歌的搜索次数及变化趋势，二是查看网站流量。

（5）百度指数。百度指数是用来反映关键词在过去一段时间内的网络曝光率和用户关注度的指标。它能形象地反映该关键词每天的变化趋势，是以百度网页搜索和百度新闻搜索为基础的免费海量数据分析工具。竞争对手的企业名称、品牌名称、产品名称、产品品类、关键人物、关键事件等收集的都是关键词。

（6）政府及行业网站。政府机构是信息资源的最大拥有者，其能以机构的权威性为企业提供准确可靠的信息。如今，政府网上办公发展迅速，已有许多政府机构通过网站发布市场指令性信息、产供销计划信息、行业发展总体规划、国家政策法规等信息，这些信息一般包括本地资源概况、本地资源数据库、本地企业、本地招商引资环境和项目等。

现在几乎每个行业都有自己的行业网站，如企查查、中国企业信息网、国际商务信息网等。这些行业网站有的是政府相关部门设立的，有的是行业协会设立的，甚至有些是专门的企业设立的。从这些网站中我们可以获得的信息有行业政策、行业新闻、行业发展情况、行业内著名企业情况、资源调配等。行业网站中往往会有一些竞争对手的相关资料，这些资料可能由于某种原因并没有在竞争对手自己的网站中出现。

（7）求职网站。当今社会 BOSS 直聘、智联招聘、前程无忧等招聘与求职网站五花八门。各大企业也纷纷利用这些招聘平台招贤纳士，分析和研究这些网站上的招聘广告，也可以获取更多有效的竞争信息，从而了解竞争对手所使用的技术、策略，研究和开发重点，甚至扩张计划。

3.1.3　竞争对手商品销售情况分析

在做企业及商品运营时，通过对同行业竞争企业商品销量的对比分析，可以总结出资深企业的优势和劣势，为企业发展提供一臂之力。

下面依然选择常用的 Excel 进行数据分析，具体操作步骤如下所示。

Step1：打开"第 3 章\源数据\竞争产品销售量数据表.xlsx"工作表，选择 A2:A19 单元格区域，单击"数据"选项卡"数据工具"组中的"删除重复项"按钮，弹出"删除重复项警告"对话框，选中"以当前选定区域排序"单选按钮，然后单击"删除重复项"按钮，如图 3-1 所示。

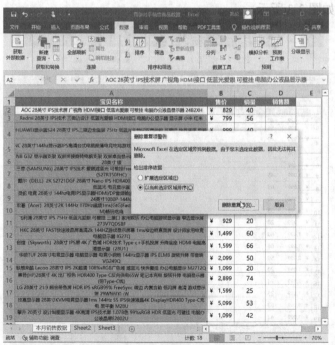

图 3-1　删除重复项

Step2：在弹出的"删除重复项"对话框中保持默认设置，单击"确定"按钮，这时系统会弹出提示信息框，在此对话框中提示将保留16个唯一值，单击"确定"按钮，如图3-2所示。

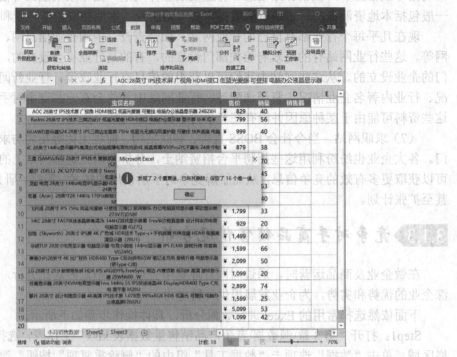

图3-2 删除重复项结果

Step3：按Ctrl+Z组合键，恢复删除重复项前的数据，然后选择F2单元格，输入16（即16个唯一值），如图3-3所示。

图3-3 唯一值的输入

Step4：单击 D2 单元格，在编辑栏中输入公式"=B2*C2"，并按 Ctrl+Enter 组合键，计算销售额，如图 3-4 所示。

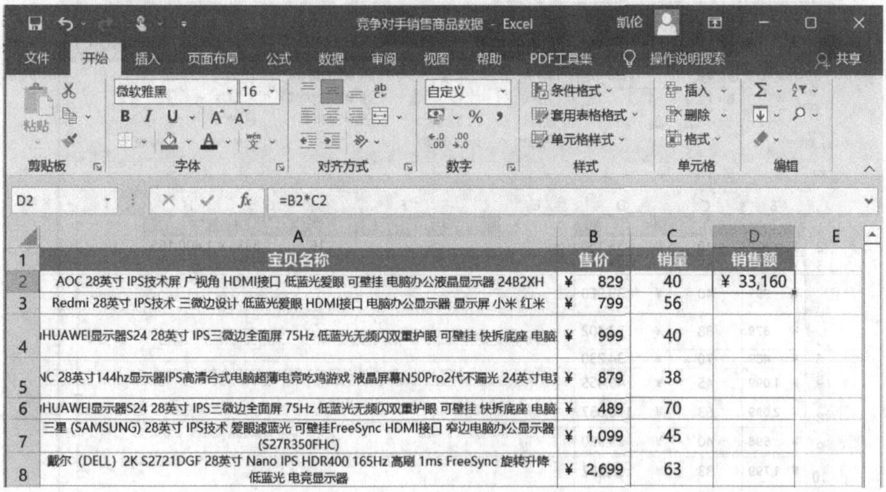

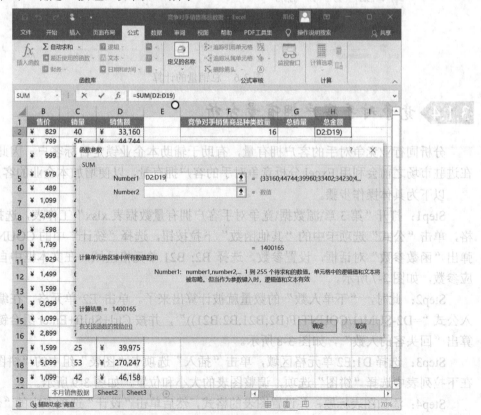

图 3-4　销售额的计算

Step5：将此公式填充到 D 列其他单元格中。选择 H2 单元格，在"公式"选项卡中单击"数学和三角函数"下拉按钮，选择 SUM 选项，在弹出的"函数参数"对话框中进行设置，然后单击"确定"按钮，如图 3-5 所示。

图 3-5　函数参数设置

Step6：将鼠标指针放在单元格右下角，待出现"+"时按住左键向左填充，将 H2 的公式填充到 G2 单元格，计算总销量，并设置 G2 单元格格式为"常规"，如图 3-6 所示。

图 3-6　总销量的计算

3.1.4 竞争对手客户拥有量分析

分析同行业竞争对手的客户拥有量，有助于辅助本企业锁定目标客户，因此各大企业在进驻市场之前会利用 Excel 分析竞争对手的客户拥有量，以便增加本企业的客户拥有量。

以下为具体操作步骤。

Step1：打开"第 3 章\源数据\竞争对手客户拥有量数据表.xlsx"工作表，选择 D2 单元格，单击"公式"选项卡中的"其他函数"下拉按钮，选择"统计"中的 COUNTA 选项，弹出"函数参数"对话框，设置参数，选择 B2：B21 单元格区域，在文本框中自动跳转相应参数，如图 3-7 所示。

Step2：此时，"下单人数"的数量就被计算出来了。单击 E2 单元格，在编辑栏中输入公式"=D2-SUM(1/COUNTIF(B2:B21,B2:B21))"，并按 Ctrl+Shift+Enter 组合键确认，计算出"回头客的人数"，如图 3-8 所示。

Step3：选择 D1:E2 单元格区域，单击"插入"选项卡"图表"组中的"饼图"按钮，在下拉列表中选择"饼图"选项，调整图表的大小和位置，如图 3-9 所示。

Step4：添加图表标题，并设置图表的格式，然后单击"设计"选项卡中的"快速布局"按钮，选择布局样式，如图 3-10 所示，这时就可以分析出竞争对手的客户量。

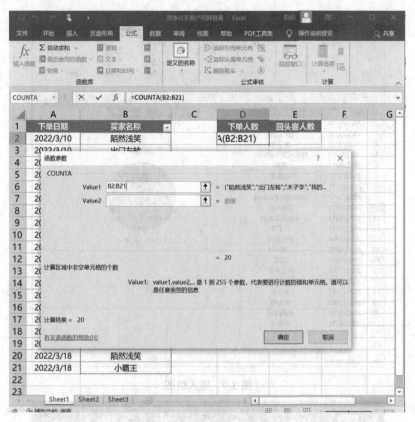

图 3-7 函数参数的设置

图 3-8 下单人数及回头客人数的计算

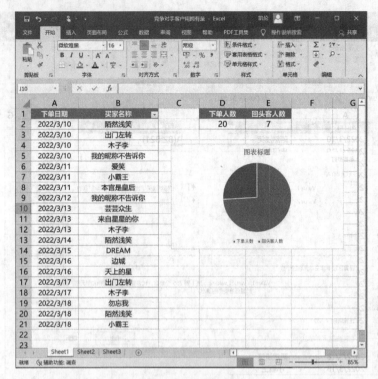

图 3-9　插入饼图

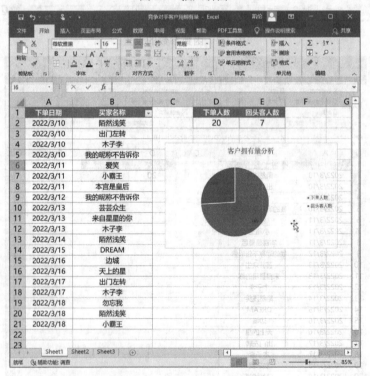

图 3-10　客户拥有量饼形图

　　由图 3-10 可以清晰地看出竞争对手的顾客占比，与自己的企业客户数据做对比，可以分析出本企业的优势和不足。

3.1.5 竞争对手下单转化率的分析

分析竞争对手的销售情况时，还有一个重要的分析内容就是竞争对手的下单转化率，也是企业卖家自身进行自我剖析的重要指标。对此，可以用竞争对手的数据结合自身的情况进行综合分析与研究。下单转化率有固定的计算公式，即下单转化率=(产生购买行为的客户人数/所有到达店铺的访客人数)×100%，因此，为了更直观地显示竞争对手的下单转化率，我们用图表表示，具体操作步骤如下所示。

Step1：打开"第 3 章\源数据\竞争对手下单转化率数据表.xlsx"工作表，选中 B7:C7 单元格区域，单击"公式"选项卡中的"自动求和"按钮，如图 3-11 所示。

Step2：选择 D2 单元格，在单元格中输入公式"=C2/B2"，按 Enter 键确认，计算下单转化率，如图 3-12 所示。

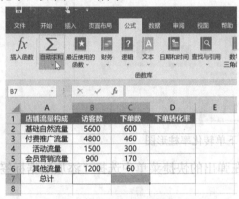

图 3-11　访客数与下单数的自动求和操作

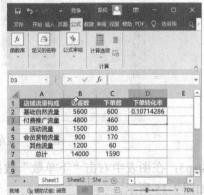

图 3-12　下单转化率的计算

Step3：将鼠标置于 D2 单元格右下角，待出现"+"后，按住鼠标左键向下移动，将公式填充到本列的其他单元格中。选择 D2:D7 单元格区域，单击"数字"选项组中的"%"按钮，弹出"设置单元格格式"对话框，如图 3-13 所示。

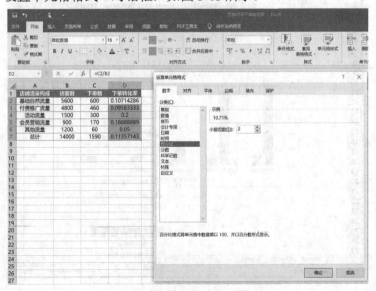

图 3-13　用百分比表示下单转化率

Step4：选择 A1:C6 单元格区域，依次单击"插入"选项卡"图表"组中的"柱形图""簇状柱形图"按钮，添加图表标题，删除网格线，并设置图表字体格式，如图 3-14 所示。

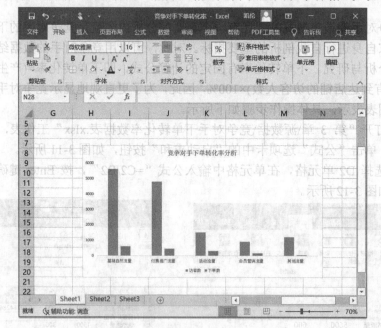

图 3-14　竞争对手下单转化率柱形图

Step5：在图表中右击"下单数"数据，在弹出的快捷菜单中选择"添加数据标签"命令，如图 3-15 所示。

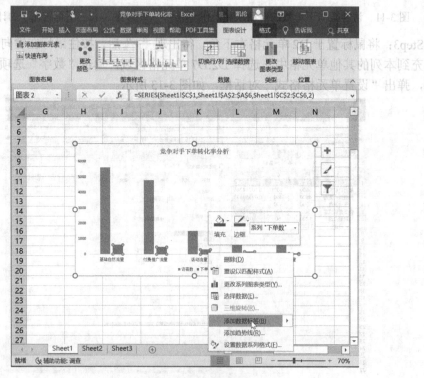

图 3-15　添加数据标签

Step6：单击"基础自然流量"中的数据标签，输入"="，然后在工作表中选择对应的下单转化率，按 Enter 键确认，如图 3-16 所示。

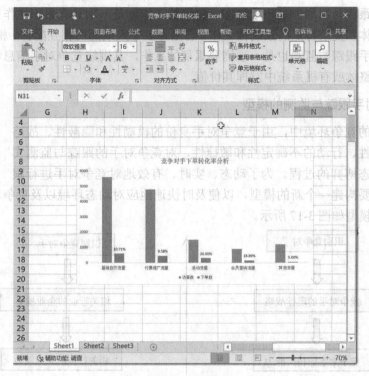

图 3-16　竞争对手下单转化率柱形图

根据图表可以清晰地看到，活动流量及会员营销流量的下单转化率最高，由此可分析竞争对手的优势，取长补短。

3.1.6　竞争对手的跟踪与监测

企业如果想在激烈的市场竞争中崭露头角，管理者必须对企业所处的内外部环境、发展变化的趋势和竞争对手的情况具有清晰的认知。竞争战略的有效性不仅表现在时间上，更体现在对竞争对手反应的预测上，应对竞争对手进行实时的、动态的跟踪与监测，甚至包括竞争对手的海报、样品等都要保存，以便于后期复盘。

1. 竞争对手跟踪与监测的内涵

竞争对手跟踪与监测就是根据企业的战略目标对当前的和未来的竞争对手进行有效的判定与确认，了解和掌握其核心能力，分析与把握其战略意图，判断与预测竞争对手的战略与战术行动，从而使企业在竞争中赢得竞争优势。它是企业竞争信息工作的核心内容，对战略决策效果具有重要的意义和作用。它常常是企业战略管理的出发点。通过对竞争信息的系统收集、分析，可以准确获知竞争对手的战略意图，这样才能准确地掌握竞争对手所采取的运营战略。

在动态竞争环境中，竞争对手跟踪与监测是一种动态博弈的过程，时序、信息在博弈中发挥着重要的作用。企业根据自己对未来趋势的预测，建立竞争对手的跟踪与监测反推机制，收集对手的各方面情报，通过不断地反馈和修正为企业提供决策支持。深入研究情报，可以及时地预测潜在竞争对手的行为和反应模式，从而改变竞争的时序及信息结构，同时竞争对手跟踪与监测也是一项动态、持续的工作，是一项具有累积性作用的具有内在结构的有机整体和复杂特点的系统性工作。它由许多个人或部门相互配合、相互协调而成，同时，竞争对手跟踪与监测也是一项需要累积的工作，其围绕竞争对手信息收集与分析的过程，在一个整体或有机系统中发挥其价值。

微课：竞争对手跟踪
与监测的模型

2. 竞争对手跟踪与监测的模型

在网络化的竞争环境中，由于竞争对手身份的模糊性和隐蔽性、战略的柔性与变化性、行动的不确定性和敏捷性，对竞争对手的跟踪与监测实质上变成了动态博弈的过程。为了动态、实时、有效地对竞争对手进行跟踪与监测，需要构建一个新的模型，以便及时快速地应对动态环境以及竞争对手要素的变化，具体分析模型如图 3-17 所示。

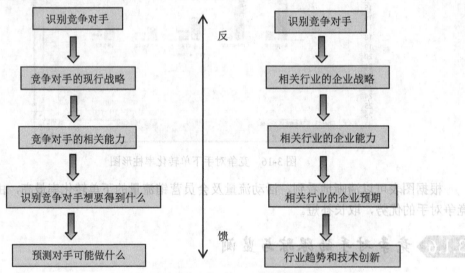

图 3-17　竞争对手跟踪与监测模型

可以发现，竞争对手跟踪与监测的基本模型与行业竞争预测分析模型的有机整合，是正向机制与反推机制在跟踪与监测中共同作用的。

在正向机制中，竞争对手的识别是竞争对手跟踪与监测的出发点。竞争对手现行战略与相关能力两方面的识别与判断环节是整个模型的核心所在。这两个环节是相互影响的，对竞争对手现行战略的分析影响着对竞争对手相关能力的判断，而对竞争对手相关能力的判断反过来又是对其现行战略分析的基础条件。这两个环节是对竞争对手识别结果的进一步修正与确认，又是预测竞争对手反应模式的基础。

在反推机制中，行业趋势与技术创新是跟踪与监测的出发点，而竞争对手的识别则是终结点。未来或潜在的竞争对手现在的战略与行动是反推机制的根本点所在，以行业发展的趋势、新技术成果的信息为线索进行行业发展识别，而对相关行业中的企业战略和相关能力的分析与判断是反推机制的核心内容。要识别潜在竞争对手，并对本企业的现行战略进行调整，以获得持续的竞争优势。

同时，模型中的正向机制与反推机制中存在着信息交互作用机制，为本企业及时对在跟踪与监测过程中的各种分析及结果进行反应提供了通畅的渠道。

正向机制与反推机制的有机结合，实际上就是企业根据所获知的竞争情报，结合自己的目标、能力、认知和战略，根据竞争双方的反应过程所做的渐进式科学推理，逐步逼近未来可能展开的真实竞争的结果。

3.2　竞争产品与店铺数据分析

在电子商务市场内，企业未来发展战略的确定与竞争产品及同行业竞争店铺的相关数据密不可分。竞争产品是多品类的，竞争店铺是多层次的，将对二者的分析有机结合，才可以做出更准确的判断。

3.2.1　竞争产品数据分析

1. 竞争产品数据分析的概述

竞争产品是指竞争对手的产品。竞争产品的分析就是对竞争对手的产品进行全方位的比较分析。商家可以通过搜索关键词寻找竞争产品，搜索其销量、价格、人气、转化率、客户评价等，这种方法虽然比较简单，但分析出的数据因不够精确而不具有代表性。

2. 竞争产品的分析方法

竞争产品的分析方法包括以下几种。

（1）主观分析。这是一种接近于用户流程模拟的结论，如可以根据事实或者个人情感，列出对方门店的优缺点与自己所销商品的情况，或者竞品与自己产品的优势与不足。这种分析主要包括用户流程分析、产品的优势与不足分析等。

（2）客观分析。客观分析即从竞争对手或市场相关产品中，圈定一些需要考察的角度，得出真实的情况，此时，不需要加入任何个人的判断，应该用事实说话，主要分析市场布局状况、产品数量、销售情况、操作情况、产品的详细功能等。

（3）竞争对手的促销调查与分析。竞争对手和周边门店的促销对商家的销售有非常大的影响，这一点在今天的百货商场销售中显得尤为突出。曾经有两个相邻的定位相似的百货商场，在节日的促销战中，甲商场制定了"满1000元减500元，满800元减400元"的活动，乙商场听到这个消息以后马上制定对策——"满600减300，满800元减400元，满1000元减500元"。在此次活动中乙商场大获全胜，因为虽然其活动力度完全相同，但此时乙商场内大部分的服装吊牌价格比甲商场低一些，这让乙商场的活动更有优势。

（4）竞争对手的销售商品类别分析。竞争对手和周边门店的商品类别销售数据对商品的销售有非常重要的参考价值。例如，一家做时尚休闲服饰品牌的商店，商品经营类别广泛，其隔壁有一个定位与自己完全相符的专业牛仔品牌专卖店。这时，休闲服饰商店中牛仔服饰的销售数量肯定会受到冲击，那么在订货管理中就要避开与之相近的牛仔款式，而挑选与之有一定差异的牛仔款式，并减少牛仔服饰的订货量。

当然，这里所说的订货量减少是指订货数量，而不是款式数量，如果减少了款式数量就会让整体的陈列和搭配不合理，从而影响整体门店陈列形象。只有充分发挥自身品牌优势，避开对手，才能在激烈的市场竞争中处于更强的地位。

所以，在经营过程中，商家对于促销手段的调查内容应该进行合理的分析，同时应该注意扬长避短，发挥自己的优势，最终达到最佳效果。

3. 利用 Excel 进行竞争产品数据分析

Step1：打开"第 3 章\源数据\某竞争产品近 30 日的销售情况.xlsx"工作表，右击数据表 B 列，在弹出的快捷菜单中选择"插入"命令，在弹出的"插入"对话框中选中"整列"单选按钮。在 B1 单元格中输入"星期"，选择 B2:B31 单元格区域，在编辑栏中输入"=TEXT(A2,"AAAA")"，按 Ctrl+Enter 组合键确认，结果如图 3-18 所示。

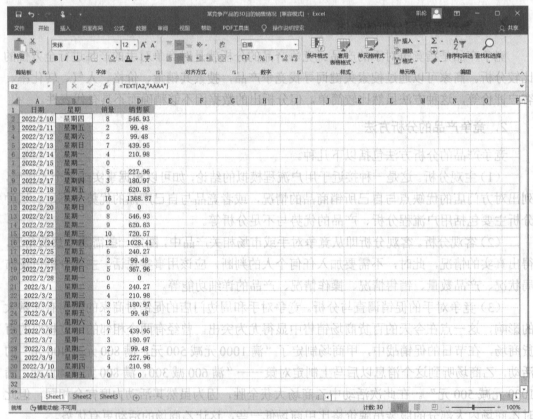

图 3-18　日期转换为星期的计算结果

Step2：根据现有数据，在新的工作表中单击"插入"选项卡中的"数据透视表"按钮，在"数据透视表字段"窗格中依次将"星期"字段添加到"行"标签，将"销量""销售额"字段添加到"值"标签，如图 3-19 所示。然后选择数据透视表中第 4 行行号，拖曳所选区域的下边框至"总计"行上方，调整行标签的显示顺序，如图 3-20 所示。

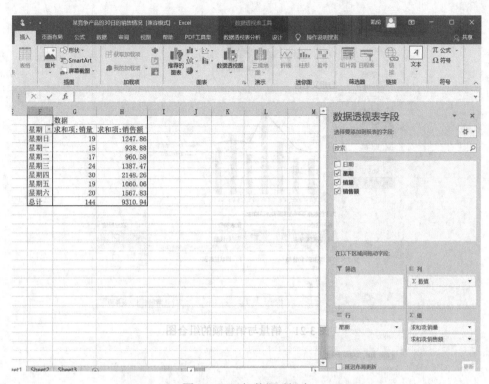

图 3-19　添加数据透视表

图 3-20　行标签顺序的调整

Step3：在"插入"选项卡下选择"数据透视表"下拉列表中的"组合图"选项，弹出"更改图表类型"对话框，在"求和项：销量"对应的"图表类型"下拉列表中选择"折线图"，然后在"求和项：销售额"对应的"图表类型"下拉列表中选择"柱形图"→"簇状柱形图"，然后在"次坐标轴"下的第一个方框内单击至出现"√"，单击"确定"按钮，如图 3-21 所示。

Step4：右击柱形图销售额部分，在弹出的快捷菜单中选择"添加数据标签"命令，添加数据标签，如图 3-22 所示。

Step5：选择销量对应的一组数据标签，将其设置为红色字体，如图 3-23 所示。

图 3-21　销量与销售额的组合图

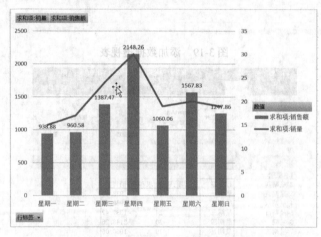

图 3-22　销售额数据标签的添加设置

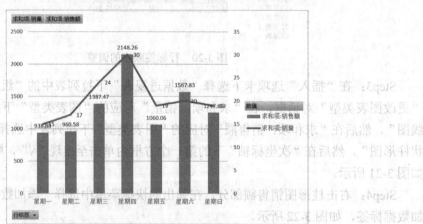

图 3-23　销量数据标签的添加设置

从图 3-23 可以清晰地看出，该竞争产品在星期一和星期二的销售情况不理想，销售的高峰期在星期四和星期六，整体来看，一周的销售情况较为平稳。

小贴士

按小时分析竞争产品

根据上述分析思路，也可以采集一天中每个小时的销售数据，然后以小时为单位查看竞争产品的日销售高峰及销售低谷，从而根据自身的情况选择合适的竞争策略。

3.2.2 竞争店铺数据分析

我们可以充分借助大数据来分析竞争对手。

1. 竞争店铺概述

竞争店铺是指竞争对手的店铺。竞争店铺的分析就是对竞争对手店铺的各经营环节进行全方位的比较分析。竞争店铺的搜索方式有很多，通过关键词、目标人群、产品、价格、所在地、营销活动、视觉拍摄等维度可以找出竞争店铺。

2. 竞争店铺的分析维度

（1）通过对竞争店铺视觉拍摄、店铺分类、店铺营销方案等进行分析，商家可以了解竞争店铺的基础数据，主要包括竞争店铺的拍摄方式、详情页设计制作方式、店铺类目分类构成、店铺营销方案、单品营销方案设置、优惠券、满减折扣设置等。

通过抓取店铺品牌，商家可以了解竞争店铺有没有原创品牌，店铺是不是多品牌销售，以及店铺风格、店铺人群定位（人群标签）、店铺属性数据（商品适用季节、适用场景、基础风格）等。

通过获取店铺价格、店铺销量、店铺排行情况，商家可以了解竞争店铺商品整体的销量，从而抓取核心商品进行数据对比分析。

（2）竞争店铺的宏观维度主要是基于竞争店铺基本信息页面展示的数据汇总后的信息，包含店铺类型、信用等级、店铺粉丝数量、主营类目、商品数、销量、销售额、平均成交价、开店时间、滞销商品数、动销率、好评率、DSR（服务动态评分）等。

3. 利用 Excel 进行竞争店铺数据分析

Step1：打开"第 3 章\源数据\竞争店铺数据分析.xlsx"工作表，此数据为店侦探导出的竞争店铺所有商品的相关数据。在表格空白处单击，然后单击"插入"选项卡中的"数据透视表"按钮，创建数据透视表，在"数据透视表字段"窗格将"二级类目"设置在"行"标签，将"序号"设置在"值"标签，单击添加的"序号"字段，并在弹出的下拉列表框中选择"值字段设置"选项。打开"值字段"，设置计数类型为"计数项"，单击"确定"按钮，如图 3-24 所示。

Step2：选择数据透视表的任意数据，单击"插入"选项卡中的"数据透视图"按钮，在弹出的对话框中选择"饼图"，然后选择"样式 2"，单击"确定"按钮，并选择"布局 4"的样式，适当增加宽度和高度，如图 3-25 所示。

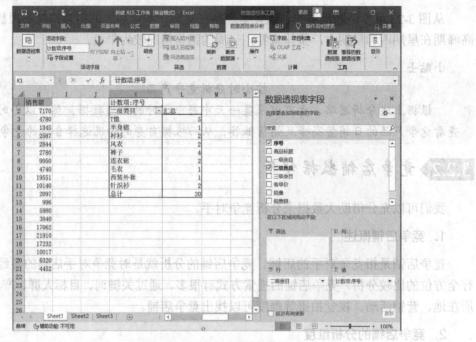

图 3-24　添加并设置字段

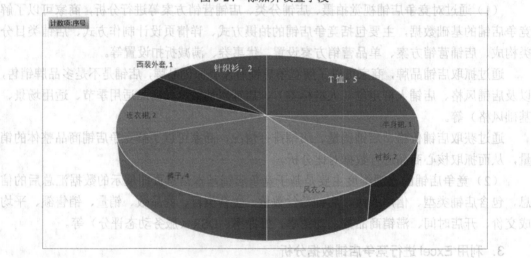

图 3-25　数据透视图的创建

Step3：双击透视图上任一组数据标签，设置数据标签格式，依次选中"类别名称""值""百分比""显示引导线"复选框，在"分隔符"下拉列表框中选择"（新文本行）"选项，选中"数据标签外"单选按钮，如图 3-26 所示。

Step4：在饼图上右击，在弹出的快捷菜单中选择"排序/降序"命令，将数据从高到低排列，以此分析在该店铺中经营较多的类目，比如 T 恤、裤子分别占到了 25%、20%，如图 3-27 所示。

Step5：删除数据透视图，将"序号"字段删除，将"销量"添加至"值标签"。然后以现有的数据透视表为源数据创建条形图，并选定第一种类型，在设计选项中选择"样式9"，删除图表标题和图例，如图 3-28 所示。

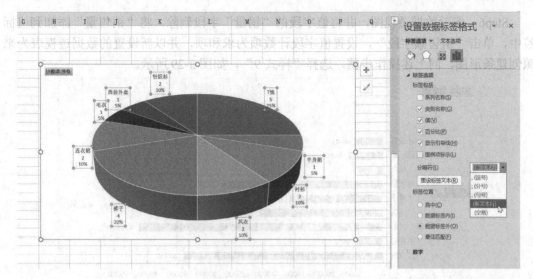

图 3-26　数据标签的设置

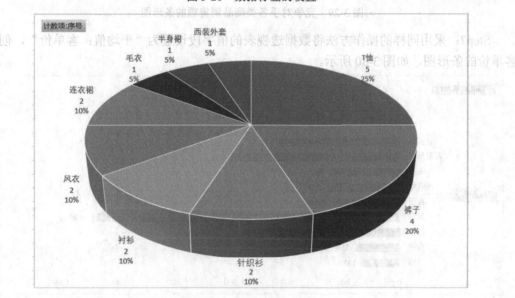

图 3-27　排序后的饼形图

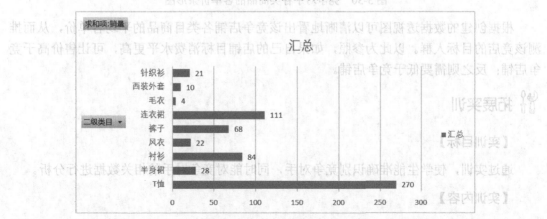

图 3-28　各品类汇总条形图

Step6：删除数据透视图，并将值字段的"销量"字段删除，将"销售量"添加到值标签中，单击"销售额字段"，设置值字段计数项为求和项，并以新设置的数据透视表为来源创建条形图，同上述操作步骤，选择"样式9"，如图3-29所示。

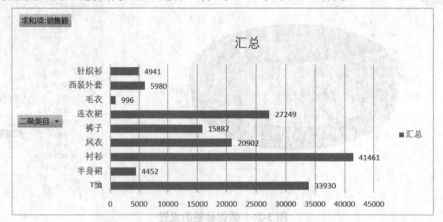

图3-29　竞争对手各类商品销售额的条形图

Step7：采用同样的操作方法将数据透视表的值字段设置为"平均值：客单价"，创建客单价的条形图，如图3-30所示。

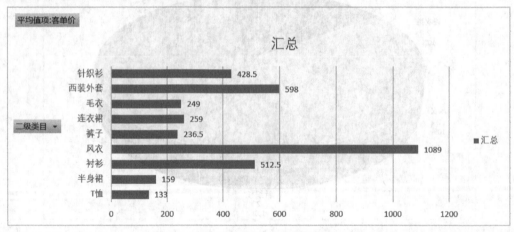

图3-30　竞争对手各类商品的客单价条形图

根据创建的数据透视图可以清晰地看出该竞争店铺各类目商品的平均客单价，从而推测该竞店的目标人群。以此为参照，如果自己的店铺目标消费水平更高，可让售价高于竞争店铺；反之则需要低于竞争店铺。

拓展实训

【实训目标】

通过实训，使学生能准确识别竞争对手，同时能对竞争对手的相关数据进行分析。

【实训内容】

在淘宝网站上选择一家网店，搜索并识别其竞争店铺，罗列出10家店铺名称，并选择其中一家店铺设计数据追踪表格，收集竞争店铺一周的客单价、销量、销售额数据，然后对其进行简要分析。

【实训步骤】

（1）以 2～3 人为单位组成一个团队，设负责人一名，负责整个团队的分工协作。

（2）团队成员通过分工协作，从多渠道收集相关资料。

（3）团队成员对收集的材料进行整理，总结并分析竞争店铺的优势及劣势，制定分析过程的思维导图。

（4）各团队将总结制作成数据表格，撰写分析报告，派出 1 人作为代表上台演讲，阐述自己团队的成果。

（5）教师对各团队的成果进行总结评价，指出不足与改进措施。

【实训要求】

（1）实训可采取"课外+课内"的方式进行，即团队分组、分工、讨论和方案形成在课外完成，成果展示安排在课内。

（2）每个团队方案展示时间为 10 分钟左右，教师和学生提问时间为 5 分钟左右。

课后习题

1．阐述一般从哪几个方面识别竞争对手。

2．论述竞争对手分析的内容及层次。

3．阐述竞争对手跟踪与监测的内涵。

4．对竞争产品的维度做简要分析。

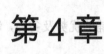

第 4 章

商品数据分析

案例导入

"购物篮"数据分析方法的应用

当今社会，消费者的心理愈加成熟，消费者的需求趋于多样化，市场竞争日益激烈，因此对商品数据进行充分分析并了解顾客的需求成为企业成功的核心因素。什么是需求？简单来说，我们每天想的"如果可以这样就好了"，这就是需求，商品的存在就是为了满足人们日益增长的物质文化需求。目前，大多数电子商务已经认识到研究商品数据的重要性，并且针对这一点做了很多工作，比如人口的统计分析、计算机辅助销售以及在商品转化过程中做好顾客的登记分析。

此时应运而生的分析方法是"购物篮"分析方法，它通过购物篮所显示的交易信息研究顾客的购买行为。在购物过程中，消费者往往会购买多种商品而不是一件商品，所以，他们的购物行为往往是一种整体性行为，因此现在很多企业也在借助此种分析方法了解顾客的品牌忠诚度、产品偏好以及顾客的消费习惯等。

学习目标

1. 了解商品分析的内容、重点以及分析模型与主要指标。
2. 理解商品搜索热度数据统计方法。
3. 掌握商品关键词分析、用权重分析商品好坏、用函数结合数据透视表分析商品的方法。
4. 掌握商品定价及价格的分析方法。

重难点分析

1. 正确运用关键词、权重分析以及函数分析进行商品数据分析。
2. 正确运用商品定价策略对商品进行合理定价。

思政导学

要想在激烈的市场竞争中立于不败之地，获取高额的利润，除了做好市场和竞争数据分析，还要进行细致入微的商品数据分析，培养学生精益求精的工作观念。

4.1　商品数据概述

商品分析曾经是数据分析的最早形态。现代数据分析以及数据模型的大部分思路都是从这里演化出来的。本章将针对商品数据分析的概念及方法做主要介绍。

4.1.1　商品分析的概念与内容

1. 商品分析的概念

商品分析指对商品的进货、销售、库存情况进行的分析，通过对商品在流通中的各项指标（如销售额、毛利率、周转率、增长率等）进行统计和分析，对商品的结构、价格进行调整，从而决定各类商品的库存系数以及商品的引进和淘汰，它直接影响到店铺的经营效益，与采购、物流和运营等多个部门息息相关。

例如，一个人在美团外卖平台定了一些水果。因为是超级会员，所以能享受一张减免 5 元的优惠券，然后外卖员把水果送到这个人手上。在这场交易中，水果是商品，优惠券是权益（作为超级会员的特殊权益），外卖员提供了服务。

商品从大的方面可以分为耐用品和快消品。快消品是很容易消耗、日常需要重复购买的商品，如纸巾、洗发水、牙膏等；根据耐保存程度，可以分成生鲜产品（蔬菜、水果、鲜肉等）和包装产品（罐头、方便面等）。耐用品往往是大件的、很久不换、用了还能用的，如家具、汽车、计算机、手机等。

商品数据分析的主要数据来自销售数据和商品基础数据，从而产生以分析结构为主线的分析思路。商品数据分析的主要数据有商品的类别结构、品牌结构、价格结构、毛利结构、结算方式结构、产地结构等，从而产生商品广度、商品深度、商品淘汰率、商品引进率、商品置换率、重点商品、畅销商品、滞销商品、季节商品等多种指标。通过对这些指标的分析指导企业调整商品结构，加强经营商品的能力。

2. 商品分析的内容

商品分析并不是为了分析而分析，而是为了通过商品分析及时调节各环节中商品的运作，改善店铺的营运状况，因此我们要明确商品分析的主要内容。

1）价格分析

价格分析是指将重点及价格敏感商品的平均收缴、进价、毛利与同行比较，或对它们的变动趋势等进行分析，这样，经营者可以通过了解商品的价位情况，对比其他的数据情况调整价格，从而制定相应策略并进行落地实施。

2）销售分析

销售分析主要是指对商品的销量、销售额、平均销售额及其构成比情况进行分析，辅助运营者了解运营现状，确定重点商品，并为商品结构的调整提供有力依据。

3）商品功能组合分析

商品功能组合分析是指对商品各功能类别品项数、销售额、毛利额及其分布情况等进行分析，辅助店铺运营者了解商品组合结构现状，并根据市场情况调整商品组合。

4）用户体验分析

把握好体验的力量，可以从细节改善一个产品，从而创造一个受欢迎的产品。从宏观角度讲，甚至能颠覆一个产业，改变一种格局。用户体验分析就是从用户出发，从用户体验的细节出发，从更多细微之处出发，对用户体验做出持续的改进。

5）商品生命周期分析

商品生命周期和企业制定营销策略有着直接的联系，企业可以根据产品在各周期、各阶段的显著特征采取适当的营销策略，以满足顾客需求，赢得长期利润。

6）商品毛利分析

商品毛利分析是指对各类别商品实现的毛利额、毛利率及其分布情况等进行分析，使经营者可以对各类别商品实现的利润进行对比分析，掌握其获利情况，并为调整商品结构提供依据。

7）商品库存分析

商品库存分析是指对商品的库存量、存销比、周转率、毛利率、交叉比率等进行分析，经营者通过对商品库存动态情况的全面了解，及时调整各类商品库存系数，均衡商品库存比例，及时制定相应的经营政策。

对店铺运营的商品进行分析，需要以商品流转的科学性和高效性为目的，追求合理的商品组合及最大的商品贡献，从而对商品及价格进行适当的调整，这关系到采购、物流和网店等各部门的运作效果，而且会对店铺的经营业绩产生很大的影响。

4.1.2 商品分析的重点

进行有效的商品分析的前提是确定重点商品。在电子商务网站上，某店铺经营的商品品类数以万计，运营者很难同时兼顾，所以在进行商品分析时要挑选对店铺经营绩效有直接影响的重点商品进行有效分析。

这些重点商品主要包括以下三类。

（1）价格敏感商品。一般而言，大部分消费者是注重性价比的，即商品和价格是否匹配，所以价格敏感类商品影射的是店铺在消费者心目中的价格形象，所以对这类商品重点关注是很有必要的，并且在日常运营中要定期进行价格调整，避免客户流失。

（2）A类商品。一般而言，A类商品只占店铺经营的20%，却为店铺贡献80%左右的销售额及利润。因此在店铺运营中要加强对其在营运各阶段的综合销售以及流转信息的收集、分析、评估。

（3）代理或独家销售的高毛利产品。这类商品进价较低，因此毛利率相对来说较高，所以在店铺运营中要关注并检查其销售毛利的贡献情况，鼓励网店积极促销，只有这样才能保证这类商品的毛利在总毛利额度中占比较高。

4.1.3 商品数据分析模型与主要指标

商品数据分析要依据业务系统提供的数据进行相关的项目分析，进而产生有价值的结果来指导企业的生产经营活动。这需要确定企业在销售数据分析过程中适用的维度、指标和分析方法，并将三者关联起来构造分析模型，再依据分析模型得到有价值的结果。维度指明了要从什么样的角度进行分析，也就是分析哪方面的内容，如商品、客户等。指标指明了对这个维度所要进行分析的项目，如数量、周转率、连带率、售罄率、毛利率等。分析方法指明了用什么样的方法去分析并处理这个维度的指标，如统计分析、预测分析、优化分析等。

电子商务数据分析的主要指标包括库存量单位（stock keeping unit，SKU）、标准化产品单元（standard product unit，SPU）、商品数、商品访客数、商品浏览量、加购件数、收藏次数、流量下跌商品、支付下跌商品、低支付转化率商品、高跳出率商品、零支付商品、低库存商品。

4.2　商品需求与热度分析

要想开发有价值的品，首先要考虑的问题就是"这个商品有没有需求"，然后需要思考这个商品能不能卖得出去。这就是所谓的商品需求分析。

4.2.1　商品需求分析的认知

1. 商品需求分析的内容

对选定的目标用户群进行抽样研究，通过记录某一特定类型用户的生活场景或业务情况洞察用户的典型行为或生活习惯，了解他们在特定场景下的需求，再结合企业自身的能力，拓展业务创新的空间。

2. 商品需求分析的步骤

1）需求采集

在明确商品需求分析的目的后，需要收集商品需求分析资料。获取需求的方式根据来源渠道的差异可分为来源于内部的和来源于外部的两大类。来源于内部的包括四种渠道：基于调查者本人的从业经验和知识积累；与本部门和其他部门的同事充分沟通交流；向部门领导和主管领导请教询问；对相似或相关商品进行数据分析。来源于外部的也包括四种渠道：开展用户调查和听取用户反馈；对竞争性商品展开分析；对整体市场政策、资讯做出分析；征求合作伙伴的建议和意见。

2）需求分类

消费者对商品消费的基本需求包括以下几个方面。

（1）对商品质量性能的需求。质量性能是消费者对商品基本功能达到满意或完善程度的要求，通常以一定的技术性能指标来反映。消费者对商品质量的需求是相对的，一方面，消费者要求商品的质量与其价格水平相符，即不同质量有不同的价格，一定的价格水平必须有与其相称的质量；另一方面，消费者往往根据商品的实用性来确定其对质量性能的要求和评价。

（2）对商品基本功能的需求。基本功能指商品的有用性，即商品能满足人们某种需要的物质属性。商品的基本功能或有用性是商品被生产和销售的基本条件，也是消费者需要的基本内容。在通常情况下，基本功能是消费者对商品诸多需要中的第一需要。如果商品不具备基本功能，即使商品质量优良、外形美观、价格低廉，消费者也难以产生购买欲望。

（3）对商品安全性能的需求。消费者要求使用的商品卫生洁净、安全可靠、不危害身体健康。这种需求通常发生在对食品、药品、卫生用品、家用电器、化妆品、洗涤用品等商品的购买和使用中，是人类社会基本安全需要在消费需要中的体现。

（4）对商品审美功能的需求。这一需求表现为对商品在工艺设计、造型、色彩、装潢、整体风格等审美价值上的要求。消费者不仅要求商品具备实用性，而且要求其具备较高的审美价值。不同的消费者往往具有不同的审美标准，每个消费者都是按照自己的审美观来认识和评价商品的，因此对同一商品，不同的消费者会得出完全不同的审美结论。

（5）对商品便利程度的需求。这一需求表现为在购买和使用商品的过程中，消费者对便利程度的要求。消费者要求商品的使用方法简单易学、操作容易，还要求商品携带方便、便于维护。

（6）对商品情感功能的需求。情感需求是消费者心理活动的表现，该需求指消费者要求商品能够蕴涵深厚的感情色彩，并体现个人的情绪状态，使之成为人际交往中感情沟通的媒介，起到传递和沟通感情、促进情感交流的作用。

（7）对商品社会象征性的需求。社会象征性指消费者要求商品体现和象征一定的社会意义，或者体现一定的社会地位，使购买、拥有该商品的消费者能够显示出自身的某些社会特性，如身份、地位、财富、尊严等，从而获得心理上的满足。对商品社会象征性的需求是高层次社会性需要在消费活动中的体现。

（8）对良好服务的需求。在对商品实体形成多方面需求的同时，消费者还要求享受到良好、完善的全过程服务。商品与服务已经成为不可分割的整体，而且服务在消费需求中的地位迅速上升，服务质量的优劣已成为消费者选择购买商品的主要依据。

3）需求分析

需求分析是将用户需求转化为商品需求的过程，即对需求进行价值评估和量化，筛选不合理的需求，挖掘用户目标，匹配商品，对关联性较强的需求进行整合，最后定义排列需求的优先级。

4）需求评审

有了确切的需求方案之后可对其进行可行性评审。可行性评审完成的是对需求的全面评估，主要包括需求本身的可行性、替代方案、涉及的产品或技术环节、成本估算等。

4.2.2 商品搜索热度数据统计

淘宝店家做店铺运营时，在选定对何种商品进行销售及命名前，应当选择当前的热卖产品进行采购、上架，同时根据当下热搜的关键词进行商品的命名，这样就能增加搜索量、访问量和下单成交量，从而获利。

商品热度搜索数据和指数能很好地反映出人们搜索商品的方式，淘宝店家可以从中总结出相应的命名规律，然后通过优化关键词对自己的宝贝命名，让更多的客户轻松搜索到自己网店的商品，从而促进客户下单，最终达到交易的目的。为了更好地展示和统计商品的搜索热度，可以用直观数据条和图标集展示对应的数据，以下为具体操作步骤。

Step1：打开"第4章\源数据\商品搜索热度分析.xlsx"工作表，选择A3单元格，在编辑栏中输入公式"=RANK.EQ(C3,$C$3:$C$19)"，保持A3单元格的选择状态，将鼠标指针移动到右下角，待鼠标指针变成"+"形状时双击。RANK.EQ函数应用结果如图4-1所示。

排名	搜索词	搜索指数	升降幅度
5	高跟鞋女	2700.8	0%
2	浅口高跟鞋女	2988	0%
1	高跟鞋5厘米	3489.6	0%
11	高跟鞋	2171	8.70%
8	高跟鞋女春季	2276.5	32.20%
9	高跟女婚鞋	2243.6	0%
15	通勤裸色高跟鞋	2054.6	16.30%
14	高跟鞋8厘米	2110	16.70%
4	高跟鞋10厘米女	2733.1	0%
16	高跟鞋细跟	2040	20%
12	高跟鞋女2022年新款	2144.9	26.70%
12	高跟鞋女2023年新款	2144.9	26.70%
6	高跟鞋小众设计感	2307	0%
3	高跟鞋女细跟	2891.4	0%
10	百丽	2183	17.10%
7	高跟鞋女粗跟	2291.4	20%
17	高跟鞋女职业	1976.2	19.1

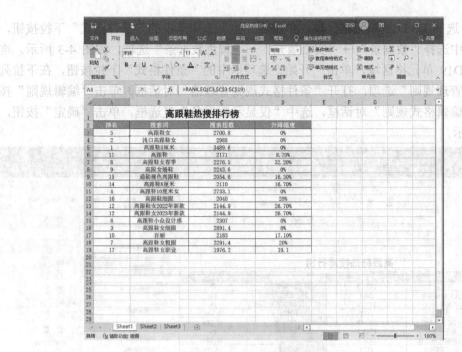

图 4-1 RANK.EQ 函数应用结果

Step2：右击 D 列，在弹出的快捷菜单中选择“插入”命令，插入空白列。选择 C3:C19 单元格区域，按 Ctrl+C 组合键复制，选择 D3:D19 单元格区域，单击“粘贴”按钮，粘贴数据，如图 4-2 所示。

排名	搜索词	搜索指数	搜索指数	升降幅度
5	高跟鞋女	2700.8	2700.8	0%
2	浅口高跟鞋女	2988	2988	0%
1	高跟鞋5厘米	3489.6	3489.6	0%
11	高跟鞋	2171	2171	8.70%
8	高跟鞋女春季	2276.5	2276.5	32.20%
9	高跟女婚鞋	2243.6	2243.6	0%
15	通勤裸色高跟鞋	2054.6	2054.6	16.30%
14	高跟鞋8厘米	2110	2110	16.70%
4	高跟鞋10厘米女	2733.1	2733.1	0%
16	高跟鞋细跟	2040	2040	20%
12	高跟鞋女2022年新款	2144.9	2144.9	26.70%
12	高跟鞋女2023年新款	2144.9	2144.9	26.70%
6	高跟鞋小众设计感	2307	2307	0%
3	高跟鞋女细跟	2891.4	2891.4	0%
10	百丽	2183	2183	17.10%
7	高跟鞋女粗跟	2291.4	2291.4	20%
17	高跟鞋女职业	1976.2	1976.2	19.1

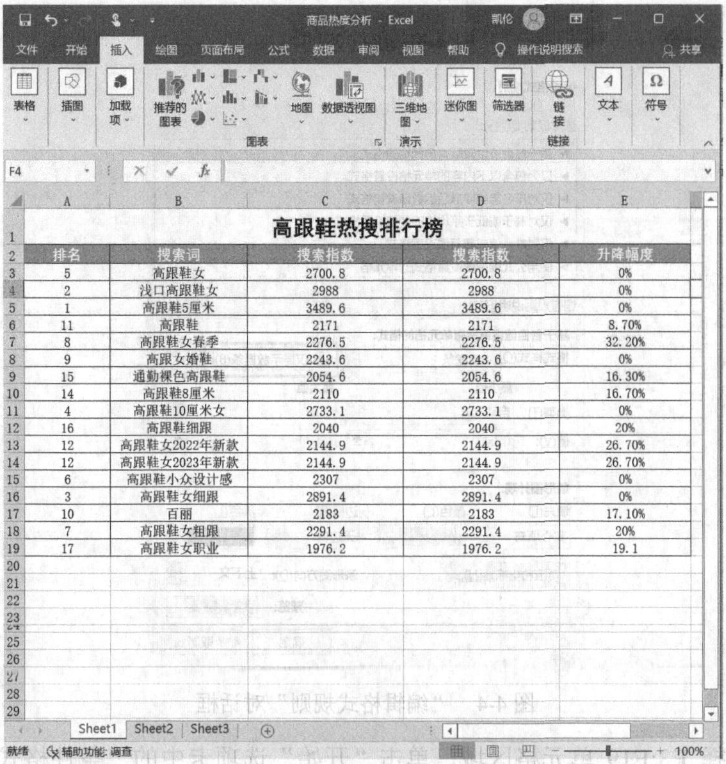

图 4-2 插入列并复制数据

Step3：选择 D3:D19 单元格区域，单击"开始"选项卡中的"条件格式"下拉按钮，在下拉列表中选择"数据条"→"实心填充"→"黄色数据条"选项，如图 4-3 所示。继续选择 D3:D19 单元格区域，单击"开始"选项卡中的"条件格式"下拉按钮，在下拉列表中选择"管理规则"选项，打开"条件格式规则管理器"对话框。单击"编辑规则"按钮，打开"编辑格式规则"对话框，选中"仅显示数据条"复选框，单击"确定"按钮，如图 4-4 所示。

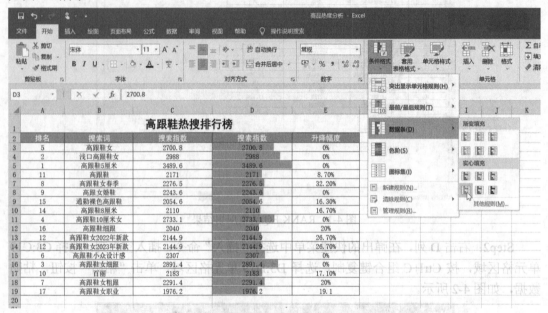

图 4-3　数据条的添加

图 4-4　"编辑格式规则"对话框

Step4：选择 E3:E19 单元格区域，单击"开始"选项卡中的"条件格式"下拉按钮，在下拉列表中选择"新建规则"选项，弹出"新建格式规则"对话框；单击"格式样式"下拉按钮，在下拉列表中选择"图标集"选项；单击"图标样式"下拉按钮，在下拉列表中选择 3 个三角形图标样式。分别在第一个图标和第二个图标对应的"值"文本框中输入"0.001"和"0"，单击"确定"按钮，如图 4-5 所示。

图 4-5　图标集的添加设置

Step5：选择 A3:E19 单元格区域，单击"开始"选项卡中的"升序和筛选"下拉按钮，在下拉列表中选择"升序"选项，让整个搜索的数据按照升序方式排列，以方便关键词的选择和优化，最终效果如图 4-6 所示。

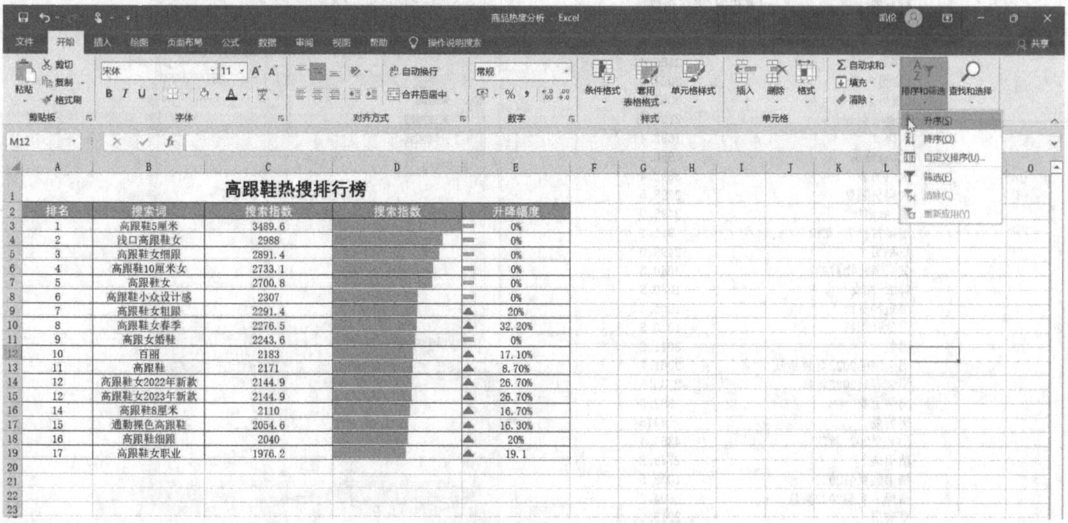

图 4-6　最终数据条效果图

4.2.3 商品关键词分析

关键词就是用户在使用搜索引擎时所输入的能够最大限度概括其所要查找的内容的词

语。在电子商务网站中搜索商品的关键词需要最大限度地反映其属性。例如，有人想在淘宝网站买一件黑色加绒加厚衬衫，就会搜索"黑色加厚衬衫"，单击"搜索"按钮就会查找到所需的信息。

在对商品进行命名前，可以统计和分析同行对同类商品的关键词命名，对其中搜索排名靠前的关键词进行统计和分析，然后，将其用在自己的商品上。商品命名方式还应该符合客户的搜索习惯，这样商品才更容易被搜索到，从而提高搜索量和访问量，促成交易。

通常情况下，我们运用数据透视表进行商品的关键词分析，以下为具体操作步骤。

Step1：打开"第 4 章\源数据\关键词分析.xlsx"工作表，选中 A1 单元格，单击"插入"选项卡中的"数据透视表"按钮，打开创建数据透视表对话框。选中"现有工作表"单选按钮，单击"位置"文本框后的折叠按钮。在表格中选择 E1 单元格，单击展开按钮，返回创建数据透视表对话框，单击"确定"按钮，如图 4-7 所示。

Step2：设置数据透视表中的字段数据，将"关键词"拖曳到"行"标签，将"关注指数"拖曳到"值"标签，如图 4-8 所示。

图 4-7　创建数据透视表

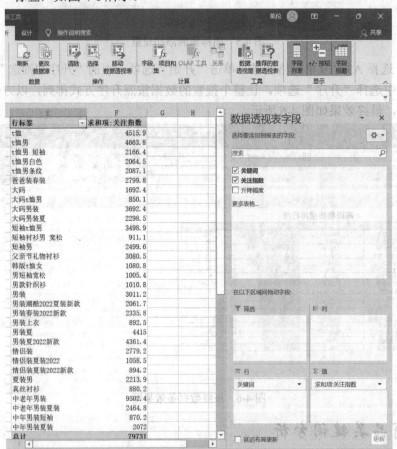

行标签	求和项:关注指数
t恤	4515.9
t恤男	4663.8
t恤男 短袖	2166.4
t恤男白色	2064.5
t恤男条纹	2087.1
爸爸装春装	2799.8
大码	1692.4
大码t恤男	850.1
大码男装	3692.4
大码男装夏	2298.5
短袖t恤男	3498.9
短袖衬衫男 宽松	911.1
短袖男	2499.6
父亲节礼物衬衫	3080.5
韩版t恤女	1080.8
男短袖宽松	1005.4
男款针织衫	1010.8
男装	3011.2
男装潮酷2022夏装新款	2061.7
男装春装2022新款	2335.8
男装上衣	892.5
男装夏	4415
男装夏2022新款	4361.4
情侣装	2779.2
情侣装夏装2022	1058.5
情侣装夏装2022新款	894.2
夏装男	2213.9
真丝衬衫	880.2
中老年男装	9502.4
中老年男装夏装	2464.8
中年男装短袖	870.2
中年男装夏装	2072
总计	79731

图 4-8　数据透视表的字段设置

Step3：选择 E2:F7 单元格区域，右击，在弹出的快捷菜单中选择"组合"命令。以同样的方法将其他同类或相近关键词分为一组，如图 4-9 所示。

图 4-9　分组设置

Step4：选择任意透视表单元格，单击"设计"选项卡，在"数据透视表样式"组中选择"数据透视表样式浅色 17"选项，快速应用透视表样式，如图 4-10 所示。

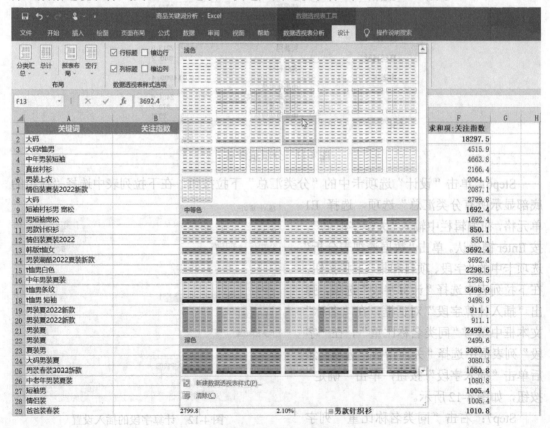

图 4-10　样式的选择

Step5：保持数据透视表单元格的选择状态，单击"设计"选项卡中的"报表布局"下拉按钮，在下拉列表中选择"以大纲形式显示"选项；选择 E2 单元格，在编辑栏中输入"T恤"，按 Enter 键确认。以同样的方法对每组名称进行更改，效果如图 4-11 所示。

关键词2	关键词	求和项:关注指数
⊟T恤		18297.5
	t恤	4515.9
	t恤男	4663.8
	t恤男 短袖	2166.4
	t恤男白色	2064.5
	t恤男条纹	2087.1
	爸爸装春装	2799.8
⊟大码		8533.4
	大码	1692.4
	大码t恤男	850.1
	大码男装	3692.4
	大码男装夏	2298.5
⊟短袖男		6909.6
	短袖t恤男	3498.9
	短袖衬衫男 宽松	911.1
	短袖男	2499.6
⊟父亲节礼物衬衫		3080.5
	父亲节礼物衬衫	3080.5
⊟韩版t恤男		1080.8
	韩版t恤男	1080.8
⊟男装		19093.8
	男短袖宽松	1005.4
	男款针织衫	1010.8
	男装	3011.2
	男装潮酷2022夏装新款	2061.7
	男装春装2022新款	2335.8
	男装上衣	892.5
	男装夏	4415
	男装夏2022新款	4361.4
⊟情侣装		4731.9
	情侣装	2779.2
	情侣夏装2022	1058.5
	情侣夏装2022新款	894.2
⊟夏装男		2213.9
	夏装男	2213.9
⊟真丝衬衫		880.2
	真丝衬衫	880.2
⊟中老年		14909.4
	中老年男装	9502.4
	中老年男装夏装	2464.8
	中年男装短袖	870.2
	中年男装夏装	2072
总计		79731

图 4-11　分组重命名

Step6：单击"设计"选项卡中的"分类汇总"下拉按钮，在下拉列表中选择"在组的底部显示所有分类汇总"选项，选择 E1 单元格，在编辑栏中输入"关键字汇总"，按 Enter 键确认。单击"数据透视表分析"选项卡中的"字段、项目和集"下拉按钮，在下拉列表中选择"计算字段"选项，弹出"插入计算字段"对话框，在"名称"文本框中填写"同类名称比重"，在"字段"列表框中选择"关注指数"选项，然后单击"插入字段"按钮，单击"确定"按钮，如图 4-12 所示。

Step7：右击"同类名称比重"列字

图 4-12　计算字段的插入设置

段，在弹出的快捷菜单中选择"值显示方式"→"父级汇总的百分比"命令。在打开的对话框中单击"基本字段"按钮，选择"关键字汇总"选项，然后单击"确定"按钮，最终结果如图 4-13 所示。

关键字汇总	关键词	求和项:关注指数	求和项:同类名称比重
⊟T恤			
	t恤	4515.9	24.68%
	t恤男	4663.8	25.49%
	t恤男 短袖	2166.4	11.84%
	t恤男白色	2064.5	11.28%
	t恤男条纹	2087.1	11.41%
	爸爸装春装	2799.8	15.30%
T恤 汇总		18297.5	100.00%

图 4-13 最终关键字汇总图例

4.2.4 权重分析商品单品好坏

知识链接

关键词的类型及组成

虽然我们常常听到"一分价钱一分货"的说法，但单单根据销量或者销售金额判断商品的好坏是不科学的。例如，有些商品很便宜，就算销售量最高，也不一定代表它是好的商品，因为商品交易总额（gross merchandise volume，GMV）达不到一定的规模；而有的商品很贵，所以就算销售额很高，也不一定代表其利润很可观。所以，通常我们要针对销量和销售金额这两个因素设置一个较为科学的权重。然后利用权重分析商品单品的好坏，以下为具体操作步骤。

Step1：打开"第 4 章\源数据\权重分析宝贝单品.xlsx"工作表，选择 E3 单元格，在单元格中输入"30%"，选择 F3 单元格，在单元格中输入"70%"，选择 B23 单元格，在编辑栏中输入"=SUM(B6:B21)"。选择 D6 单元格，在编辑栏中输入"=B6*C6"，保持 D6 单元格选择状态，将鼠标指针移动到单元格右下角，待鼠标指针变成"+"形状时向下拖动鼠标，将函数填充到 D21 单元格。选择 D23 单元格，在编辑栏中输入"=SUM(D6:D21)"。选择 E6 单元格，在编辑栏中输入"=B6/B$23*$E$3"，保持 E6 单元格选择状态，将鼠标指针移动到 E6 单元格右下角，待鼠标指针变成"+"形状时向下拖动鼠标，将函数填充到 E21 单元格。选择 F6 单元格，在编辑栏中输入"=D6/D$23*$F$3"，保持 F6 单元格选择状态，将鼠标指针移动到单元格右下角，待鼠标指针变成"+"形状时向下拖动鼠标，将函数填充到 F21 单元格。选择 G6 单元格，在编辑栏中输入"=E6+F6"，保持 G6 单元格选择状态，将鼠标指针移动到单元格右下角，待鼠标指针变成"+"形状时向下拖动鼠标，将函数填充到 G21 单元格。各指标计算结果如图 4-14 所示。

Step2：计算排名结果。选择 H6 单元格，在编辑栏中输入"=RANK(G6,$G$6:$G$21)"，保持 H6 单元格选择状态，将鼠标指针移动到单元格右下角，待鼠标指针变成"+"形状时向下拖动鼠标，将函数填充到 H21 单元格。选择 I6 单元格，在编辑栏中输入"=H6/COUNT($H$6:$H$21)"，保持 I6 单元格选择状态，将鼠标指针移动到单元格右下角，待鼠标指针变成"+"形状时向下拖动鼠标指针，将函数填充到 I21 单元格。结果如图 4-15 所示。

Step3：在 K2:M7 单元格区域中输入单品的判断标准，如图 4-16 所示。

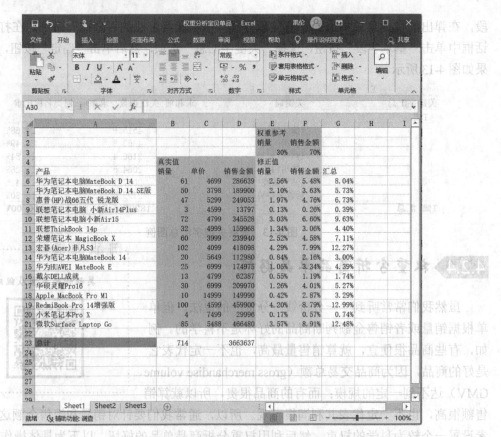

图 4-14　各指标计算结果

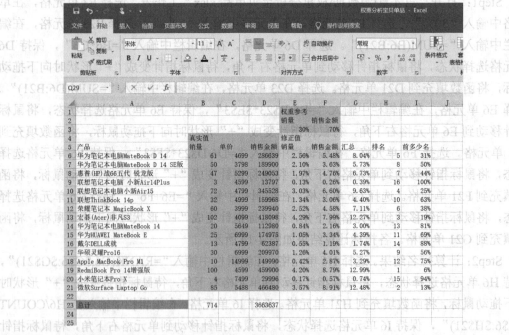

图 4-15　计算排名结果

Step3：在 K2:M7 单元格区域中输入单品的评判标准，如图 4-16 所示。

	A	B	C	D	E	F	G	H	I	J	K	L	M
1					权重参考								
2					销量	销售金额					单品的好坏标准		
3					30%	70%					0.00%	10.00%	最好
4		真实值			修正值						10.00%	20.00%	次之
5	产品	销量	单价	销售金额	销量	销售金额	汇总	排名	前多少名		20.00%	80.00%	平常
6	华为笔记本电脑MateBook D 14	61	4699	286639	2.56%	5.48%	8.04%	5	31%		80.00%	90.00%	很差
7	华为笔记本电脑MateBook D 14 SE版	50	3798	189900	2.10%	3.63%	5.73%	8	50%		90.00%	100.00%	最差
8	惠普(HP)战66五代 锐龙版	47	5299	249053	1.97%	4.76%	6.73%	7	44%				
9	联想笔记本电脑 小新Air14Plus	3	4599	13797	0.13%	0.26%	0.39%	16	100%				
10	联想笔记本电脑小新Air15	72	4799	345528	3.03%	6.60%	9.63%	4	25%				
11	联想ThinkBook 14p	32	4999	159968	1.34%	3.06%	4.40%	10	63%				
12	荣耀笔记本 MagicBook X	60	3999	239940	2.52%	4.58%	7.11%	6	38%				
13	宏碁(Acer)非凡S3	102	4099	418098	4.29%	7.99%	12.27%	3	19%				
14	华为笔记本电脑MateBook 14	20	5649	112980	0.84%	2.16%	3.00%	13	81%				
15	华为HUAWEI MateBook E	25	6999	174975	1.05%	3.34%	4.39%	11	69%				
16	戴尔DELL成就	13	4799	62387	0.55%	1.19%	1.74%	14	88%				
17	华硕灵耀Pro16	30	6999	209970	1.26%	4.01%	5.27%	9	56%				
18	Apple MacBook Pro M1	10	14999	149990	0.42%	2.87%	3.29%	12	75%				
19	RedmiBook Pro 14增强版	100	4599	459900	4.20%	8.79%	12.99%	1	6%				
20	小米笔记本Pro X	4	7499	29996	0.17%	0.57%	0.74%	15	94%				
21	微软Surface Laptop Go	85	5488	466480	3.57%	8.91%	12.48%	2	13%				
22													
23	总计	714		3663637									
24													

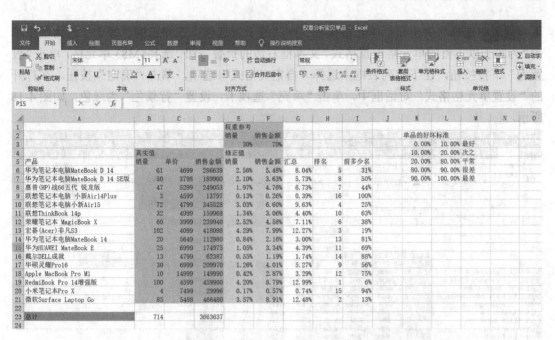

图 4-16 输入单品的质量评判标准

Step4：选择 J6 单元格，在编辑栏中输入“=LOOKUP(I6,$K$3:$M$7)”，保持 J6 单元格选择状态，将鼠标指针移动到单元格右下角，待鼠标指针变成“+”形状时向下拖动鼠标，将函数填充到 J21 单元格，如图 4-17 所示。

	A	B	C	D	E	F	G	H	I	J	K	L	M
1					权重参考								
2					销量	销售金额					单品的好坏标准		
3					30%	70%					0.00%	10.00%	最好
4		真实值			修正值						10.00%	20.00%	次之
5	产品	销量	单价	销售金额	销量	销售金额	汇总	排名	前多少名		20.00%	80.00%	平常
6	华为笔记本电脑MateBook D 14	61	4699	286639	2.56%	5.48%	8.04%	5	31%	平常	80.00%	90.00%	很差
7	华为笔记本电脑MateBook D 14 SE版	50	3798	189900	2.10%	3.63%	5.73%	8	50%	平常	90.00%	100.00%	最差
8	惠普(HP)战66五代 锐龙版	47	5299	249053	1.97%	4.76%	6.73%	7	44%	平常			
9	联想笔记本电脑 小新Air14Plus	3	4599	13797	0.13%	0.26%	0.39%	16	100%	最差			
10	联想笔记本电脑小新Air15	72	4799	345528	3.03%	6.60%	9.63%	4	25%	平常			
11	联想ThinkBook 14p	32	4999	159968	1.34%	3.06%	4.40%	10	63%	平常			
12	荣耀笔记本 MagicBook X	60	3999	239940	2.52%	4.58%	7.11%	6	38%	平常			
13	宏碁(Acer)非凡S3	102	4099	418098	4.29%	7.99%	12.27%	3	19%	次之			
14	华为笔记本电脑MateBook 14	20	5649	112980	0.84%	2.16%	3.00%	13	81%	很差			
15	华为HUAWEI MateBook E	25	6999	174975	1.05%	3.34%	4.39%	11	69%	平常			
16	戴尔DELL成就	13	4799	62387	0.55%	1.19%	1.74%	14	88%	很差			
17	华硕灵耀Pro16	30	6999	209970	1.26%	4.01%	5.27%	9	56%	平常			
18	Apple MacBook Pro M1	10	14999	149990	0.42%	2.87%	3.29%	12	75%	平常			
19	RedmiBook Pro 14增强版	100	4599	459900	4.20%	8.79%	12.99%	1	6%	最好			
20	小米笔记本Pro X	4	7499	29996	0.17%	0.57%	0.74%	15	94%	最差			
21	微软Surface Laptop Go	85	5488	466480	3.57%	8.91%	12.48%	2	13%	次之			
22													
23	总计	714		3663637									
24													

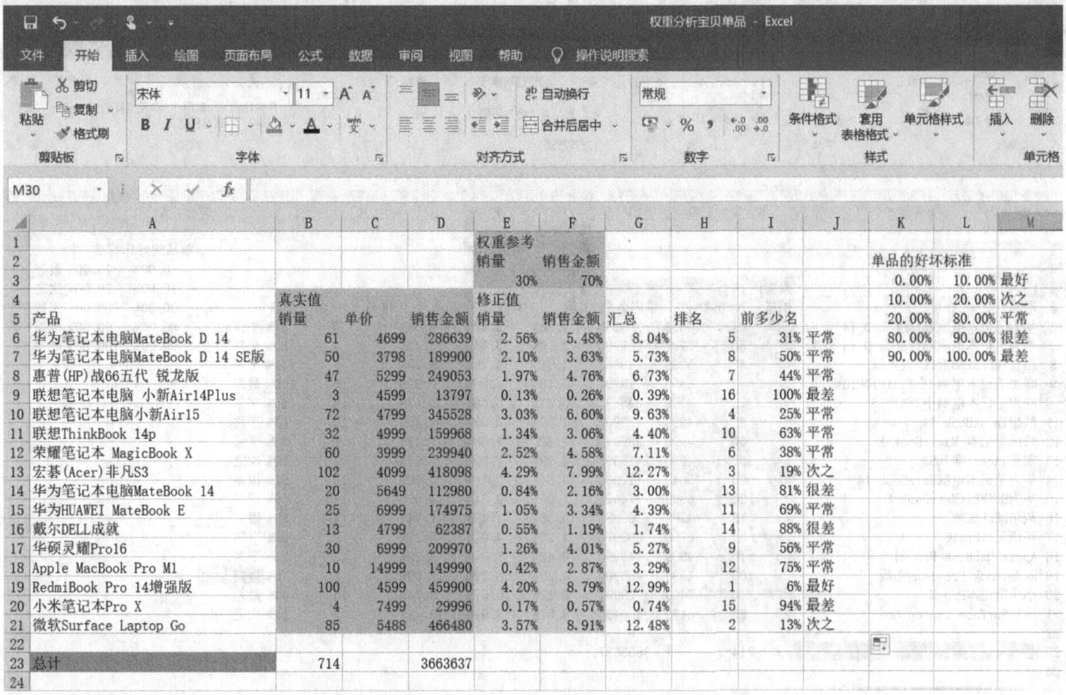

图 4-17 商品好坏的评判结果

Step5：选择 J6:J21 单元格区域，单击“开始”选项卡中的“条件格式”下拉按钮，在下拉列表中选择"突出显示单元格规则"→"等于"选项，在弹出的"等于"对话框中单击"为等于以下值的单元格设置格式"文本框右边的折叠按钮，选择$M$3单元格，单击"设置为"下拉按钮，在下拉列表框中选择"自定义格式"选项，单击"确定"按钮。在打开的"设置单元格格式"对话框中，单击"填充"选项卡，设置"背景色"为绿色，如图4-18所示。

图 4-18 条件格式的选择及筛选结果

Step6：按照同样的方法，为不同等级的单元格填充不同的颜色，最终结果如图 4-19所示。

A	B	C	D	E	F	G	H	I	J	K	L	M
				权重参考						单品的好坏标准		
				销量	销售金额					0.00%	10.00%	最好
				30%	70%					10.00%	20.00%	次之
	真实值			修正值						20.00%	80.00%	平常
产品	销量	单价	销售金额	销量	销售金额	汇总	排名	前多少名		80.00%	90.00%	很差
华为笔记本电脑MateBook D 14	61	4699	286639	2.56%	5.48%	8.04%	5	31%	平常	90.00%	100.00%	最好
华为笔记本电脑MateBook D 14 SE版	50	3798	189900	2.10%	3.63%	5.73%	8	50%	平常			
惠普(HP)战66五代 锐龙版	47	5299	249053	1.97%	4.76%	6.73%	7	44%	平常			
联想笔记本电脑 小新Air14Plus	3	4599	13797	0.13%	0.26%	0.39%	16	100%	最差			
联想笔记本电脑小新Air15	72	4799	345528	3.03%	6.60%	9.63%	4	25%	平常			
联想ThinkBook 14p	32	4999	159968	1.34%	3.06%	4.40%	10	63%	平常			
荣耀笔记本 MagicBook X	60	3999	239940	2.52%	4.58%	7.11%	6	38%	平常			
宏碁(Acer)非凡S3	102	4099	418098	4.29%	7.99%	12.27%	3	19%	次之			
华为笔记本电脑MateBook 14	20	5649	112980	0.84%	2.16%	3.00%	13	81%	很差			
华为HUAWEI MateBook E	25	6999	174975	1.05%	3.34%	4.39%	11	69%	平常			
戴尔DELL成就	13	4799	62387	0.55%	1.19%	1.74%	14	88%	很差			
华硕灵耀Pro16	30	6999	209970	1.26%	4.01%	5.27%	9	56%	平常			
Apple MacBook Pro M1	10	14999	149990	0.42%	2.87%	3.29%	12	75%	平常			
RedmiBook Pro 14增强版	100	4599	459900	4.20%	8.79%	12.99%	1	6%	最好			
小米笔记本Pro X	4	7499	29996	0.17%	0.57%	0.74%	15	94%	最差			
微软Surface Laptop Go	85	5488	466480	3.57%	8.91%	12.48%	2	13%	次之			
总计	714		3663637									

图 4-19　权重分析商品单品最终结果

4.2.5　函数结合数据透视表对比分析

电子商务运营中经常要进行促销活动，怎样判断此次促销活动是否有效？我们需要对比一下促销前和促销后平均每天的订单金额。下面以"商品分析"工作簿中的"对比分析活动"工作表为例，应用数据透视表分析促销活动前后平均每天的订单金额，以下为其具体操作步骤。

Step1：打开"数据透视表"工作表。选择 E1 单元格，单击"插入"选项卡中的"数据透视表"按钮，打开创建数据透视表对话框。单击"表/区域"文本框后的折叠按钮，选择"对比分析活动"工作表，在表格中选择数据区域"对比分析活动!$A$1:$D$5981"，然后单击展开按钮。单击"位置"文本框后的折叠按钮，选择"数据透视表"工作表，在表格中选择 E1 单元格，单击展开按钮，返回创建数据透视表对话框，单击"确定"按钮，如图 4-20 所示。

Step2：在打开的"数据透视表字段"窗格中，拖曳"日期"到报表"筛选"处，拖曳"产品类目"到"行"标签处，拖曳"订单金额"到"值"处，如图 4-21 所示。

Step3：单击"日期"字段右边的下拉按钮，选择活动前日期 4 日、5 日和 6 日，如图 4-22 所示。

Step4：使用同样的方法，建立促销活动后（即 7 日和 8 日）的数据透视表，如图 4-23 所示。

Step5：在 E11:G14 数据区域建立表格，如图 4-24 所示。

Step6：选择 F13 单元格，在编辑栏中输入"=VLOOKUP(E13,$E$3:$F$6,2,0)/3"，保持 B4 单元格选择状态，将鼠标指针移动到单元格右下角，待鼠标指针变成"+"形状时双击，将函数填充到 F14 单元格。选择 G13 单元格，在编辑栏中输入"=VLOOKUP(E13,$H$3:$I$6,2,0)/2"，保持 G13 单元格选择状态，将鼠标指针移动到单元格右下角，待鼠标指针变成“+”形状时双击，将函数填充到 G14 单元格。最终结果如图 4-25 所示。我们发现促销后的平均订单净值反而比促销前的平均订单净值少，说明这次促销活动并不成功。

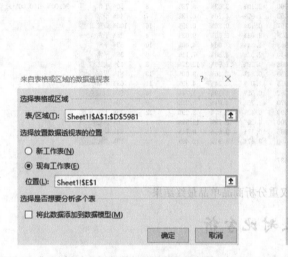

图 4-20　创建数据透视表对话框

图 4-21　设置字段列表

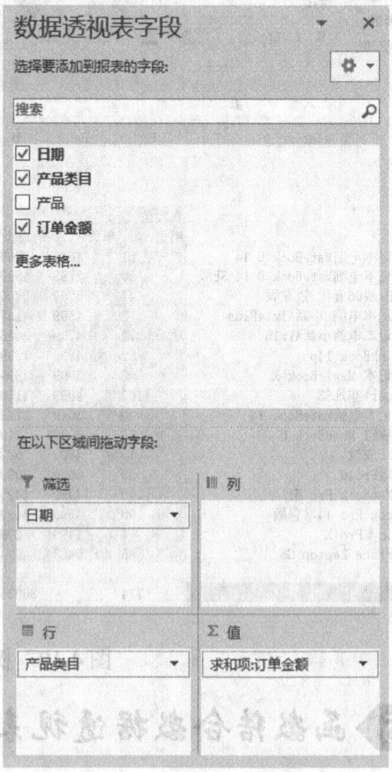

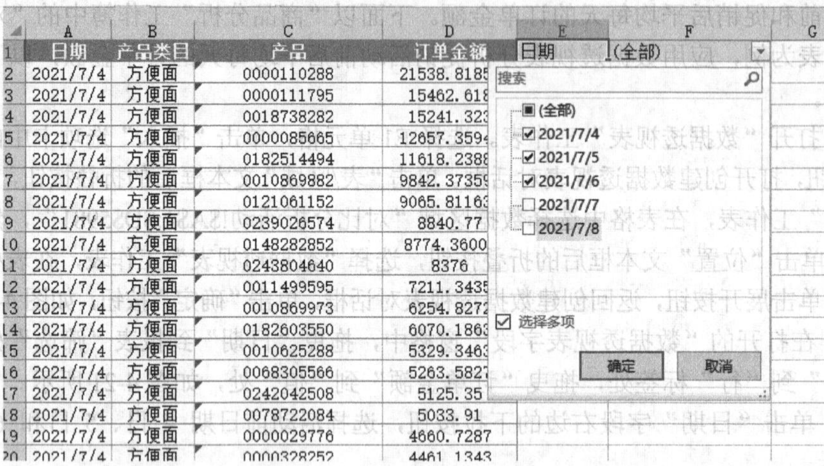

	A	B	C	D	E	F	G
1	日期	产品类目	产品	订单金额	日期	(全部)	
2	2021/7/4	方便面	0000110288	21538.8185			
3	2021/7/4	方便面	0000111795	15462.618			
4	2021/7/4	方便面	0018738282	15241.323			
5	2021/7/4	方便面	0000085665	12657.3594			
6	2021/7/4	方便面	0182514494	11618.2388			
7	2021/7/4	方便面	0010869882	9842.37359			
8	2021/7/4	方便面	0121061152	9065.81163			
9	2021/7/4	方便面	0239026574	8840.77			
10	2021/7/4	方便面	0148282852	8774.3600			
11	2021/7/4	方便面	0243804640	8376			
12	2021/7/4	方便面	0011499595	7211.3435			
13	2021/7/4	方便面	0010869973	6254.8272			
14	2021/7/4	方便面	0182603550	6070.1863			
15	2021/7/4	方便面	0010625288	5329.3463			
16	2021/7/4	方便面	0068305566	5263.5827			
17	2021/7/4	方便面	0242042508	5125.35			
18	2021/7/4	方便面	0078722084	5033.91			
19	2021/7/4	方便面	0000029776	4660.7287			
20	2021/7/4	方便面	0000328252	4461.1343			

图 4-22　选择活动前日期

E	F	G	H	I
日期	(多项)		日期	(多项)
行标签	求和项:订单金额		行标签	求和项:订单金额
方便面	1221072.987		方便面	517157.0438
鸡肉肠	49448.55915		鸡肉肠	2921.9037
总计	1270521.546		总计	520078.9475

图 4-23　数据透视表完成

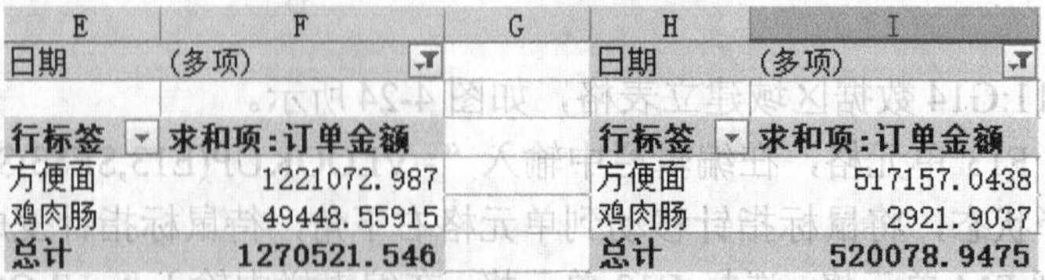

类目	促销前	促销后
方便面		
鸡肉肠		

图 4-24　建立表格

类目	促销前	促销后
方便面	407024.3291	258578.522
鸡肉肠	16482.85305	1460.95185

图 4-25　最终结果

4.3　商品定价与价格分析

商品的价格是消费者决定购买与否的关键因素，所以商品的价格分析是商品分析中必要的内容。价格的存在能使社会资源得到有效配置，使社会总体福利最大化，指导社会资源该如何使用。市场的供需会影响价格的高低，供不应求时，价格提高，利润随之提高，会引导更多生产者进行投资，引导更多资源进入这个企业；供过于求时，价格降低，利润随之降低，这会引导生产者转向投入其他产品的生产。

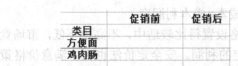

微课：影响定价的
内部因素

4.3.1　影响定价的因素

1. 影响定价的内部因素

1）营销目标

想让企业价格战略卓有成效，企业必须建立切实可行的营销目标，以明确价格决策的方向。营销目标既是定价决策的主要内容，又在某种程度上决定了商品的定价决策。实践证明，营销目标正确与否关系到企业整个定价决策的成败。常见的营销目标有：以投资收益率最大化为目标，以利润最大化为目标，以市场份额最大化为目标，以稳定价格、适应和避免竞争为目标，以提高企业及产品品牌形象为目标。

2）店铺商品定位

要做到合理为店铺商品定价，首先要对店铺的商品有一个清晰的定位。如果卖家连自己网店中的商品是高端商品还是低端商品都分不清，那么想要进行合理定价是不可能的。

店铺商品定位需要从商品本身的特点出发，研究清楚店铺商品为什么值得买家购买。常见的店铺商品优势有低价优势、专业优势、特色优势。

低价优势是指店铺利用商品低价吸引买家，薄利多销，靠销量提升业绩。

专业优势可以体现在商品的专业设计上，一旦商品具备了某种专业优势，被消费者认可，其商品价格就能高于同类普通商品。

特色优势是店铺商品有不同于普通商品的优势，其具备了某种特色，如做工精致、体现民族风格等，其商品定价也会高于同类普通商品。

3）商品成本

成本决定了商品的底价。价格不仅应该能够弥补生产、分销及与销售有关的直接成本和分配的间接成本，还应该包括因付出努力和承担风险而赢得的公平利润。对于新产品，相关成本是在未来的整个生命周期里的直接成本和分配的间接成本。基于商品成本的定价方法有成本加成定价法和安全定价法。

（1）成本加成定价法。成本加成定价法是指按商品的单位成本加上一定比例的利润制定商品定价的方法。成本加成定价法的计算公式为

$$商品定价=商品成本+商品成本×成本利润率$$

（2）安全定价法。安全定价法是将商品的价格设置得比较适中，不高也不低，市场竞争程度相对较小，消费者能够承受，商家也有一定的利润。安全定价法也叫"满意价格策略"，主要针对网上售卖的商品，商家把商品本身的价格和确保消费者正常使用的费用计一个总价，这种定价法能降低消费者的消费风险，提升消费者的购物满意度与安全感。安全定价法的计算公式为

$$商品成本+正常利润+快递费用=安全定价$$

4）商品类别

网店的商品按照其在销售中所起的作用可分为三种类型：引流商品、定位商品和利润商品。引流商品是给店铺带来流量的商品，这类商品通常以低价吸引买家；定位商品的作用是将店铺的定位控制在一个范围内，不让店铺因打折的低价商品过多而渐渐失去品牌价值，这样的商品定价比较高；利润商品的作用是为店铺赚取利润，这部分商品的定价介于引流商品与定位商品之间。

这三类商品在网店的占比有着较为严格的标准，合理的比例为引流商品占 10%、定位商品占 20% 和利润商品占 70%。引流商品定价低，这类商品太多会引起店铺品牌价值和营业额的下降。而定位商品定价高，销量小，如果占比多，也会造成店铺营业额的下降。

2．影响定价的外部因素

1）消费人群

成熟的店铺都会有固定的消费人群。如果卖家的商品定价高于固定消费人群的消费能力，这部分消费者就会买不起；如果卖家的商品定价低于固定人群的消费能力，这部分消费者又会觉得商品这么便宜可能存在质量问题，也不会购买。

消费人群消费能力的确认主要看这个人群的年龄和职业。商家可以从客户的人群画像里找到人群的年龄分布和职业分布，继而推断他们的消费能力，并以此确定商品的大致价位。

2）市场和顾客需求

市场上的顾客需求为价格设立了上限，它取决于顾客对商品和服务的价值感受。企业在定价之前必须弄清商品价格与顾客需求之间的关系。当商品价格高于顾客的认可价值时，顾客就不会购买；只有在商品提供的使用价值至少等于其价格时，顾客才会购买。在传统商业中，企业判断顾客心目中的商品价值并非易事。在电子商务时代，转化率可以作为一个判断顾客心目中商品价值的参考指标，转化率高说明商品的价值被顾客认可的程度高，转化率低则说明商品的价值被顾客认可的程度低。

市场上顾客需求量的大小对商品价格也有影响，当商品的供应量增加，需求减少时，商家之间的竞争加剧，价格就会趋于下降，反之价格趋于上升。

3）竞争对手价格

定价是一种挑战性行为，任何一次价格调整都会引起竞争者的关注，并导致竞争者采取相应的对策，尤其是在产品的成长期和成熟期，竞争的结果往往会决定一个行业的标准。竞争因素构成了对价格上限的最为基本的影响，迫使参与竞争的商家降低价格。

为了迎合消费者货比三家的心态，商家都会参考竞争商品的价格，在进行充分的对比后制定自己商品的价格，这样自己的商品才不会在竞争中处于劣势。但淘宝商家不要认为商品的价格越低就越受买家喜欢。而且商家还要注意，应该根据自己商品的品牌价值、买家偏好的价位精确地寻找竞争对手，最后确定商品价格。

顾客认知的商品品牌价值包括商品价值，即功能、特性、品质、品种等所产生的价值；服务价值，即商品出售过程中顾客得到的服务所产生的价值；人员价值，即商品品牌企业员工的经营思想、知识水平、业务能力、工作效益与质量、经营作风等所产生的价值；形象价值，即商品品牌在社会公众心目中的总体形象所产生的价值；等等。顾客对商品品牌价值认可度越高，越愿意花更多的钱购买该品牌的商品。

4）其他外部因素

除了考虑竞争和顾客需求，还要考虑市场需求量和供应链、政府管制、经济状况、新技术等其他外部因素的影响。例如，政府管制通常导致成本上升，从而使商品的价格下限提高。经济状况，如繁荣或衰退、利率以及该国新增投资的水平，都将影响到生产成本以及顾客对产品价值的认知。新技术则通过降低生产成本或发明新的独具特色的高附加值产品影响价格。

3. 定价实例

在淘宝店铺上售卖商品，面对的不仅是客户，还要考虑行业和市场竞争。所以，在为商品定价前，我们可以先对行业或竞争对手的商品价格及对应成交量进行分析，然后确定商品的价格范围，从而赢得客户，促进交易。

Step1：打开"商品定价.xlsx"工作表，在 E1:N1 单元格区域中输入相应的价格范围，这里以 50 为单位（根据表格中已有的报价数据确定），设置字体为"宋体"，字号为"11"，单击"加粗"按钮，如图 4-26 所示。

图 4-26　设置数据区间格式

Step2：保持 E1:N1 单元格区域选择状态，单击"开始"选项卡中的"填充颜色"下拉按钮，在下拉列表中选择"主题颜色"为"绿色，深色 25%"选项，如图 4-27 所示。

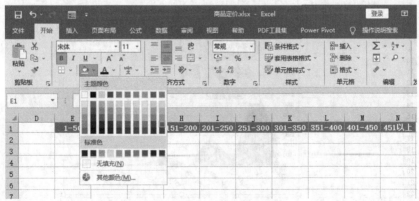

图 4-27　设置数据区间格式

Step3：单击"字体颜色"下拉按钮，在下拉列表中选择"主题颜色"为"白色，背景1"选项，如图4-28所示。

Step4：选择E2单元格，在编辑栏中输入"=SUMIFS(C2:C32,B2:B32,">=1",B2:B32,"<=50")"。选择F2单元格，在编辑栏中输入"=SUMIFS(C2:C32,B2:B32,">=51",B2:B32,"<=100")"。选择G2单元格，在编辑栏中输入"=SUMIFS(C2:C32,B2:B32,">=101",B2:B32,"<=150")"。选择H2单元格，在

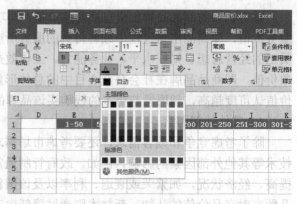

图4-28　设置字体颜色

编辑栏中输入"=SUMIFS(C2:C32,B2:B32,">=151",B2:B32,"<=200")"。选择I2单元格，在编辑栏中输入"=SUMIFS(C2:C32,B2:B32,">=201",B2:B32,"<=250")"。选择J2单元格，在编辑栏中输入"=SUMIFS(C2:C32,B2:B32,">=251",B2:B32,"<=300")"。选择K2单元格，在编辑栏中输入"=SUMIFS(C2:C32,B2:B32,">=301",B2:B32,"<=350")"。选择L2单元格，在编辑栏中输入"=SUMIFS(C2:C32,B2:B32,">=351",B2:B32,"<=400")"。选择M2单元格，在编辑栏中输入"=SUMIFS(C2:C32,B2:B32,">=401",B2:B32,"<=450")"。选择N2单元格，在编辑栏中输入"=SUMIF(B2:B32,">=451",C2:C32)"。选择F2:O2单元格区域，单击"开始"选项卡"数字"功能组中的"数字格式"下拉按钮，在下拉列表中选择"会计专用"选项。

Step5：选择E1:N1单元格区域，单击"插入"选项卡中的"面积图"下拉按钮，在下拉列表中选择"二维面积图"→"面积图"选项，如图4-29所示。

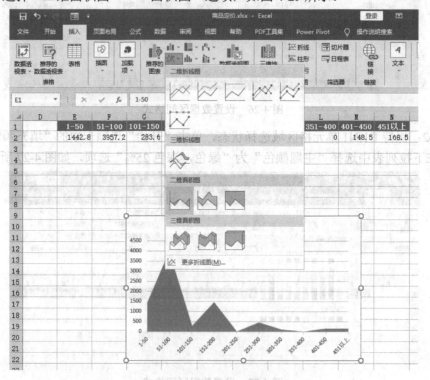

图4-29　插入面积图

Step6：选择整个图表，在"图表布局"功能组中选择"布局 2"选项，在"图表样式"功能组中选择"样式 1"选项，如图 4-30 所示。

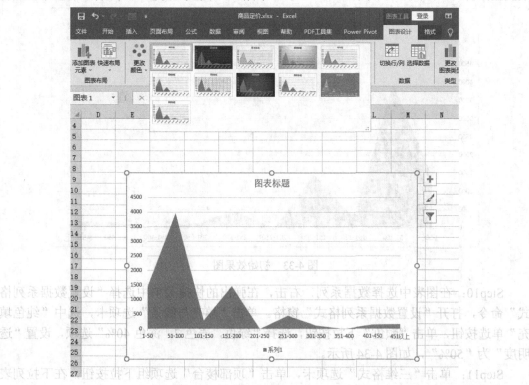

图 4-30 选择"布局"和"样式"

Step7：双击水平坐标轴，打开"设置坐标轴格式"窗格，单击"坐标轴选项"选项卡，选中"刻度线之间"单选按钮，单击"关闭"按钮，如图 4-31 所示。

Step8：右击数据系列，在弹出的快捷菜单中选择"添加数据标签"命令，如图 4-32 所示。

图 4-31 设置坐标轴格式

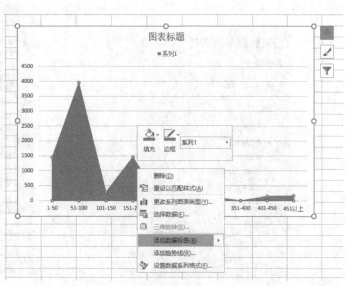

图 4-32 添加数据标签

Step9：将图表移动到合适位置，调整图表宽度，在图表中输入图表标题"男裤价格和成交量分析"，如图 4-33 所示。

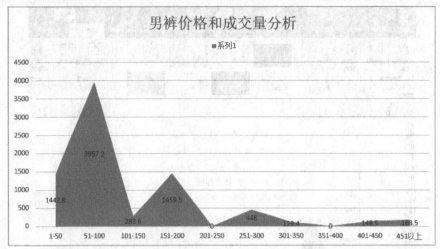

图 4-33　初始效果图

Step10：在图表中选择数据系列，右击，在弹出的快捷菜单中选择"设置数据系列格式"命令，打开"设置数据系列格式"窗格。单击"填充与线条"选项卡，选中"纯色填充"单选按钮，单击"颜色"下拉按钮，选择"绿色，着色2，深色40%"选项，设置"透明度"为"50%"，如图 4-34 所示。

Step11：单击"三维格式"选项卡，单击"顶部棱台"选项组下拉按钮，在下拉列表中选择"凸圆形"选项，设置"高度"为"3 磅"，设置"宽度"为"3 磅"，如图 4-35 所示。

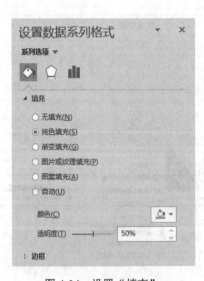

图 4-34　设置"填充"

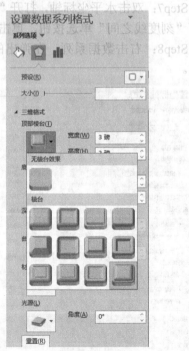

图 4-35　设置"三维格式"

Step12：选择整个图表，单击右上角的"加号"按钮，在弹出的下拉列表中取消选中"网格线"复选框，如图 4-36 所示。

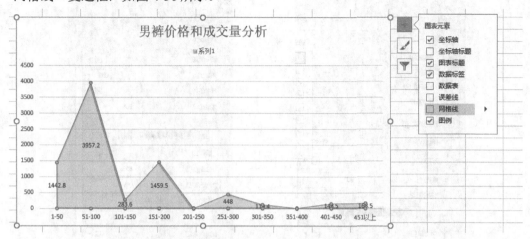

图 4-36　删除横网格线

Step13：单击"布局"选项卡中的"添加图表元素"下拉按钮，在弹出的下拉列表中选择"网格线"→"主轴主要水平网格线"选项，如图 4-37 所示。

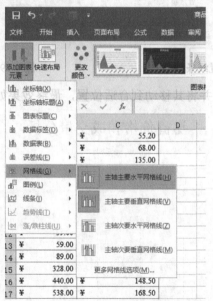

图 4-37　添加纵网格线

Step14：在图表中选择主要垂直网格线，右击，在弹出的快捷菜单中选择"设置网格线格式"命令，打开"设置主要网格线格式"窗格。单击"线条"选项卡，选中"渐变线"单选按钮，单击"颜色"下拉按钮，在下拉列表中选择"红色"选项，向左或向右拖动"渐变光圈"滑块，设置渐变光圈的大小，如图 4-38 所示。

Step15：单击"短划线类型"下拉按钮，在下拉列表中选择"短画线"选项，更改线条类型，单击"关闭"按钮，如图 4-39 所示。

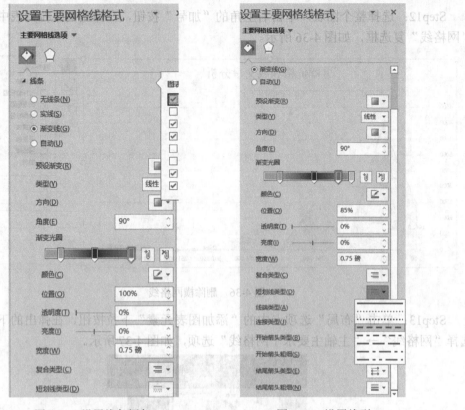

图 4-38　设置线条颜色　　　　　　　　图 4-39　设置线型

Step16：调整图片大小并将其移动到合适位置，最终效果如图 4-40 所示。

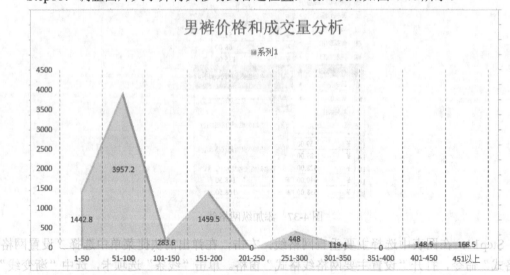

图 4-40　最终效果图

4.3.2 商品定价策略与技巧

定价策略是指为实现定价目标在定价方面采取的策略和措施。激烈的市场竞争使企业越来越重视定价策略，恰当地运用各种定价策略，是企业发展壮大，提高自身竞争力，最终取得成功的重要策略。

1. 一般的定价策略

一般的定价策略包括撇脂定价法（skimming pricing）、渗透定价法（penetration pricing）和适中定价法（neutral pricing）三种。

撇脂定价法是指将刚进入市场的产品价格定得较高，以便从份额虽小但价格敏感性低的消费者细分中获得利润。该种方法通过牺牲销量、提高价格来获得较高的毛利，通常，只有在价格敏感性低的细分市场的销售利润比低价销售给更大市场所获的利润高的情况下采用。

渗透定价法是指将价格定在较低水平，以便赢得较大的市场份额或销售量。该种方法牺牲高毛利以期获得高销量。同撇脂定价一样，这一策略也只在特定的环境下才是有利的。

适中定价法尽量降低价格在营销手段中的地位，重视其他更有力或有成本效率的手段。通常在以下两种情况下会采用该种方法：一是当不存在适合撇脂定价或渗透定价的环境时；二是为了保持产品线定价策略的一致性。与撇脂定价或渗透定价法相比，适中定价法缺乏主动攻击性。

2. 与商品生命周期有关的定价策略

商品生命周期是指一种商品从投入市场到被市场淘汰所经历的全过程。这个过程被划分为四个阶段：导入期、成长期、成熟期和衰退期。每个阶段的特点及适用的定价策略如表 4-1 所示。

表 4-1 商品生命各阶段的特点和定价策略

阶段	导入期	成长期	成熟期	衰退期
成本	最高	不断下降	最低	开始上升
价格敏感	低	提高	最高	—
竞争情况	没有或极少	竞争者进入市场	激烈	弱者退出
目标市场	革新者	早期购买者	大众	落伍者
销售量	低	循序增长	达到最大开始下降	下降
利润	微利或亏损	迅速上升	达到最大开始下降	下降
市场策略	建立市场，培育顾客	扩大市场	产品差异，成本领先	紧缩/收割/巩固
定价策略	撇脂定价/渗透定价	视情况而定	适中定价	低价出清存货

3. 市场细分定价策略

市场细分是指将购买者分为不同的群体，针对每一个细分市场上的用户制定更有效的营销方案的营销策略。

根据购买者的类型细分：要实现按购买者类型细分，最关键的是获得购买者的信息，然后通过购买者的相关信息鉴别顾客的类型。这种方式需要商家迅速、准确地将价格不敏感的顾客从庞大的潜在消费群体中分离出来。

根据购买地点细分：根据购买地点细分常见的定价方式有国际定价、产地交货价格、卖主所在地交货价格、运费补贴价格、统一交货价格、分区定价和基点定价等。

根据购买时间细分：根据购买时间细分常见的定价方式大致有旺季定价和淡季定价。对于那些服务成本随时间变化很大的行业来说，按时间细分是非常有效的，典型的例子如航空公司、船运公司和旅馆。

根据购买数量细分：当顾客在不同的细分市场购买不同数量的商品时，可以使用数量折扣进行细分定价。数量折扣的类型有四种：总额折扣、订单折扣、分步折扣和两部分定价法。

根据商品设计细分：根据商品设计细分是最有效的细分。它是指通过设计出不同档次的商品或服务，来满足不同顾客的需要，从而实现对市场的细分。使用这种策略的关键在于生产不同档次的商品，实际上不同档次的商品或服务成本并没有多少区别。

根据商品捆绑细分：商品捆绑是细分定价常用的策略，被捆绑的商品在满足不同的购买者细分的需求时，彼此关联。此种定价方式大致可分为选择性捆绑、增值捆绑等。

通过搭卖和测量细分：搭卖和测量细分定价的策略在对商品进行定价时常常用到，这是因为购买者通常更看重常用的商品。这两种定价策略是根据顾客对商品的使用强度来细分购买者的。

4．营销组合中的定价策略

定价策略不能同网店的其他营销策略分离。商品的价格可能会影响市场对这一商品的认识，也会影响与此商品一起出售的其他商品的市场情况，还会影响广告的效果和分销过程中人们对这个商品的注意程度。

定价策略与产品线：一个商品的销售对它的替代品和互补品的销售有很大影响。如果希望获取最大的利润，则对某种商品定价时必须考虑它对其他商品的影响。

定价策略与促销策略：促销是指企业为使消费者更好地了解自己的商品而采取的一些措施。

把价格作为促销手段：有效的价格促销是指在"普通"价格的基础上再给予折扣，激发顾客的购买欲望，影响他们的消费行为，主要有试销、免费试用、特别包装、优惠券、折扣等形式。

定价策略与分销策略：一种商品的分销方式显然会影响这种商品的定价方式。通常，分销方式会影响该商品的同类商品、该商品在消费者心中的形象以及该商品的细分市场。

4.3.3 商品定价统计分析

我们可以用 LOOKUP 函数结合数据透视图的方法分析热销商品价格带。下面以"商品分析"工作簿中的"价格带分析"工作表为例，具体操作步骤如下所示。

Step1：打开"第 4 章\源数据\价格带分析.xlsx"工作表。选择 E2 单元格，在编辑栏中输入"=C2/B2"，保持 E2 单元格选择状态，将鼠标指针移动到单元格右下角，待鼠标指针变成"+"形状时双击，将函数填充到 E101 单元格，如图 4-41 所示。

Step2：在 J1:L8 数据区域中设置"件单价划分区域"，如图 4-42 所示。

Step3：选择 F2 单元格，在编辑栏中输入"=LOOKUP(E2,$J$2:$L$8)"，保持 F2 单元格选择状态，将鼠标指针移动到单元格右下角，待鼠标指针变成"+"形状时双击，将函数填充到 F101 单元格。复制 F 列数据并以"数值"形式选择性粘贴于 F 列，效果如图 4-43 所示。

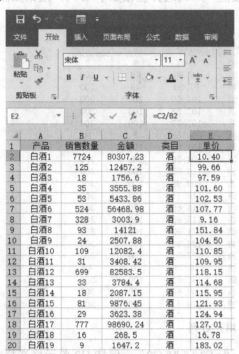

图 4-41 E2 列数据设置

图 4-42 设置"件单价划分区域"（一）

J	K	L
件单价划分区域		
0	2	0
2	5	2
5	10	5
10	49	10
49	100	49
100	300	100
300	1000	300

Step4： 在 J1:L8 数据区域中设置"件单价划分区域"，如图 4-44 所示。

	A	B	C	D	E	F
1	产品	销售数量	金额	类目	单价	辅助列1
2	白酒1	7724	8037.23	酒	1.04	0
3	白酒2	125	12457.2	酒	99.66	49
4	白酒3	18	1756.6	酒	97.59	49
5	白酒4	35	3555.88	酒	101.60	100
6	白酒5	53	5433.86	酒	102.53	100
7	白酒6	524	56468.98	酒	107.77	100
8	白酒7	328	3003.9	酒	9.16	5
9	白酒8	93	14121	酒	151.84	100
10	白酒9	24	2507.88	酒	104.50	100
11	白酒10	109	12082.4	酒	110.85	100
12	白酒11	31	3408.42	酒	109.95	100
13	白酒12	699	82583.5	酒	118.15	100
14	白酒13	33	3784.4	酒	114.68	100
15	白酒14	18	2087.15	酒	115.95	100
16	白酒15	81	9876.45	酒	121.93	100
17	白酒16	29	3623.38	酒	124.94	100
18	白酒17	777	98690.24	酒	127.01	100
19	白酒18	16	268.5	酒	16.78	10
20	白酒19	9	1647.2	酒	183.02	100
21	白酒20	55	5643.04	酒	102.60	100
22	白酒21	25	3241.86	酒	129.67	100
23	白酒22	49	6645.14	酒	135.62	100
24	白酒23	678	90833.3	酒	133.97	100
25	白酒24	5	562	酒	112.40	100

图 4-43 填充 F 列

J	K	L
件单价划分区域		
0	2	2
2	5	5
5	10	10
10	49	49
49	100	100
100	300	300
300	1000	1000

图 4-44 设置"件单价划分区域"（二）

Step5： 选择 G2 单元格，在编辑栏中输入"=LOOKUP(E2,$J$2:$L$8)"，保持 G2 单元

格选择状态，将鼠标指针移动到单元格右下角，待鼠标指针变成"+"形状时双市，将函数填充到 G101 单元格。复制 G 列数据并以"数值"形式选择性粘贴于 G 列，效果如图 4-45 所示。

	A	B	C	D	E	F	G
	产品	销售数量	金额	类目	单价	辅助列1	辅助列2
	白酒1	7724	8037.23	酒	1.04	0	2
	白酒2	125	12457.2	酒	99.66	49	100
	白酒3	18	1756.6	酒	97.59	49	100
	白酒4	35	3555.88	酒	101.60	100	300
	白酒5	53	5433.86	酒	102.53	100	300
	白酒6	524	56468.98	酒	107.77	100	300
	白酒7	328	3003.9	酒	9.16	5	10
	白酒8	93	14121	酒	151.84	100	300
	白酒9	24	2507.88	酒	104.50	100	300
	白酒10	109	12082.4	酒	110.85	100	300
	白酒11	31	3408.42	酒	109.95	100	300
	白酒12	699	82583.5	酒	118.15	100	300
	白酒13	33	3784.4	酒	114.68	100	300
	白酒14	18	2087.15	酒	115.95	100	300
	白酒15	81	9876.45	酒	121.93	100	300
	白酒16	29	3623.38	酒	124.94	100	300
	白酒17	777	98690.24	酒	127.01	100	300
	白酒18	16	268.5	酒	16.78	10	49
	白酒19	9	1647.2	酒	183.02	100	300
	白酒20	55	5643.04	酒	102.60	100	300
	白酒21	25	3241.86	酒	129.67	100	300

图 4-45　填充 G 列

Step6：选择 H2 单元格，在编辑栏中输入"=F2&"-"&G2"，保持 H2 单元格选择状态，将鼠标指针移动到单元格右下角，待鼠标指针变成"+"形状时双击，将函数填充到 H101 单元格。复制 H 列数据并以"数值"形式选择性粘贴于 H 列，效果如图 4-46 所示。

	A	B	C	D	E	F	G	H
	产品	销售数量	金额	类目	单价	辅助列1	辅助列2	价格带
	白酒1	7724	8037.23	酒	1.04	0	2	0-2
	白酒2	125	12457.2	酒	99.66	49	100	49-100
	白酒3	18	1756.6	酒	97.59	49	100	49-100
	白酒4	35	3555.88	酒	101.60	100	300	100-300
	白酒5	53	5433.86	酒	102.53	100	300	100-300
	白酒6	524	56468.98	酒	107.77	100	300	100-300
	白酒7	328	3003.9	酒	9.16	5	10	5-10
	白酒8	93	14121	酒	151.84	100	300	100-300
	白酒9	24	2507.88	酒	104.50	100	300	100-300
	白酒10	109	12082.4	酒	110.85	100	300	100-300
	白酒11	31	3408.42	酒	109.95	100	300	100-300
	白酒12	699	82583.5	酒	118.15	100	300	100-300
	白酒13	33	3784.4	酒	114.68	100	300	100-300
	白酒14	18	2087.15	酒	115.95	100	300	100-300
	白酒15	81	9876.45	酒	121.93	100	300	100-300
	白酒16	29	3623.38	酒	124.94	100	300	100-300
	白酒17	777	98690.24	酒	127.01	100	300	100-300
	白酒18	16	268.5	酒	16.78	10	49	10-49
	白酒19	9	1647.2	酒	183.02	100	300	100-300
	白酒20	55	5643.04	酒	102.60	100	300	100-300

图 4-46　填充 H 列

Step7：单击"插入"选项卡中的"数据透视表"按钮，打开创建数据透视表对话框。单击"表/区域"文本框后的折叠按钮，在表格中选择数据区域"Sheet1!$A$1:$H$101"，然后单击展开按钮。单击"位置"文本框后的折叠按钮，选择 Sheet1 工作表，在表格中选择 N1 单元格，单击展开按钮。返回创建数据透视表对话框，单击"确定"按钮，如图 4-47 所示。

Step8：在打开的"数据透视表字段"窗格中，拖曳"价格带"到"行"，拖曳"金额"到"值"，如图 4-48 所示。

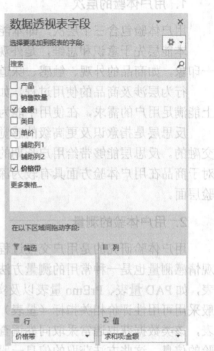

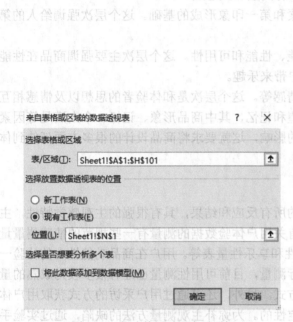

图 4-47　创建数据透视表对话框　　　　图 4-48　设置"数据透视表字段"

Step9：将鼠标指针移到"数据透视表"上，待鼠标指针变成图 4-49 所示形状时，移动行根据价格带从小到大排列。

最终效果如图 4-50 所示，可以发现热销红酒的价格带为 49～100 元。

行标签	求和项:金额
0-2	8037.23
5-10	10758.4
2-5	14394
100-300	1415605.02
10-49	588580.33
49-100	1785259.19
总计	3822634.17

图 4-49　排列数据

行标签	求和项:金额
0-2	8037.23
5-10	10758.4
2-5	14394
10-49	588580.33
100-300	1415605.02
49-100	1785259.19
总计	3822634.17

图 4-50　最终效果

微课：商品评价分析

4.4　商品评价分析

用户体验是指人们对于针对使用或期望使用的商品或者服务的认知印象和回应。用户体验是一种在用户使用商品过程中建立起来的主观感受。但是对于一个界定明确的用户群体来讲，其用户体验的共性是能够经由良好设计实验来认识的。

用户体验，即用户在使用一个商品或服务之前、使用期间和使用之后的全部感受，包括情感、信仰、喜好、认知印象、生理和心理反应、行为和成就等各个方面。影响用户体验的主要因素是系统、用户和使用环境。

1. 用户体验的层次

用户体验包含三个层次，即本能层、行为层和反思层。

本能层先于意识和思维，是外观要素和第一印象形成的基础。这个层次强调给人的第一印象，如商品的外观、触感、味道等。

行为层涉及商品的使用过程，如功能、性能和可用性。这个层次主要强调商品在性能上能满足用户的需求，在使用中能为用户带来乐趣。

反思层是指意识及更高级的感觉、情感等。这个层次是和体验者的思想以及情感相互交融的。反思层能够带给用户长期的回望和记忆，其中商品形象、记忆、个人满足等因素对于商品在用户体验方面具有较为深远的影响，这就要求将商品设计的很多方面延伸到体验层面。

2. 用户体验的测量

用户体验研究的是用户交互过程中的所有反应和结果，具有很强的主观感觉特性，主观情感测量也是一种常用的测量方法。有关用户体验数据的测量有一些规范的情感测量量表，如 PAD 量表、PrEmo 量表以及实用性和享乐性量表等。用户在商品功能性上的体验一般采用可用性评价相关指标（量表）进行测量，目前可用性测量已经有很多较为成熟的量表，该类数据获取通常采取问卷调查的方式。另外，还可通过用户采访的方式获取用户体验的信息，这些方法获取的信息一般是定性的。为弥补主观测量方法的缺陷，通过实验手段获取客观数据的方法不断受到关注，如生理指标测量，面部表情识别，脑电、眼动数据测量等。这些方法为更加准确地衡量用户体验提供了可能。

3. 用户体验的评价

用户体验的评价方法可以分为构建模型进行评价和直接评价。其中，构建模型主要是指运用多元回归分析、线性规划、非线性规划、结构方程模型等方法建立用户体验和构成要素之间的关系模型，以此来评价用户体验水平；直接评价方法是指根据用户体验调查问卷获取用户体验数据，进行数据处理后得出用户体验各构成因素得分及总体验得分，或者对测量用户的生理指标、行为指标数据进行处理后，按照一定的评价标准进行评价。

拓展实训

【实训目标】

通过实训，使学生能自主进行商品数据分析，并可以通过分析提出相应的店铺运营策略及意见。

【实训内容】

根据图 4-51 中的数据，通过商品的关键词分析，同时根据分析结果制订店铺经营策略的修改方案并选择合理的关键词，对店铺商品确定合理的价格，同时对客户进行调研，写出调研的思路。

标签	关注指数
短袖	3616.8
短袖男	3773.6
短袖男白色	1155.5
短袖男宽松	1164.5
男装	906.5
男装潮2022春季	1098.5
男装2022春装	1443.6
男装春	650.2
男装潮流	2585.6
衬衫男	877.6
衬衫男款	980.8
衬衫条纹	2090.6
衬衫男条纹	1599.5
休闲裤男	1061.2
休闲裤2022春	1553.3
休闲裤2020春潮	750.2
休闲裤	770.2
短裤	1073
短裤男士	1464.5
短裤沙滩	941.3
短裤居家	1213.9
腰带	958.2
大码男装	1778.5
大码短袖	2361.2
大码休闲裤	1449.2
大码衣服	2415
大码男装春	911.9

图 4-51　商品关注指数

【实训步骤】

（1）以 2～3 人为单位组成一个团队，设负责人一名，负责整个团队的分工协作。

（2）团队成员通过分工协作，从多渠道收集相关资料。

（3）团队合作进行数据分析，制作数据透视表，分析数据情况，制定详细的运营策略，包括运营情况的策略优化、商店价格确定以及调研消费者对商品的评价思路。

（4）各团队将总结制作成表格，撰写书面材料，派出 1 人作为代表上台演讲，阐述自己团队的成果。

（5）教师对各团队的成果进行总结评价，指出不足与改进措施。

【实训要求】

（1）考虑到课堂时间有限，实训可采取"课外+课内"的方式进行，即团队分组、分工、讨论和方案形成在课外完成，成果展示安排在课内。

（2）每个团队方案展示时间为 10 分钟左右，教师和学生提问时间为 5 分钟左右。

课后习题

1．列举影响商品的内部因素及外部因素。

2．简要说明关键词的类型及组成。

3．阐述商品定价的策略及技巧。

4．说明用户体验的三个层次。

第 5 章

流量数据与转化率分析

"双十一"活动的精准引流

每年"双十一"的大型促销活动都会让众多网友感叹自己的超额消费。但正因为如此,"双十一"成为国内最大的电子商务购物节,各大电子商务在这一天纷纷进行促销活动或实施优惠政策,让消费者产生购买欲望,从而提高销售量。

各大商家在这场盛会中明确销售营销目标,在天猫页面做好引流,促进销售的转化,同时制定营销战略,通过程序化购买技术手段实现精准的人群定向,并且根据既定的目标人群画像,设置受众标签,进行精准投放。定向搜索数据可以多方向锁定潜在目标受众,并且从需求词、通用词、竞品词等方面定位关键词列表。

一系列的布局之后,各商家的投放量及关键绩效指标(key performance indicator, KPI)会通过这场盛会达到预期目的,顺利完成销售任务。

学习目标

1. 了解网站流量、店铺流量、转化率的概念及来源。
2. 理解店铺流量结构与页面分析的流程及方法,对店铺流量进行取数分析。
3. 掌握成交转化率的计算与提高方法。

重难点分析

1. 正确分析店铺流量结构与页面并进行取数。
2. 准确识别影响店铺转化率的指标及影响因素。
3. 掌握单品转化的分析方法。

思政导学

流量数据是网店数据中的核心要素之一,由于流量数据存在变动性较强的特点,为了做到对数据的实时跟踪,我们在分析过程中不断采用新的方法和策略。只有对流量数据做出精准的分析和预测，店铺的营销才能更精准化，由此可以培养学生进取、机变、百折不挠的工作精神。

5.1 网站流量数据

消费者将网购作为主要购物模式之后，越来越多的商家选择通过网店进行创业。选择网店进行创业就要吸引足够的流量，这样才能确保网店在经营的时候，能够有更多基础流量进店。因此，网站流量是电子商务的命脉。电子商务企业如果没有流量，那么一切都是空谈。

5.1.1 网店流量概念和来源

1. 网店流量的概念

网店流量是指网站上一切进店查看的或浏览产品的点击量，在一定程度上可以代表某个产品或店铺的受欢迎程度。按照淘宝规则，流量越大，搜索同类产品时排名越靠前，越有利于产品销售。

2. 网店流量的来源

微课：网店流量的来源

流量是店铺生存的根本，其重要性不言而喻。对于一个从事数据分析的专业人员来说首先要弄清楚的就是店铺的流量从何而来。

（1）根据渠道划分，流量可以分为站内流量和站外流量。站内流量和站外流量又有区别，站内流量是平台已经培育好的，客户本身就有购买需求的，成交的可能性较大，所以也可叫高质量流量；而站外流量不一定有明确的购买需求，所以成交的概率相对小，无法确定流量质量的高低。

（2）根据终端类型划分，流量可以分为 PC 流量、无限流量。

5.1.2 站内流量

站内流量根据付费情况分成免费流量和付费流量。而免费流量可以根据客户的访问方式分为淘内免费流量和自主访问流量。

1. 站内免费流量

1）淘内免费流量

淘内免费是店铺经营的基础流量，卖家首先要做好淘内免费流量，然后再想办法扩展其他流量，这样店铺的根基才会牢固。淘内免费流量中的搜索流量和类目流量是每个商家发布产品时都可以获取的。如果客户通过搜索关键字来找产品，说明他们有需求，目的性强，这样就容易生成订单，所以这个渠道获得的流量转化率较高，回头率也比较好。自然搜索流量主要与宝贝的相关性、上下架时间、宝贝的最高权重、DSR 评分、人气排名、转化率、收藏量、成交量、回头客等因素息息相关。淘宝平台还会举办一些免费的促销活动，如淘金币、淘抢购、淘宝清仓、天天特价等，此类活动往往会吸引一些对价格比较敏感的人群。但参与这些活动的商家需要满足相应的要求，也就是在日常经营中打好基础的商家，才能在有活动机会时及时报名。活动流量与报名的产品的竞争力有关，因此要争取尽可能多地参加一些活动。

除上述内容，淘内免费流量还包括阿里旺旺的非广告流量，如店铺街、淘宝画报、淘宝掌柜说、新品中心、试用中心、淘抢购、淘宝清仓、拍卖会等互动交流平台。

免费流量占比越高，说明商家的 SEO（搜索引擎优化）标题优化做得越好，带来的连锁效应就是店铺的评分、商品的排名越好，而免费流量也是在网店各类流量中占比较大的流量。

2）自主访问流量

自主访问流量是指淘宝买家主动访问店铺时产生的流量，其来源包括购物车、我的收藏等，如图 5-1 所示。直接访问是所有流量中质量最高的流量，这种流量稳定性好，成交转化率高。提升自主访问流量的关键是做好店铺或商品链接地址的推广以及回头客和回头客的口碑营销。

图 5-1　自主访问流量来源

自主访问量越大，代表老客户越多，说明商家的店铺具有一定的品牌效应。源于自主访问流量的转化率通常比较高，很多商家都会用优惠鼓励买家收藏自己的店铺或店铺中的商品，比如收藏、关注店铺可以领取代金券的活动，等等，如果自主访问流量下降，商家就要考虑店铺的经营策略是否对老客户造成了伤害。

店铺的规模和店铺经营的品类不同，自主访问流量占比就会不同，但这其中是有规律可循的，如女装、美妆的买家忠诚度高，这类店铺的自主访问流量占比就高。网红拥有一批粉丝，其店铺出售的商品往往复购率高，自主访问流量占比也因此升高。而像家具、大型家用电器这种不需要经常购买的商品，老客户比较少，自主访问流量占比小。

2. 站内付费流量

站内付费流量是指卖家通过付费方式获得的流量，它在店铺流量中占比越大说明商家的运营成本越高。因此在使用付费流量时一定要明确引入流量的目的，做好访客价值的估算，做好推广策略。付费流量获取比较容易，精准度高，并且也是网店中不可缺少的一部分。站内付费流量主要来源于以下渠道。

1）聚划算

聚划算（见图 5-2）是一个定位精准、以 C2B 电子商务驱动的营销平台，是阿里巴巴集团旗下的团购网站，是由淘宝网官方开发，并由淘宝官方组织的一种线上团购活动形式。除了主打的商品团和本地化服务，聚划算还陆续推出了品牌团、聚名品、聚新品等新业务频道，目的就是更好地为消费者服务。

图 5-2　聚划算页面

2）钻石展位

钻石展位（智钻）是按照展现收费的推广方式，主要展现淘宝首页、类目首页、门户、画报等多个淘宝站内的广告展位，如图 5-3 所示，以及大型门户的网站、视频站、搜索引擎等淘外各类媒体广告展位，如抖音、快手、腾讯视频等媒介。钻石展位主要依靠图片的创意吸引消费者的眼球，从而进行流量获取，以提升店铺的交易成功率。钻石展位还可以根据具体的目标人群定位做店铺的定向推广，其定向主要包括地域、访客、兴趣三个维度，这样就可以把广告精准投放于目标客户群体。钻石展位引流的费用相对比较大，但是引流所带来的流量通常是精准有效的，这种方式能够覆盖更多的网络，增加产品曝光机会。

图 5-3　钻石展位的订购展示页面

3）淘宝客

淘宝客是一种按成交计费（CPS）的推广模式，属于效果类广告推广，商家不需要投资，而是在实际的交易完成后按一定比例向淘宝客支付佣金，如果没有成功产生交易，就不需要支付佣金。

淘宝联盟是淘宝官方的专业推广平台。淘宝客推广由淘宝联盟、淘宝卖家、淘宝客和淘宝买家四种角色合作完成。卖家在淘宝联盟上招募淘宝客，这些淘宝客帮助推广店铺以及商品，并且利用淘宝联盟找到需要推广的卖家，然后获取商品代码。淘宝客通过链接、个人网站、博客或者社区发的帖子进行店铺推广，买家通过淘宝客进入淘宝卖家店铺完成购买后，淘宝客就可得到由卖家支付的佣金。因此淘宝客就是指帮助卖家推广商品并获取佣金的人。所以淘宝客推广也是性价比较高的付费方式，但是性价比越高，推广的门槛和难度就越大，所以淘宝卖家应该综合考虑利润选择淘宝客，因为如果店铺的互赞率不高或者佣金较低，淘宝客的服务质量就会下降。

4）直通车

直通车是按点击付费（CPC）的效果营销工具，可帮助卖家实现商品的精准推广。商家的商品通过直通车可以出现在搜索页的显眼位置，以优先的排序获得买家的关注，如图 5-4 所示。只有当用户点击商品时商家才需要付费，而且系统能智能过滤无效点击，为商家精确定位合适的人群。

图 5-4　直通车的单品推广位

直通车通过与搜索关键词相匹配，为淘宝买家推荐直通车商品，当买家浏览到直通车上的商品时，可能被图片和价格所吸引，从而激发购买兴趣，并点击进入。因此淘宝直通车为店铺带来的流量是精准有效的，可以吸引优质买家。在买家进入店铺后，会产生一次或者多次的流量跳转，促成店铺其他商品成交，这有助于降低店铺的推广成本，提升店铺的整体营销效果。淘宝直通车也为广大淘宝卖家提供淘宝首页热卖单品活动和不定期的淘宝各类资源整合的直通车用户专享活动。出价越高的店铺搜索排名就会越靠前，并且只有商品的其他优化细节都做到位，才能通过高排名实现高转化率。

5.1.3　站外流量

随着各大电子商务网站对店铺的站外流量越来越重视，店铺卖家将目光聚焦在获取更多的站外流量上。站外流量可以为店铺带来很大一部分潜在的消费群体。

1. 站外流量的概念

站外流量是指访客从淘宝以外的途径点击链接进入店铺所产生的流量。

一般来说，站外流量主要来自各大知名网站，如微信、抖音、新浪微博、爱奇艺、腾讯视频、蘑菇街、得物、识货、唯品会等。

如今，抖音、快手的直播销售成为热门购物方式。线上直播销售可以直观地看到商品的效果及其属性，线上直播经常开启各种秒杀及优惠活动，吸引消费者眼球，引起其购买欲，提高流量，促进消费。图 5-5 所示为抖音某商家商品推送链接页面。

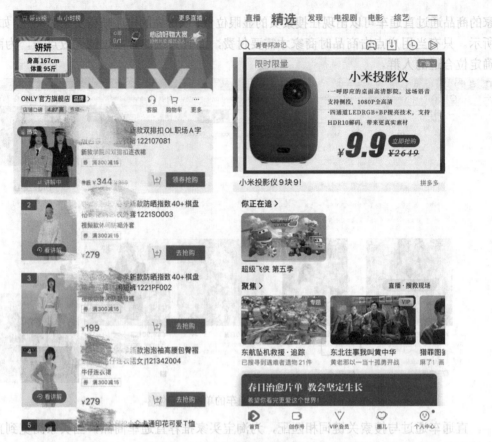

图 5-5　站外流量的商品推广

2．站外流量的来源

站外流量根据内容可分为军事、影视、娱乐、社交等，卖家可以根据店铺的具体风格定位进行选择。消费者如果是年轻时尚的人群，这种品类店铺可以选择新浪微博、小红书、唯品会等站外资源位，因为这些网站针对的群体为 20～30 岁的年轻人；消费者如果是准妈妈相关人群，那么主要经营孕婴产品的店铺就可以选择妈妈网、育儿网、新浪亲子网站等站外资源位，因为这些网站的主要群体就是准妈妈或者正在关注育儿知识的母亲群体。

> **小贴士**
>
> **站内和站外流量的区别**
>
> 　站内流量和站外流量的区别在于：淘宝站内的流量是淘宝平台已经培育好的，客户本身具有购买需求，所以成交的概率高，即高质量流量；而站外的流量，客户不一定有明确的购买需求，所以成交的概率相对低，流量质量不可控。

5.2　店铺流量分析

评价运营的效果要以数据为指导思想，以发现并解决问题。网店运营体系的数据模型应从以下指标入手进行评判。

5.2.1　店铺流量认知

1. 店铺每日数据分析

1）流量数据分析指标

（1）独立访客数（unique visitor，UV）。

计算公式：UV=当天 0 点截至当前时间访问店铺页面或商品详情页的去重人数。

指标意义：统计访问某网店的访客数量。

指标用法：在网店流量分析中，独立访问者数量可用来分析网络营销效果。例如，用于比较分析不同网店的引流效果，或者用于比较分析网店不同时期访问量的变化，以独立访客数为基础还可以反映出网店访问者的多项行为指标，包括用户终端的类型、显示模式、操作系统、浏览器名称和版本等。

（2）浏览量（page view，PV）。

计算公式：PV=网店或商品详情页被访问的次数。

指标意义：反映网店或商品详情页对用户的吸引力。

指标用法：当一个网店的客户浏览量低于行业平均水平时，说明内容不受用户喜欢，因此该指标可以作为网店运营改进的依据。

（3）平均停留时长。

计算公式：平均停留时长=来访店铺的所有访客总的停留时长/访客数（秒）。

指标意义：反映访客在线时间的长短。时间越长，网店黏性越高，即为访客提供了更有价值的商品和服务，实现访客价值转化的机会也就越大。

指标用法：当一个网店的平均停留时长低于行业平均水平时，说明网店的黏性不足，用户体验不好，需要改进。

（4）跳失率。

计算公式：跳失率=一天内来访店铺浏览量为 1 的访客数/店铺总访客数。

指标意义：它是指访客数中只有一个浏览量的访客数占比。该值越低表示所获取流量的质量越好。

指标用法：当一个网店的跳失率高于行业平均水平时，说明网店引来流量的质量不佳，或者需要改进购物流程和用户体验等环节。

（5）店铺新访客占比。

计算公式：店铺新访客占比=来访店铺的新访客数量/当天访客数量。

指标意义：反映访问网店的新用户比例。

指标用法：店铺新访客占比有一个合理范围，如果店铺新访客占比过低，说明网店展示偏少。

2）订单数据分析指标

（1）下单买家数。

计算公式：下单买家数=统计时间内拍下商品的去重买家人数。

指标意义：反映店铺销售情况。

指标用法：通过下单买家数的同比和环比，可以了解网店的销售变动情况。

（2）支付买家数。

计算公式：支付买家数=统计时间内完成支付的去重买家人数。

指标意义：反映店铺销售情况。

指标用法：通过支付买家数的同比和环比，可以了解本网店的销售变动情况；通过支付买家数的行业排名，可以了解网店在行业中所处的地位。

（3）退款率。

计算公式：退款率=退款成功笔数/支付子订单数×100%。

指标意义：该指标反映店铺商品的品质好坏、商品的性价比以及服务态度，该指标直接影响店铺的搜索排名。

指标用法：一旦店铺的退款率大于行业均值，则说明网店的售中和售后服务存在问题，应及时予以处理。

（4）支付金额。

计算公式：支付金额=统计时间内买家拍下商品后支付的金额总额。

指标意义：支付金额为网店总销售额，反映网店销售情况。

指标用法：通过支付金额的同比和环比，可以了解本网店的销售变动情况；通过支付金额的行业排名，可以了解本网店在行业中所处的地位。

（5）客单价。

计算公式：客单价=统计时间内支付金额/支付买家数。

指标意义：衡量统计时间内每位支付买家的消费金额大小，客单价是构成网店销售额的重要指标。

指标用法：如果网店的客单价低于行业平均水平，说明网店在关联销售、商品促销等环节存在不足，需要改进。

（6）营业利润金额。

计算公式：营业利润金额=营业收入-营业成本金额。

指标意义：反映网店在统计时间内的盈利情况。

指标用法：如果网店的营业利润金额未达到网店经营的预期目标，则需要查找原因，并采取措施予以改进。

3）库存数据和退货数据分析指标

（1）库存天数。

计算公式：库存天数=期末库存金额×(销售期天数/某个销售期的销售金额)。

指标意义：库存天数也就是存货天数，它能有效地衡量库存可持续销售的时间，并且与销售速度密切相关，随着销售速度变化而变化。

指标用法：通过库存天数可以判断网店是否存在缺货的风险。

（2）库存周转率。

计算公式：库存周转率=销售数量/[(期初库存数量+期末库存数量) /2]×100%。

指标意义：库存周转率是一个偏财务的指标，一般用于审视库存的安全性问题。在电子商务数据分析中，库存周转率高，则商品畅销；库存周转率低，则有滞销风险。

指标用法：作为网店判断和调整采购政策与销售政策的依据。

（3）金额退货率。

计算公式：金额退货率=某段时间内的退货金额/总销售金额×100%。

指标意义：金额退货率是指商品售出后由于各种原因被退回的商品金额与同期总销售金额的比率。

指标用法：通过金额退货率的变动趋势可以从退货金额方面来判断网店的商品质量和售后服务质量。

（4）订单退货率。

计算公式：订单退货率=某段时间内的退货订单数量/总订单量×100%。

指标意义：订单退货率是指商品售出后由于各种原因被退回的订单数量与同期总订单量的比率。

指标用法：通过订单退货率的变动趋势可以从退货订单数量方面来判断网店的商品质量和售后服务质量。

（5）数量退货率。

计算公式：数量退货率=某段时间内的商品退货数量/总销售数量×100%。

指标意义：数量退货率是指商品售出后由于各种原因被退回的数量与同期售出的商品总数量之间的比率。

指标用法：通过数量退货率的变动趋势可以从商品退货数量方面来判断网店的商品质量和售后服务质量。

2．店铺每周数据分析

1）店铺流量分析指标

（1）跳失率。跳失率高并不是一个好的征兆。知道跳失的问题所在才是关键。在进行一些推广活动或投放大媒体广告时，跳失率都会很高，跳失率高可能意味着人群定位不精准，或者广告诉求与访问内容有着巨大的差别，或者本身的访问页面有问题。

（2）回访者占比。

计算公式：回访者占比=统计时间内 2 次及以上回访者数量/总来访者数量。

指标意义：反映网店的吸引力和访客忠诚度。

指标用法：在流量稳定的情况下，此数据太高说明新用户开发得太少，太低则说明用户的忠诚度太差，复购率也不会高。

（3）访问深度比率。

计算公式：访问深度比率=访问超过 11 页的用户数量/总的访问数。

指标意义：这两项指标代表网店内容的吸引力。

指标用法：访问深度比率和访问时间比率越高越好。

2）其他数据分析指标

其他数据分析指标有总订单数、有效订单数、订单有效率、客单价、毛利润、毛利率、退货率、退款率、下单转化率等。

3．店铺长期数据分析

1）用户数据分析

所谓用户分析就是对访客数据进行分析。在网店的经营过程中，我们需要对自己店铺的客户消费情况进行分析，以了解线上店铺的经营情况，从而制订相应的应对措施和方案，使网店发展得更好。访客的主要指标有新访客数、新访客转化率、访客总数、访客复购率等。

小贴士

访客复购率

访客复购率分析包括1次购物比例、2次购物比例、3次购物比例、高频购物比例。

2）流量数据分析

流量数据分析可以监控各渠道转化率，从而让运营人员发掘出转化效果好的渠道和媒体。淘宝店铺的流量一般分为站内和站外两种来源渠道。

3）内容数据分析

网店内容数据分析主要有两个指标：跳失率和热点内容。其中跳失率指的是统计时间内，访客中没有发生点击行为的人数占访客数的比重；而热点内容指的是消费者最关注什么，什么商品、品牌点击率最高。

4）商品销售数据分析

商品销售数据是企业内部数据。卖家根据每周、每月的商品销售详情，了解店铺经营状况，对未来销售做出准确的判断。商品销售数据分析指标包括销售计划完成率、销售利润率、成本利润率等。

小贴士

销售计划完成率、销售利润率、成本利润率计算公式

销售计划完成率=(企业商品实际销售量×计划单价)/(商品计划销售量×计划单价)

销售利润率=企业利润/销售收入

成本利润率=企业利润/成本

5.2.2 店铺流量结构与页面分析

对于店铺而言，商家常常需要关注店铺流量结构、各页面流量指标等数据，并且根据实时变化进行适当的优化。在分析店铺流量数据时，一般从流量结构与页面流量两个方面进行分析。

1. 店铺流量结构剖析

1）店铺流量结构剖析的认知

店铺流量结构由于行业、运营模式等各方面有所不同，没有一个严格的标准对其进行定义。但是一般情况下，免费流量的份额应该占据店铺流量的比重较付费店铺流量多一些，除此之外，其他流量也要占一部分。正常来说，免费流量、付费流量与其他流量的占比分别为70%、25%、5%是相对合理的。

2）用Excel进行店铺流量结构剖析

Step1：打开"第5章\源数据\店铺结构剖析数据.xlsx"工作表，表格中所显示的数据以下载的数据为基础，按流量类型进行了分类整理，并删除了一级流量来源的数据，在这个表格的空白处单击，然后单击"插入"选项卡中的"数据透视表"按钮，将"流量类型"

字段添加到"行"标签，将"访客数"字段添加至"值"标签，如图 5-6 所示。

Step2：单击"插入"选项卡中的"数据透视图"下拉按钮，在下拉列表中选择"饼状图"选项，并选择饼状图的第二种类型，选择"快速布局"→"布局 4"选项，调整饼状图至适当大小。然后在饼状图的任意区域右击，在弹出的快捷菜单中选择"设置图表区域格式"命令，打开"设置图表区格式"对话框，在"图表选项"功能区的"填充"栏中选中"纯色填充"单选按钮，在"颜色"下拉列表框中选择"粉色"选项，并

图 5-6　创建数据透视表

将数据标签的格式设置为"百分比"、3 位小数，内容设置为"类别名称""百分比""显示引导线"，如图 5-7 所示。

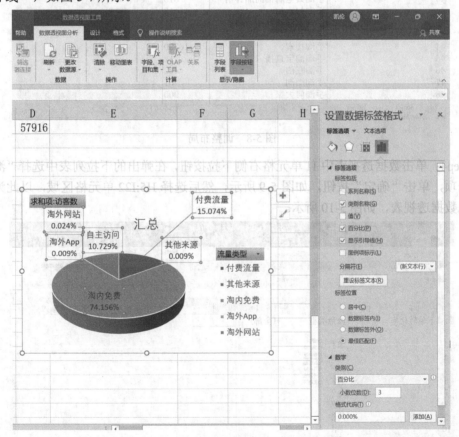

图 5-7　创建数据透视图

从图 5-7 中可以清晰地看出，该店铺的全部流量主要来自淘内免费、付费流量和自主访问，并且整体比例结构较为合理，但整体的流量类型过于单一，因此，该企业还需要开发一些其他的流量渠道帮助店铺提高转化率。

Step3：删除数据透视图，将"流量类型"字段从行标签中删除，并将"流量来源"字

段添加到"行"标签，如图 5-8 所示。

图 5-8　调整布局

Step4：单击数据透视表中 I1 单元格右侧下拉按钮，在弹出的下拉列表中选择"淘内免费"选项，单击"确定"按钮，如图 5-9 所示，然后选择 H5:I22 单元格区域，以此为数据源常见数据透视表，如图 5-10 所示。

图 5-9　筛选数据操作

图 5-10　筛选的数据透视表

Step5：根据图 5-10 所示的数据创建数据透视图，按照 Step2 处理图表的方式对此图表进行设置，如图 5-11 所示。

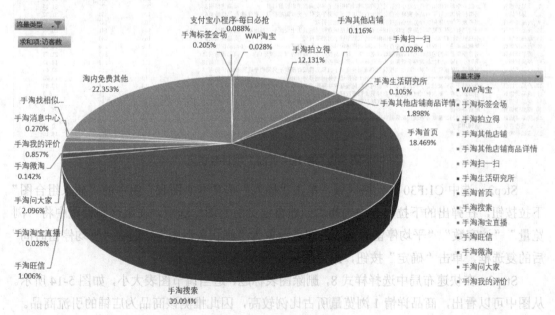

图 5-11　创建数据透视图

根据上述数据可以清晰地看出手淘搜索的流量占比最高，达到了 39%，其次就是淘内免费其他，占比为 22%，手淘首页流量占比为 18%。

2. 店铺页面流量分析

1）店铺页面流量分析的认知

在各大电子商务网站的店铺中，页面的功能不同，其流量的大小也不同。一般而言，消费者在选择购物时，更加关注商品的详情，因此商品页面详情的流量应该是在店铺页面流量中占比最高的，对店铺页面的流量进行分析，就可以了解各页面是否发挥了功能，如果流量不足，就应该考虑如何进行改善和优化以提高流量。

2）使用 Excel 进行页面流量分析

在此部分，我们需要在网站上采集最近 7 天淘宝无线端页面的访问排行数据，并以此为基础进行操作。

Step1：打开“第 5 章\源数据\页面流量数据.xlsx”工作表，在“浏览量”列的左侧插入一列，并在第一行编辑栏中输入“页面”，如图 5-12 所示。

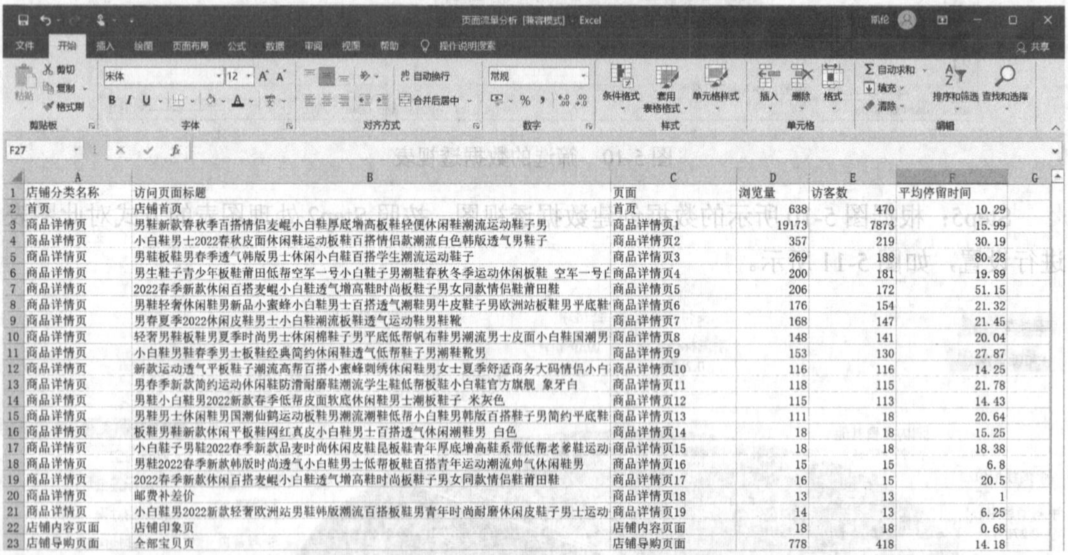

	A	B	C	D	E	F
1	店铺分类名称	访问页面标题	页面	浏览量	访客数	平均停留时间
2	首页	店铺首页	首页	638	470	10.29
3	商品详情页	男鞋新款春秋季百搭情侣麦幌小白鞋厚底增高板鞋轻便休闲鞋潮流运动鞋子男	商品详情页1	19173	7873	15.99
4	商品详情页	小白鞋男士2022春秋皮面休闲鞋运动板鞋百搭情侣款潮流白色韩版透气男鞋子	商品详情页2	357	219	30.19
5	商品详情页	男鞋板鞋男春季透气韩版男士休闲小白鞋百搭学生潮流运动鞋子	商品详情页3	269	188	80.28
6	商品详情页	男生鞋子青少年板鞋莆田低帮空军一号小白鞋子男潮鞋春秋冬季运动休闲板鞋 空军一号	商品详情页4	200	181	19.89
7	商品详情页	2022春季新款休闲百搭麦幌小白鞋透气增高鞋时尚板鞋子男女同款情侣鞋莆田鞋	商品详情页5	206	172	51.15
8	商品详情页	男鞋轻奢休闲鞋男新品小蜜蜂小白鞋男士百搭透气潮鞋男牛皮鞋子男欧洲站板鞋男平底鞋	商品详情页6	176	154	21.32
9	商品详情页	男春夏季2022休闲皮鞋男士小白鞋潮流板鞋透气运动鞋男鞋靴	商品详情页7	168	147	21.45
10	商品详情页	轻奢男鞋板鞋男夏季时尚男士休闲棉鞋子男平底低帮帆布鞋男潮流男士皮面小白鞋国潮男	商品详情页8	148	141	20.04
11	商品详情页	小白鞋男鞋春季男士板鞋经典简约休闲鞋透气低帮鞋子男潮鞋靴男	商品详情页9	153	130	27.87
12	商品详情页	新款运动透气平板鞋子潮流高帮百搭小蜜蜂刺绣休闲鞋男女士夏季舒适商务大码情侣小白	商品详情页10	116	116	14.25
13	商品详情页	男春季新款简约运动休闲鞋防滑耐磨鞋潮流学生鞋低帮板鞋小白鞋官方旗舰 象牙白	商品详情页11	118	115	21.78
14	商品详情页	男鞋小白鞋男2022新款春季低帮皮面软底休闲鞋男士潮板鞋子 米灰色	商品详情页12	115	113	14.43
15	商品详情页	男鞋男士休闲鞋男国潮仙鹤运动板鞋男潮流潮鞋低帮小白鞋男韩版百搭鞋子男简约平底鞋	商品详情页13	111	18	20.64
16	商品详情页	板鞋男鞋新款休闲平板鞋网红真皮小白鞋男士百搭透气休闲潮鞋男 白色	商品详情页14	18	18	15.25
17	商品详情页	小白鞋子男鞋2022春季新款品麦时尚休闲皮鞋昆板鞋青年厚底增高鞋系带低帮老爹鞋运动	商品详情页15	18	18	18.38
18	商品详情页	男鞋2022春季新款韩版时尚透气小白鞋男士低帮板鞋百搭青年运动潮流帅气休闲鞋男	商品详情页16	15	15	6.8
19	商品详情页	2022春季新款休闲百搭麦幌小白鞋透气增高鞋时尚板鞋子男女同款情侣鞋莆田鞋	商品详情页17	16	15	20.5
20	商品详情页	邮费补差价	商品详情页18	13	13	1
21	商品详情页	小白鞋男2022新款轻奢欧洲站男鞋韩版潮流百搭板鞋男青年时尚耐磨休闲皮鞋子男士运动	商品详情页19	14	13	6.25
22	店铺内容页面	店铺印象页	店铺内容页面	18	18	0.68
23	店铺导购页面	全部宝贝页	店铺导购页面	778	418	14.18

图 5-12　新建“页面”项目数据

Step2：选中 C1:F30 单元格区域，单击“插入”选项卡“图表”组中的“插入组合图”下拉按钮，在弹出的下拉列表中选择“创建自定义组合图”选项，在组合图设置中将“浏览量”“访客数”“平均停留时间”的图表设置为“簇状条形图”，选中“平均停留时间”后的复选框，单击“确定”按钮，最终结果如图 5-13 所示。

Step3：在快速布局中选择样式 8，删除图表标题，适当调节图表大小，如图 5-14 所示。从图中可以看出，商品详情 1 浏览量所占比例较高，因此推测该商品为店铺的引流商品。

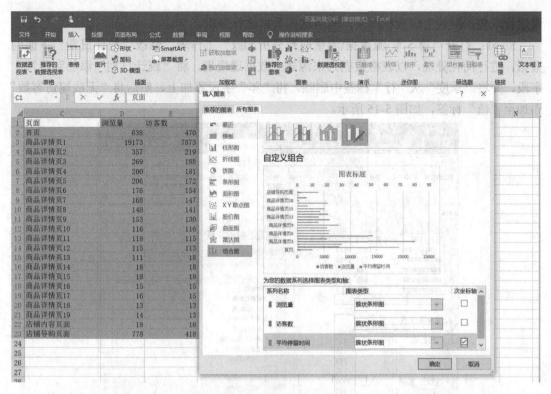

图 5-13　组合图的创建

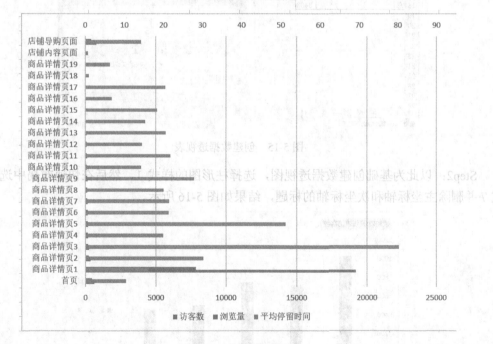

图 5-14　分析页面流量

5.2.3 店铺流量取数分析

在有明确的分析指标并且能够确定需要重点观察的流量指标时，我们可以通过生意参谋进行取数，然后生成数据报表，利用这些数据进行分析。

Step1：打开"第5章\源数据\流量取数分析.xlsx"工作表，修改"统计日期"下面的数据，进行简化处理，以表格数据为来源建立数据透视表，将"统计日期"添加到"行"字段，并将"季度"从"行"标签中删除，将"年"字段添加上，然后将"无线端访客数"添加至"值"标签，如图5-15所示。

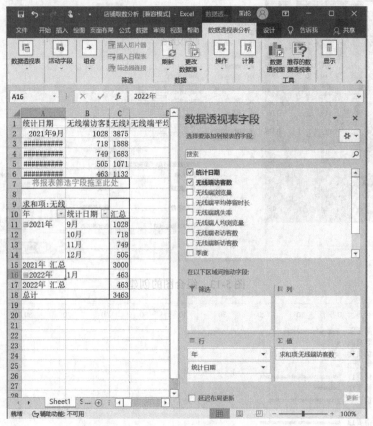

图5-15　创建数据透视表

Step2：以此为基础创建数据透视图，选择柱形图的样式1，然后在快速布局中选择样式7并删除主坐标轴和次坐标轴的标题，结果如图5-16所示。

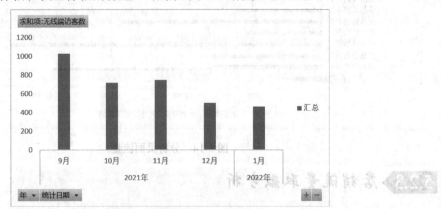

图5-16　创建数据透视图

5.3　转化率数据分析

网店引来流量，却没有成交，这就是说引来的流量对商家没有价值。只有提高流量的转化率，商家才能赚到钱。店铺流量转化率的大小与店铺装修、商品详情页的设计、商品描述、商品定价等多方面的因素有关。

5.3.1 ▶ 转化率数据认知

微课：转化率的概念及公式

1. 转化率的概念及公式

1）概念

转化率是指在一个统计周期内，完成转化行为的次数占推广信息总点击次数的比率。

2）计算公式

转化率与进店的客户中成功交易的人数比例有密切关系。要想网店有销量，就要让进店的客户成功下单购买商品，提高转化率才会有业绩。转化率是衡量店铺运营健康与否的重要指标。转化率的计算公式为

$$转化率=(转化次数/点击量)\times100\%$$

举个例子来说，假如有 200 人访问该网站，其中有 80 人访问这个店铺，浏览了某商品信息，最终只有 5 人购买了该商品，于是，转化率=5÷80×100%=6.25%。

知 识 链 接

与转化率相关的数据

2. 转化率的重要性

从销量和利润公式中，可以看出转化率的重要性。

$$销量=流量\times购买转化率 \tag{5-1}$$

从式（5-1）中，可以看到流量和转化率都是影响销量的因素。如果店铺流量低，可以换一下顺序来思考：会不会是商家获取的流量有问题？是不是流量的质量不高或不够精准？此外，还需要考虑店铺的装修、商品的详情页以及价格等因素。

$$利润=销售额\times净利润率 \tag{5-2}$$
$$=购买人数\times客单价\times净利润率 \tag{5-3}$$

其中购买人数等于有效进店人数，即产生购买转化行为的进店人数。式（5-3）也可以表示为

$$利润=进店人数\times购买转化率\times客单价\times净利润率 \tag{5-4}$$

由于访客主要通过广告、推广、搜索三种途径进店，因此进店人数就等于这三种途径的有效展现数量，即浏览展现后产生实际点击行为的人数。式（5-4）还可以表示为

$$利润=(广告展现\times广告转化率+推广展现\times推广转化率+搜索展现\times搜索转化率)\times$$
$$购买转化率\times客单价\times净利润率 \tag{5-5}$$

广告、推广、搜索展现做得很吸引人，结果点击率很高，但转化率却不高；为了争抢市场份额，电子商务会用降低客单价的方式提高展现数量，但由式（5-5）可以看出，电

商务的净利润率和客单价极低会导致电子商务利润低，可以说是亏本经营。因此，转化率才是电子商务利润的源泉，如果网店想赢利并且越做越大，就需要采取提高转化率的策略。

5.3.2 转化率指标及影响因素

世间万物，如果产生传递行为就会有一定的损耗。就电子商务的店铺而言，商家投入的所有资源不可能发生完全转化，全部成交订单，因此，如果想提高转化率，首先需要明确转化率的分析指标，再考虑哪些因素会影响转化率。

1. 转化率的分析指标

从展现开始到商品成交的转化过程中，常用的指标有点击率、跳失率、有效入店率、详情页跳出率、咨询率、咨询转化率、静默转化率、收藏转化率、加购转化率、下单转化率、下单支付转化率、支付转化率等。

1）点击率

点击率是指统计日期内，网店展示内容被点击的次数与被显示次数之比，它反映了网页上某一内容的受关注程度，经常用来衡量广告的吸引力。

点击率=网店展示内容被点击的次数/总展示次数

2）跳失率

跳失率是指在一天内，来访店铺浏览量为 1 的访客数除以店铺总访客数的值，即访客数中，只有一个浏览量的访客数的占比。它反映的是某个页面对访客的吸引力和黏性。该值越低表示流量的质量越好，对访客的吸引力和黏性越高。

3）有效入店率

有效入店率是衡量访客是否流失的一个很重要的指标，是与跳失率相反的一个指标。有效入店人数是指访问店铺至少两个页面才离开的访客数。当访客到达店铺后，进行直接点击商品详情页、收藏店铺、旺旺咨询、加购物车、立即订购后离开店铺等操作的，都算有效入店。

访客数=有效入店人数+跳失人数

有效入店率=有效入店人数/访客数

只有降低全店的跳失率，才能增加全店的有效入店人数。

4）详情页跳出率

详情页跳出率是指统计时间内，在详情页中没有发生点击行为的访客人数除以访客数的值，该值越低越好。

详情页跳出率=1-点击详情页人数/详情页访客数

5）咨询率

咨询率是指统计时间内，访客中发起咨询的人数占比。访客发起咨询说明访客对该商品已经有了购买意愿。

咨询率=咨询人数/访客数

6）咨询转化率

客户因参与店铺活动而被吸引，往往需要咨询客服以解决其疑惑，转化率往往受到客户在咨询过程中所涉及的客服态度的影响。从访问到询单到下单，再到最后的付款，最终用付款成功率衡量成交量。最终付款成功率=最终付款人数/访客数。最终付款成功率与咨询转化率和静默转化率有关。

咨询转化率=下单客户数/总咨询量

> **小贴士**
>
> **咨询转化的影响因素及产生过程**
>
> （1）影响因素：一是客服服务意识，二是专业技能，三是主动销售，四是服务态度，五是响应速度。
>
> （2）产生过程：访客进入店铺—咨询客服—下单购买产品—产生咨询转化率。

7）静默转化率

与咨询转化率相对应的是静默转化率。静默转化是指访客进入店铺后没有咨询客服，自发下单购买商品。静默成交客户是指未咨询客服就下单购买的客户。因为对店铺已经非常认可，在购买的时候常常不咨询客服就直接下单。

静默转化率=静默成交人数/访客数

8）收藏转化率

收藏转化率是指统计时间内，收藏人数占访客数的比率。

9）加购转化率

加购转化率是指统计时间内，加购物车人数占访客数的比率。

10）下单转化率

下单转化率是指统计时间内，下单买家数占访客数的比率，即来访客户转化为下单买家的比例。

11）下单支付转化率

下单支付转化率是指统计时间内，下单且支付的买家数占下单买家数的比率，即统计时间内下单买家中完成支付的比例。

12）支付转化率

支付转化率是指统计时间内，支付买家数占访客数的比率，即来访客户转化为支付买家的比例。支付转化率代表的是最终达成交易的买家比例。商家可以将支付转化率与下单转化率进行比较分析，如果支付转化率比下单转化率低得多，则需要考虑是不是客服在与买家交流时过于重视下单量，而没有在意顾客真正的需求。

2．影响转化率的因素

转化率与广告展现、推广展现、搜索展现、购买展现有关。从消费者的角度出发，影响电子商务转化率的主要因素共有五个。

1）商品价格

商品的价格不仅影响商品的搜索权重，还影响进入店铺的访客最终是否会下单购买。商品的价格并不是越低越好，在为商品做定价时要分析商品在整个行业中的成交价格和成交量。

2）顾客评价

顾客在下单购买商品前会查看顾客评价、"问大家"并综合考量店铺评分，因此这些因素对转化率具有重要的影响。

3）详情页面设计

在实体店中顾客可以真实地触摸商品，判断它的质量，但在网店购物时，顾客对商品质量的判断在很大程度上取决于商品详情页的设计。商品的详情页一般包括商品的详细属性，但如果仅显示属性会过于单点，所以商品详情页中的整体颜色、版块的布局和设计都要尽量做到让买家消除对商品质量的疑虑，放心购物。

4）店铺装修

在线下实体店购物，如果店里装修十分干净、时尚，就会有更多的顾客在店里选购。线上店铺也一样，如果店铺装修得美观、专业，会增加店铺的吸引力，也会让消费者从心理上产生一种信任感，这有助于提高转化率。

5）促销活动

每年的"双十一"、妇女节等节日的大促销活动都会带来销售量及销售额持续增长，这说明了商品的打折促销等活动会吸引一大部分的消费者，所以促销活动在一定程度上也会影响转化率。常见的促销活动有指定促销、组合促销、借力促销、附加值促销、奖励促销、赠送类促销、时令促销、定价促销、回报促销、产品特性促销、临界点促销、限定式促销、名义主题促销、另类促销、纪念式促销等。

除了上述主要影响因素，还需要注意消费能力及观念、访问目的、浏览时间、购物体验、流量的来源以及访客的地域带来的影响。

5.3.3 成交转化率的计算与提高方法

成交转化率是指所有到达店铺并产生购买行为的人数与所有到达店铺的人数的比率，计算方法为：成交转化率=(成交数÷访客数)×100%。使用 Excel 计算店铺成交率的操作方法如下。

Step1：打开"第 5 章\源数据\成交转化率分析.xlsx"工作表，单击 D2 单元格，在编辑栏中输入公式"=C2/B2"，将此公式填充到 D2 列所有的单元格中，如图 5-17 所示。

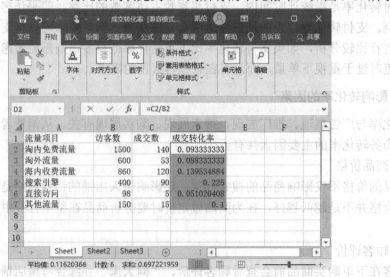

图 5-17　输入公式并进行计算

Step2：选择 D2:D7 单元格区域，在"开始"选项卡"数字"组中的"数字格式"下拉列表框中选择"百分比"选项，自动保留两位小数，单击"减少小数位数"按钮，即可保留一位小数，操作过程及结果如图 5-18 所示。

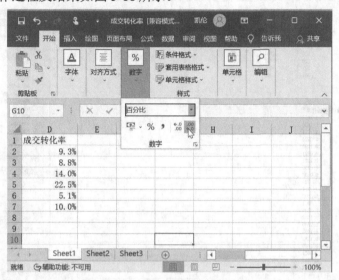

图 5-18　百分比表示结果

> **小贴士**
>
> **提高网店转化率的方法**
>
> 　　网店转化率是影响网店销售额和利润的关键因素之一，因此提高网店转化率是至关重要的。店铺经营者可以优化店铺整体装修、优化宝贝展示与形象设计、完善促销区活动搭配、提高回购率和重复购买率、积极开展外部推广等方式提高网店的转化率。

5.3.4　在 Excel 中分析单品转化

在店铺运营中，除了分析整体店铺的转化情况，也要分析某个指定商品的转化情况，这样有利于商品的推广并能帮助店铺打造热销产品。单品的转化需要从单品流量及单品关键词两个方面进行分析。

1. 单品流量分析

Step1：打开"第 5 章\源数据\单品流量转化分析.xlsx"工作表，以当前数据创建数据透视表，将"来源"拖曳到"行"标签，将"下单转化率"添加到"值"标签，单击"下单转化率"下拉按钮，在下拉列表中选择"值字段设置"选项，如图 5-19 所示。

Step2：在弹出的"值字段设置"对话框中单击"数字格式"按钮，打开"设置单元格格式"对话框，在"分类"列表框中选择"百分比"选项，设置小数位数，然后单击"确定"按钮，如图 5-20 所示。

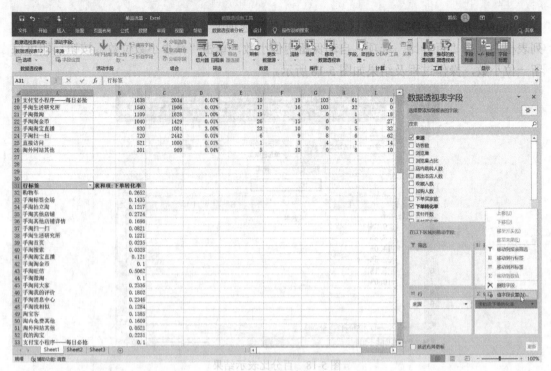

图 5-19　创建数据透视表

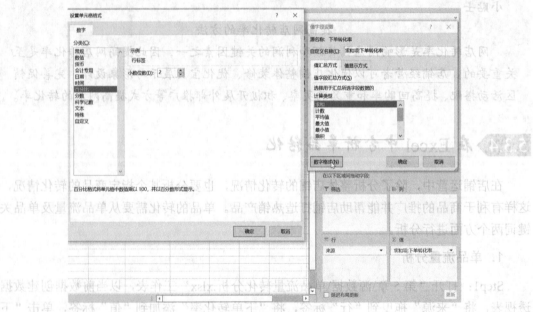

图 5-20　数字格式的设置

Step3：继续将"支付转化率"拖曳到"值"标签，使用与上述操作相同的方式更改数字格式，如图 5-21 所示。

Step4：选择"插入"选项卡"数据透视图"中的"条形图"，并选择第一种图表类型，应用"样式 4"，删除图表标题，并调整图表大小到适当尺寸，如图 5-22 所示。

Step5：选择"数据透视图字段"选项，将"访客数"拖曳到"值"标签，如图 5-23 所示。

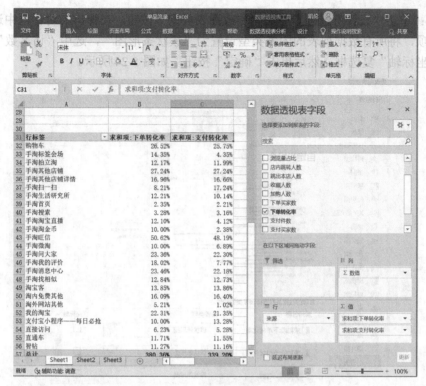

图 5-21　支付转化率字段设置

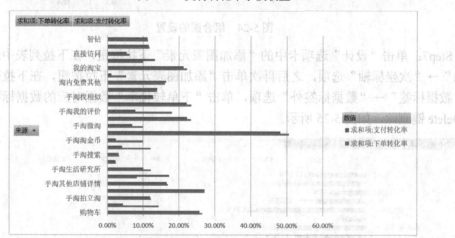

图 5-22　创建数据透视图

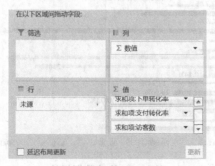

图 5-23　添加访客数

Step6：单击"设计"选项卡中的"更改图表类型"按钮，在弹出的对话框中选择"组合图"选项，将所有数据列表的图表类型设置为"簇状条形图"，选中"访客数"系列对应的"次坐标轴"复选框，然后单击"确定"按钮，如图 5-24 所示。

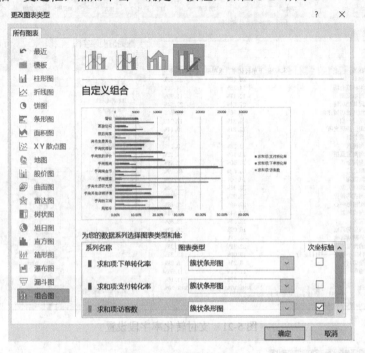

图 5-24　组合图的设置

Step7：单击"设计"选项卡中的"添加图表元素"下拉按钮，在下拉列表中选择"坐标轴"→"次坐标轴"选项，之后再次单击"添加图表元素"下拉按钮，在下拉列表中选择"数据标签"→"数据标签外"选项，单击"下单转化率"数据对应的数据标签，最后按 Delete 键删除，如图 5-25 所示。

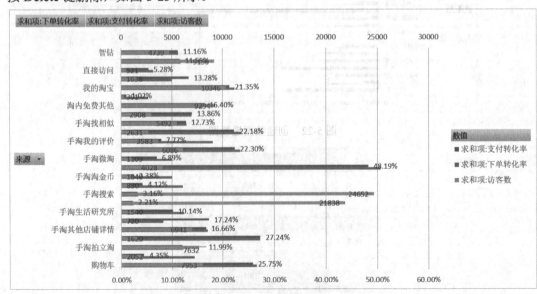

图 5-25　修改数据标签

2．单品关键词分析

Step1：打开"第 5 章\源数据\单品关键词转化分析.xlsx"工作表，选中相应的单元格，在"数据"选项卡的"排序和筛选"组中单击"筛选"按钮，单击"浏览量"一列，在弹出的下拉列表中依次选择"数字筛选"→"小于"选项，打开"自定义自动筛选方式"对话框，在"小于"文本框中输入 11，单击"确定"按钮，如图 5-26 所示。

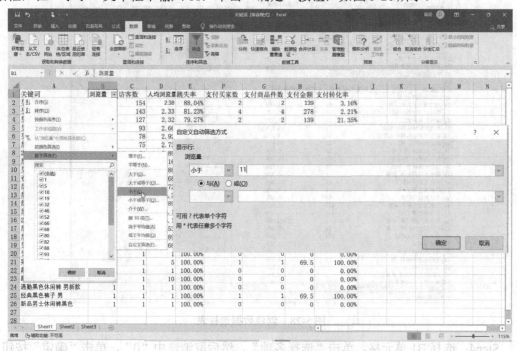

图 5-26　数据筛选及设置

Step2：继续在"跳失率"一列中进行筛选，筛选出跳失率为100%的单品，此时列表中呈现的是单品浏览量低于 11 次、跳失率为 100% 的全部数据，如图 5-27 所示，这说明这些关键词的引流效果不理想，要适当淘汰或进行更改。

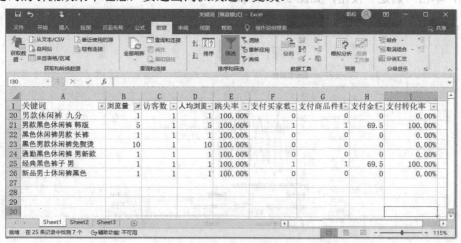

图 5-27　按跳失率筛选数据

Step3：在"数据"选项卡的"排序和筛选"选项组中取消筛选指令。在取消筛选的元数据表中创建数据透视表，将"关键词"拖曳到"行"标签，将"支付金额"拖曳到"筛选"标签，将"访客数"和"支付转化率"添加到"值"标签，并将"支付转化率"的数字格式设置为百分比形式，如图 5-28 所示。

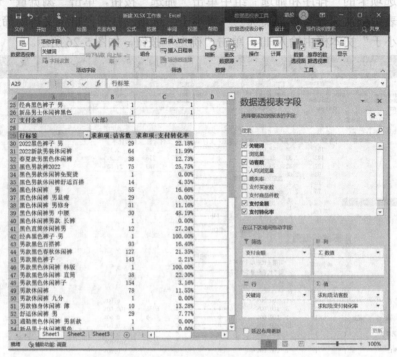

图 5-28　创建数据透视表

Step4：选择 B1 单元格，单击"选择多项"，然后取消选中"0"，单击"确定"按钮，筛选出支付金额不为 0 的关键词。以当前数据透视表的数据为来源创建数据透视图，并选择组合图，将"求和项：访客数"的"图表类型"设置为"簇状柱形图"，"求和项：支付转化率"的"图表类型"设置为"折线图"，选中"求和项：访客数"后的"次坐标轴"复选框，单击"确定"按钮，如图 5-29 所示。

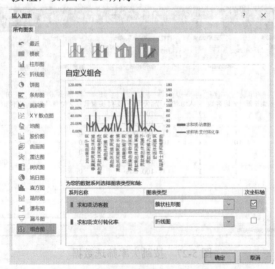

图 5-29　创建数据透视图

Step5：选择"设计"选项卡，将图表样式设置为"样式 4"，删除标题并适当调整大小，选择图表中的折线图，在上方添加标签，如图 5-30 所示。

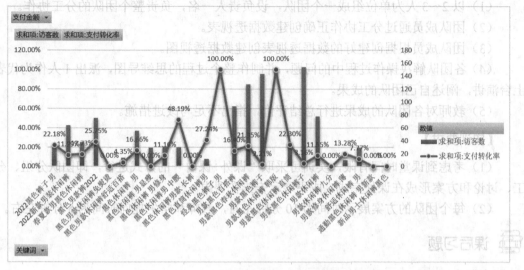

图 5-30 数据透视图的设置

根据数据透视图可以清晰地看出，男款黑色休闲裤子、男款黑色裤子、男款黑色春秋休闲裤等关键词的引流效果较好，而经典黑色裤子、男款黑色休闲裤韩版这些关键词的支付转化率较高，因此，根据折线图的数据可对当下质量不高的词语进行修改优化。

拓展实训

【实训目标】

通过实训，使学生能自主计算店铺的成交转化率。

【实训内容】

图 5-31 所示为某店铺的流量信息，计算店铺的成交转化率，并创建数据透视表及透视图。

图 5-31 某店铺流量信息

【实训步骤】

（1）以 2～3 人为单位组成一个团队，设负责人一名，负责整个团队的分工协作。

（2）团队成员通过分工协作正确创建数据透视表。

（3）团队成员根据创建好的数据透视表创建数据透视图。

（4）各团队解决操作过程中的问题，并制作整个过程的思维导图，派出 1 人作为代表上台演讲，阐述自己团队的成果。

（5）教师对各团队的成果进行总结评价，指出不足与改进措施。

【实训要求】

（1）考虑到课堂时间有限，实训可采取"课外+课内"的方式进行，即团队分组、分工、讨论和方案形成在课外完成，成果展示安排在课内。

（2）每个团队的方案展示时间为 10 分钟左右，教师和学生提问时间为 5 分钟左右。

课后习题

1．简述站外流量的概念及来源。

2．简述转化率的概念及计算公式。

3．列举影响转化率的因素。

4．阐述站内免费流量的分类。

第 6 章

采购数据分析

案例导入

刘主管采购的烦恼

　　刘主管马上要调任公司采购部经理，虽然没学过采购管理，但他对自己胜任该职位还是充满了信心。因为他认为自己一方面有多年在企业工作的经验，熟悉产品生产过程；另一方面采购只需要根据企业要求买进原材料，自己在生活中有很多采买经验。

　　可真正到岗之后，刘主管碰上了原材料供应商不按时供货、车间停产的难题；还因为购买前技术参数没搞懂，买来的商品不符合技术部的要求；采购部门内部存在信息传递不畅、配合不足、效率低下等诸多问题。许多事情需要刘主管亲力亲为，这使他焦头烂额。面对生产部门的催料、客户的投诉，刘主管意识到采购工作不仅仅是"买东西"，其中有许多学问等待他去摸索。

学习目标

1. 了解采购的概念、特点和模式。
2. 掌握电子商务采购的实施步骤。
3. 熟悉商品采购成本价格、采购金额分析方法。
4. 理解根据生命周期控制采购商品的方式。

重难点分析

1. 掌握采购成本数据分析的各种方式。
2. 掌握商品生命周期的分析方法。

思政导学

　　采购数据分析除了要对采购成本做出合理预测，还要把握采购商品的生命周期。这项工作周而复始地进行着，因此对培养学生不辞辛苦、顽强拼搏的工作意识起着非常重要的作用。

6.1 采购及电子商务采购数据概述

供应链管理是当今企业的热门话题，其基本思想是用系统的方法管理始于原材料供应商，经由工厂和仓库，止于最终顾客的信息流、物流和服务流。采购在供应链企业之间架起一座桥梁，以建立生产需求和物料供应的联系，是供应商管理的重点内容，也是企业经营管理的核心内容；其他部门，如科学、教育、文化、卫生、体育及一切社会部门运行的物资支持，同样都离不开采购活动。采购在整个经济和社会生活中起着十分重要的作用，所以有效的采购与采购管理可以为现代电子商务企业做出卓越贡献。

6.1.1 采购及电子商务采购认知

1. 采购的基本概念

采购的定义具有广义和狭义之分：其中广义采购是指除了以购买的方式占有物品，还可以通过其他途径取得物品的使用权，来达到满足需求的目的。广义的采购除了购买，还可以通过租赁、借贷和交换等途径来完成；狭义的采购是指买东西，就是企业根据需求提出采购计划、审核计划、选好供应商、通过商务谈判确定价格和交货条件，最终签订合同并按要求收货付款的过程。这种以货币换取物品的方式，可以说是最普通的采购途径，无论是个人还是企业机构，其消费或者生产的需求大都是通过购买的方式获得满足的。因此，在狭义的采购定义之下，买方一定要先具备支付能力，才能换取他人的物品来满足自己的需求。

2. 采购的相关概念

（1）购买。购买用货币换取商品的交易过程，包括了解需求、找寻供应商、处理订单、价格谈判、货物交运。

（2）采购。采购比购买的概念更专业，含义更广泛，包括购买、储存、运输、接收、检验及废料处理。

微课：采购的相关概念

（3）供应。随着供应链管理的兴起，"供应"一词在欧美国家得到了更广泛的应用，供应正在逐步取代"采购"这一职能称呼。供应是采购部门面向增值的业务活动，强化与供应商的关系，以流程为导向整合企业内外资源的战略性活动过程。本书所叙述的采购管理中的"采购"一词就是在这一层面上的，与"供应"是同义词，因此在有的著作及实践中使用"采购供应管理"一词。本书中当我们叙述采购过程时，主要使用"采购"一词。

知识链接

你知道购买、采购、供应三者之间的区别吗？

3. 电子商务采购的特点

我们可以从以下几个方面理解电子商务采购的特点，如表 6-1 所示。

表 6-1 电子商务采购的特点

采购的特点	具 体 表 现
采购实现了商流和物流的统一	采购过程使资源从供应商转移到了企业,转移的内容不仅包括资源的所有权,而且包括资源的实体。前者是一个商流的过程,主要通过商品交易或等价交换的方式进行转移;后者是一个物流的过程,主要通过包装、运输、储存等手段实现资源的空间转移。采购实际上是两种过程的结合,缺一不可
采购是从资源市场获取资源的过程	采购对于企业的重要作用就是能够获取企业生产经营所需要的但缺乏的资源,这些资源不仅包括物质资源(如原材料、机器设备、辅助材料、半成品、零配件等),而且包括非物质资源(网络、信息等)。企业通过采购的方式可以从由供应商组成的资源市场获取资源,也就是采购将资源从外部的资源市场的供应商手中转移到企业内部的过程
采购是一种经济活动	采购是企业经济活动的主要组成部分,采购金额一般占产品销售额的50%以上。在整个采购过程中,一方面,企业通过采购获取了资源,保证了企业生产经营活动的正常进行,这是采购带来的效益;另一方面,企业在采购过程中支出了费用,这是采购的成本。要追求经济效益的最大化,就必须不断降低采购成本,以最少的采购成本获取最大的资源收益,即经济效益

4. 电子商务的优势

电子采购比一般的电子商务和一般性的采购在本质上有了更多的概念延伸,它不仅仅完成采购行为,而且利用信息和网络技术对采购全程的各个环节进行管理,有效地整合了企业的资源,帮助供求双方降低了成本,提高了企业的核心竞争力。

1)提高采购效率

采购方企业通过电子采购交易平台进行竞价采购,可以根据采购方企业的要求自由设定交易时间和交易方式,大大缩短了采购周期。自采购方企业竞价采购项目正式开始至竞价结束,一般只需要1~2周,较传统招标采购节省30%~60%的采购时间。

2)节约大量的采购成本

使用电子采购系统可以为采购企业节省大量成本,采用传统方式生成一份订单所需要的平均费用为150美元,使用基于Web的电子采购解决方案则可以将这一费用减少到30美元。企业通过竞价采购商品的价格平均降幅为10%左右,降幅最高可达40%以上。美国通用电气公司通过电子采购估计每年节约100亿美元。

3)优化采购流程

采购流程的电子化不是用计算机和网络技术简单替换原有的方式方法,而是依据更科学的方法重新设计采购流程。在这个过程中,摒弃了传统采购模式中不适应社会生产发展的落后因素。

4)减少企业的库存

产品的生产周期越长,企业就越需要较多的库存来应对可能出现的交货延迟、交货失误,面对市场的反应也就越慢。库存增多也会增加运营成本,降低企业的利润,更何况,高库存量也不能保证向客户提供最佳的服务。为了达到上述目标,提高企业库存的管理水平,企业可以在提高劳动生产率和库存周转率的基础上,降低库存总量。

5)信息共享

不同的企业,包括各个供应商都可以共享信息,不但可以了解当时采购、竞标的详细信息,还可以查询以往交易活动的记录,这些记录包括中标、交货、履约等情况,帮助买方全面了解供应商，帮助卖方更清楚地把握市场需求及企业本身在交易活动中的成败得失，积累经验，使得供求双方的信息更加透明。

6）改善客户满意度，让供应商获益

对于供应商，电子采购可以更及时地掌握市场需求，降低销售成本，增进与采购商之间的关系，获得更多的贸易机会。电子采购在降低成本、提高商业效率方面，比在线零售、企业资源计划（enterprise resource planning，ERP）更具潜力。

5. 电子商务采购的模式

电子商务采购与其他企业应用软件相比有一个很大的不同。其他应用软件，如仓库管理软件、运输管理软件、财务管理软件等，其主要信息都来源于企业内部，而电子商务采购所要进行的业务却关系到供应商和采购商两个主体，特别是采购物料信息，均来自企业外部，这为电子商务采购模式的建立提供了各种可能。企业的电子商务采购模式有以下三种。

1）卖方模式

卖方模式是指供应商在互联网上发布其产品的在线目录，采购方通过网页浏览取得所需的商品信息，从而做出采购决策，并下订单以及确定付款和交付选择，如图 6-1所示。这就类似一位购物者在一条商业街上，频繁进出各个商店不断地进行比较来购买商品。在这个模式里，供应商必须投入大量的人力、物力和财力来建立、维护和更新产品目录，所以成本较高、操作较为复杂。

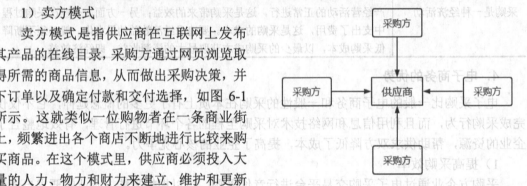

图 6-1　卖方模式

但是对于采购方恰恰相反，其不需要花费太多就能获得自己所需要的产品信息，既方便又便宜，但同时却又不得不面临电子采购与后端的企业内部信息系统无法很好地集成的问题。因为采购方与供应商是通过供应商的系统进行交流的，由于双方所用的标准不同，供应商系统向采购方传输的电子文档不一定能为采购方的信息系统所识别并自动加以处理、传送到相关责任人处。这些文档必须经过一定的转化，甚至须经手工处理，这就大大降低了电子采购的效率，延长了采购的时间。可扩展标记语言（extensible makeup language，XML）技术的出现，为互联网上的数据表示和传输提供了新的思路，使 B2B 电子商务采购有所发展。不过这种采购模式被视为小购买者和一次性采购所属的形式。

2）买方模式

买方模式是指采购方在互联网上发布所需采购产品的信息，供应商在采购方的网站上传自己的产品信息，供采购方评估，如图 6-2 所示。双方通过采购方网站进行进一步的信息沟通，完成采购业务的全过程。与卖方模式不同，买方模式中采购方承担了建

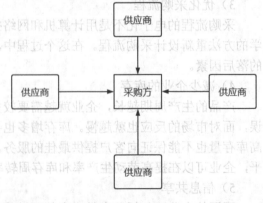

图 6-2　买方模式

立、维护和更新产品目录的工作。虽然这样花费较多，但采购方可以更好地控制整个采购

流程。采购方可以限定目录中所需产品的种类和规格，甚至可以给不同的员工在采购不同的产品时设定采购权限和采购数量。另外，员工只需要通过一个界面就能了解所有可能供应商的产品信息，并能很方便地进行对比和分析。同时，由于供求双方是通过采购方的网站进行文档传递的，因此采购网站与采购方信息系统之间的无缝连接将使这些文档流畅地被后台系统识别并处理。对于一个成功的买方模式来说，需要使用成熟的信息技术安全体系。只有采取了全面的技术防护手段，才能确保采购过程的顺利进行。当然，这一模式也有自身的劣势：买方承担了目录和系统维护的艰巨工作。买方在最初的信息整合和合理化过程中需要很大的投入。设想，如果一家公司的业务涉及不同国家成百上千的供应商，那么可能会有成百上千的项目条款，每个条款都有很多具体的规格说明。不同供应商的相同产品可能有不同的名称，各供应商一般都会给不同的版式或图形提供不同的产品 ID 号码。因此，对于那些没有将目录和系统维护作为核心竞争力的公司来说，可能会考虑将这一工作外包。当然，这涉及成本问题，还有技术更新的问题，同时就算将维护工作外包，公司系统也应该考虑不同的维护通道，以使政策适合未来发展需要。这一系统需要提供网络基础上的维护，以便供应商能随时修改、更新供应商产品目录，以方便买方更新自己的目录。

　　3）市场模式

市场模式是指供应商和采购方通过第三方设立的网站进行采购。在这个模式里，无论是供应商还是采购方都只需在第三方网站（也是独立的门户网站）上发布并描绘自己提供或需要的产品信息，第三方网站则负责产品信息的归纳和整理，以便于用户使用，如图 6-3 所示。这一模式使全世界范围内任一参与者都能登录并进行交易，但是要按交易税金或是交易费的百分比来计算并交纳一定的费用。这种

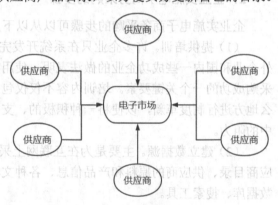

图 6-3　市场模式

模式的主要操作有查看目录、下订单（在线拍卖的情况下称为竞标）、循序交货、支付等。虽然这样省去了建立网站的花费，但由于这一模式是在独立的第三方网站进行交易，因此与采购方的后台系统集成比较难。为了弥补这一缺陷，现今一些网上交易市场特别是由电子商务采购方案提供商建立的 E-Market（电子交易中心），纷纷采用了基于 XML 的开放型架构，这种架构已逐渐成为构建 E-Market 的主流模式。因为在这种架构下，不论企业自身的系统使用的是什么"语言"，都可以通过 XML 顺利地进行"沟通"。同时，第三方网站还为客户提供后台集成的服务，使企业能顺畅地通过电子市场进行采购。不过这些电子交易中心的发起人在目标和服务水平上千差万别。许多电子交易都只是局限于为多个采购方和供应商提供一个在线的多对多的平台，而且通常只关注一个单一的水平行业或垂直行业。

6.1.2　电子商务采购的实施与系统模型

1. 电子商务采购的系统程序

　　如果采购人员想采购某些物料，可以通过一个电子商务采购系统的接口安全登录，从桌

面创建、提交和跟踪多种申请，然后等待供应商系统的回复，获得在线批准后，就可以把订单发给供应商，让其履行订购。具体的电子商务采购系统的基本程序如表6-2所示。

表 6-2　电子商务采购系统的基础程序

操 作 步 骤	具 体 内 容
（1）商品报价请求	采购方向供货方提出商品报价请求，说明想购买的商品信息
（2）商品的报价	供货方回复采购方，说明该商品的报价信息
（3）商品订购单	采购方向供货方提出商品订购单，初步说明确定购买的商品信息
（4）商品订购单的应答	供货方对采购方提出的商品订购单做出应答，说明有无此商品及规格型号、品种、质量等信息
（5）商品订购单变更请求	采购方根据应答提出是否对商品订购单有变更请求，说明最后确定购买商品的信息
（6）商品发货通知	供货方向采购方说明运输公司、发货地点、运输设备和包装等信息
（7）商品运输说明	供货方对运输的工具、方式以及交货地点向采购方进行说明

2. 企业实施电子商务采购的步骤

企业实施电子商务采购的步骤可以从以下几个方面考虑。

（1）提供培训。许多企业只在系统开发完成后才对使用者进行应用技术培训。但是国外企业和国内一些成功企业的做法表明，使用前对所有使用者提供充分的培训是电子商务采购成功的一个关键要素。培训内容不仅仅包括技能方面，更重要的是让员工了解将在什么地方进行制度革新，以便将一种积极的、支持性的态度灌输给员工，减少未来项目进展中的阻力。

（2）建立数据源。主要是为在互联网上采购和供应的管理功能积累数据，主要包括供应商目录、供应商的原料和产品信息、各种文档样本、与采购相关的其他网站、可检索的数据库、搜索工具。

（3）成立项目小组。项目小组需要由高层管理者直接领导，其成员应当包括整个项目实施进程所涉及的各个层面的人员，包括信息技术、采购、仓储、生产等部门，甚至包括互联网服务提供商（ISP）、应用服务提供商（ASP）、供应商等外部组织的成员。每个成员对各种方案选择的意见、风险、成本、程序安装和监督程序运行的职责分配等充分地进行交流和讨论，以取得共识。

（4）广泛调研，收集意见。为使电子商务采购系统更加完善，应广泛听取各方面的意见，包括有技术特长的人员、管理人员、软件供应商等。同时要借鉴其他企业行之有效的做法，在统一意见的基础上，制定和完善有关的技术方案。

（5）建立内部管理信息系统，实现计算机自动化管理。在企业的电子商务采购系统网站中，设置电子商务采购功能模块，使整个采购过程始终与管理层、相关部门、供应商以及其他相关内、外部人员保持动态的实时联系。

（6）系统应用前测试所有功能模块。

（7）培训系统使用者。

（8）实施网站发布。

利用电子商务网站和企业内部网收集企业内部各个单位的采购申请，对这些申请进行统计整理，从而形成采购招标计划，并且在网上进行发布。

3. 电子商务采购的内部模型

电子商务采购在企业内部一般通过内部网(intranet)实现,然后再通过互联网(Internet)与供应商相连。对采购方来说,电子商务采购系统一般应包括采购申请、采购审批和采购管理三个基本模块,不同模块的主要功能如图 6-4 所示。

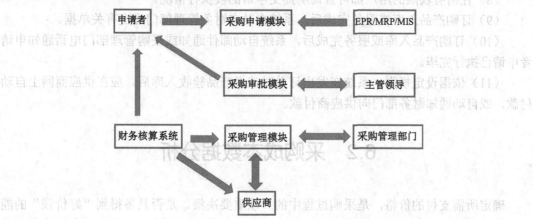

图 6-4　电子商务采购的内部模型

1)采购申请模块

(1)接收生产部门和关键原材料供应部门提交的采购计划申请。

(2)接收企业 ERP 系统自动提交的原材料采购计划申请。

(3)接收管理人员提出的采购低值易耗品、计算机软件或服务方面的申请等。采购申请应通过浏览器登录网上采购站点的页面进行或通过 ERP 系统自动传递。

2)采购审批模块

(1)根据预设的审批规则自动审核并批准所收到的各种申请。

(2)对接收到的采购低值易耗品的申请,直接向仓库管理系统检查库存。如有库存,立即通知申请者领用;如没有库存,通知申请者申请已批准,正在采购中。

(3)对于自动审批未获批准的申请,立即通知申请者;申请由于某种原因未获批准,需修改申请或重新提交申请。

(4)通过自动审批无法确定是否批准的申请,邮件通知申请者的主管领导,由领导登录采购系统,审批申请。

(5)对于已获批准的采购申请,以邮件通知申请者,并且提交采购管理模块。

3)采购管理模块

(1)接受采购管理部门制订的年度或月度采购计划,制定供应商评估等业务规则。

(2)对被批准的采购申请,依据设定规则确定是立即采购还是累积批量采购。

(3)对已达到批量采购标准或需立即采购的采购申请,依据业务规则,放入竞标模块投标或立即生成订单。

(4)对放入竞标模块的申请单,根据竞标结果生成订单。

(5)已生成的订单,依据设定规则决定是立即发给供应商,还是留待采购管理部门再次审核修改。

（6）所有订单依据预设的发送方式向供应商发出，如 E-mail、人工电话传真、自动电子传递给供应商的订单管理系统。

（7）自动接收供应商或承运商提交的产品运输信息和到货信息，或者由采购管理部门将这些信息手工录入。

（8）任何有权限的用户都可查询所提交申请的被执行情况。

（9）订购产品入库或服务完成后，系统自动向财务管理部门提交有关单据。

（10）订购产品入库或服务完成后，系统自动邮件通知或采购管理部门电话通知申请者申请已执行完毕。

（11）依据设定规则，系统在发出订单时或者产品验收入库后，应在供应商网上自动付款，或自动通知财务部门向供应商付款。

6.2 采购成本数据分析

确定所需支付的价格，是采购过程中的一项重要决策。是否具备得到"好价钱"的能力，有时是衡量一个优秀采购者的首要标准。尤其是在"好价钱"能带来巨大经济利益的时候，这种标准的作用更为明显。

从采购部门的利润杠杆作用，我们可以看到采购部门在帮助企业达到持续改进客户服务、质量和增强竞争力等方面的战略目标上所起的关键作用。采购部门要加强对于内部成本和外部成本的管理，充分利用一切机会来降低、控制成本或者避免它们的发生，从而使采购的总成本最低，并有望使企业成为能够以低成本提供优质商品和服务的制造商。

6.2.1 采购成本认识

1．采购成本的含义

采购成本是指企业在采购活动中以货币表现的，为达到采购目的而发生的各种经济资源的价值牺牲或代价。采购成本有广义的和狭义的之分。狭义的采购成本仅指物料的价款及运杂费等采购费用。广义的采购成本不仅包括物料的价款和运杂费，还包括物料的仓储成本及物料的品质成本。

2．采购成本的影响因素

1）采购批量和采购批次

物料采购的单价与采购的数量成反比，即采购的数量越大，采购的价格越低。企业将联合采购，可合并同类物料的采购数量，统一采购使采购单价大幅度降低，各企业的采购费用也相应降低。因此，采购批量和采购批次是影响采购成本的主要因素。

2）采购价格及谈判能力

企业在采购过程中谈判能力的强弱是影响采购价格高低的主要原因。随着社会主义市场经济体制的深入，不同市场形态在供应、需求等方面的要素也不同，企业在采购谈判时，必须深度分析市场，有针对性地选取谈判议价手法。根据市场形势呈现的卖方市场、中性市场和买方市场等不同情况，分别采取不同的议价政策以达到降低采购价格的目的。

3）产品成本结构与供应商成本结构

企业的产品成本结构由于行业或产品类别的不同会有所差异。它包括原材料成本、制作成本、管理费用等。在一定程度上，采购成本中的很大一部分会转移到产品成本中去，因此，它们必会相互影响。供应商会影响企业的采购活动，具体到采购活动中，供应商的成本结构也必然会或多或少地影响采购企业的采购成本。

4）企业采购战略计划

对于一个企业，它的采购计划对采购成本的影响是根本性的，采购计划决定着采购成本的控制力度和控制措施、方法。相对于采购部门来说，采购成本仅仅是采购活动中的一方面，而采购计划却涉及采购活动的方方面面。所以，采购计划不仅直接影响采购成本，而且也会间接影响采购成本。

3. 采购成本的分类

采购成本可以按不同的标志进行分类，不同类型的成本可以分别满足企业管理的不同要求。下面简要介绍本章所涉及的四种主要成本分类。

1）成本按其发生的时态分类

成本按其时态分类可分为历史成本和未来成本两类。

（1）历史成本是指以前时期已经发生或本期刚刚发生的成本，即实际成本。

（2）未来成本是指预先测算的成本，又称预计成本，如估算成本、计划成本、预算成本和标准成本等。未来成本实际上是一种成本目标和控制成本。

2）成本按其核算的目标分类

现代成本核算有三个主要目标：一是反映业务活动本身的耗费情况，以便确定成本的补偿尺度；二是落实责任，以便控制成本，从而明确有关单位的经营业绩；三是确保产品质量。成本按上述核算目标不同可依次分为业务成本、责任成本和质量成本三大类。

（1）业务成本是以采购业务为中心，以其开支范围为半径的所有成本的集合，即广义的采购成本。

（2）责任成本是指责任中心的各项可控成本。

（3）质量成本的具体内容本章暂不讨论。

3）成本按其性态分类

成本性态是指成本总额与特定业务量之间在数量方面的依存关系，又称为成本习性。成本按其性态分类可分为固定成本、变动成本和混合成本三大类。

（1）固定成本是指在一定条件下，总额不随业务量变动发生任何数额变化的那部分成本。

（2）变动成本是指在一定条件下，总额随业务量成正比例变化的那部分成本。

（3）混合成本是指介于固定成本和变动成本之间，既随业务量变动又不成正比例的那部分成本。

4）成本按其可控性分类

成本的可控性，是指责任单位对其成本的发生是否可以事先预计并落实责任、在事中施加影响以及在事后进行考核的性质。以此为标志，成本可分为可控成本和不可控成本两类。可控成本是指责任单位可以预计、计量、施加影响和落实责任的那部分成本。不可控成本是指考核对象对成本的发生不能予以控制，因而也不予负责的成本。

4．采购成本分析的意义

现代企业的竞争日趋激烈，为了降低经营成本，让利于顾客，企业必须下大力气控制其经营成本。企业经营成本中与采购活动有关的成本占很大比重，因此采购成本管理成为企业管理中的重要工作。要加强采购成本管理必须对采购成本进行分析，以实现以下目标。

（1）全面评价企业现状。根据不同分析主体的分析目的，采用不同的分析手段和方法，可得出反映企业在该方面现状的指标，如反映企业营运状况的指标、企业盈利能力的指标等。这种分析对于全面反映和评价企业的现状具有重要作用。

（2）正确评价企业过去。正确评价过去，是说明现在和揭示未来的基础。通过对实际成本费用等资料的分析能够准确地说明企业过去的业绩状况，指出企业的成绩和问题及问题产生的原因（是主观原因还是客观原因）等，这对于正确评价企业过去的经营业绩是十分有益的。

（3）充分揭示企业风险。企业风险包括投资风险、经营风险和财务风险等。风险的存在产生于经济活动中的不确定因素。成本分析，特别是对企业潜力的分析透彻与否与企业如何规避风险有着密切联系。一般来说，成本效益越差，企业的经营风险越高；反之，企业的经营风险就越低。

（4）准确评估企业潜力。企业的潜力通常是指在现有技术水平条件下，企业在一定资源投入情况下的最大产出，即产出潜力；或在一定产出情况下资源的最小投入，即成本潜力。通过成本分析可正确及时地挖掘出企业采购业务的潜力。例如，通过趋势分析方法可说明企业的总体发展潜力，通过因素分析和对比分析可找出企业采购成本管理某环节的潜力。

5．采购成本控制的基础工作

做好采购成本控制工作应建立、完善采购制度，做好采购成本控制的基础工作。

采购工作涉及面广，并且主要和外界打交道，因此，如果企业不制定严格的采购制度和程序，不仅采购工作无章可循，还会给采购人员提供暗箱操作的温床。建立、完善采购制度，企业必须注意下列四个方面。

1）建立严格的采购制度

建立严格、完善的采购制度，不仅能规范企业的采购活动，提高效率、杜绝部门之间扯皮，还能预防采购人员的不当行为。采购制度应规定采购的申请、授权人的批准权限、采购的流程、相关部门的责任和关系、各种物料采购的规定和方式、报价和价格审批等。比如，可在采购制度中规定采购的物品要向供应商询价、列表比较、议价，然后再选择供应商，并把所选的供应商及其报价填在同一张请购单上；还可规定超过一定金额的采购须附上三个以上的书面报价等，以供财务部门或内部审计部门稽核。

2）建立供应商档案和准入制度

企业的正式供应商要建立档案，供应商档案不仅要有编号、详细联系方式和地址，还应有付款条款、交货条款、交货期限、品质评级、银行账号等，每一个供应商档案都应经严格的审核才能归档。企业的采购必须在已归档的供应商中进行，供应商档案应定期或不定期地更新，并由专人管理。同时，要建立供应商准入制度。重点物料的供应商必须经质检、物料、财务等部门联合考核后才能进入，如有必要，还需到供应商的生产地加以考核。企业要制定严格的考核程序和指标，要对考核的问题逐一评分，只有达到或超过评分标准者才能成为归档供应商。

3）建立价格档案和价格评价体系

企业采购部门要对所有采购物料建立价格档案，对每一批采购物品的报价，首先与归档的物料价格进行比较，分析价格差异的原因。如无特殊原因，采购的价格不能超过档案中的价格水平，否则要做出详细的说明。对于重点物料的价格，要建立价格评价体系，由企业有关部门组成价格评价组，定期收集有关的供应价格信息，分析、评价现有的价格水平，并对归档的价格档案进行评价和更新。这种评价一般 3 个月或 6 个月进行一次。

4）建立物料的标准采购价格，对采购人员根据工作业绩进行奖惩

财务部对重点监控的物料应根据市场的变化和产品标准成本定期定出标准采购价格，促使采购人员积极寻找货源，货比三家，不断降低采购价格。标准采购价格的确定亦可与价格评价体系结合起来进行，并提出奖惩措施，对完成降低企业采购成本任务的采购人员进行奖励，对没有完成采购成本下降任务的采购人员，分析原因，确定对其处理的措施。

通过上述四个方面的工作，虽然不能完全杜绝采购人员的暗箱操作，但对完善采购管理、提高效率、控制采购成本，确实有较大的效果。

6. 采购成本控制的方法

1）设计优化法

设计优化法是指在产品设计开发时就注意物料、器件的选用，将合适的而不是最好的物料用于新产品中，使产品在保持性能满足市场要求的情况下做到成本最低。产品的设计优化要在新产品处于设计开发开始阶段进行。新产品一旦定型，其所使用的物料也就基本确定，虽然日后可能会进行部分更改，但一般来说幅度不会很大，也就是说新产品的成本基本确定。尽管日后也可通过降低物料采购成本的方法降低总成本，但此法带来的收益是十分有限的。

2）成本核算法

成本核算法是指通过一定的方法对部件的成本进行核算和评估，确保部件价格的合理性。即通过核算，给定一个价格范围，防止出现价格过高的情况。一般来说，该方法适用于加工方法较为简单的镀金、注塑等行业，其中，部件价格=物料成本+加工费用+合理利润、物料成本=单价×耗用(净耗用+损耗)。该方法加工费用的核算比较烦琐，如对一般注塑件的核算，即根据注塑机设备不同，按不同注塑机的吨位制定费用标准，设定计算公式进行计算。利润则根据双方的共识设立比例或金额计算，可大体估计部件价格。需要特别说明的是，这种核算只是对部件价格的一个近似估计，主要是防止价格过高，而且有些加工工艺特殊的部件不适用于此方法；同时，计算公式也要根据经验和实际情况不断调整更新。

3）类比降价法

类比降价法是指通过对结构、性能相似的物料进行比较，迫使供应商降价的方法。类比降价法的关键就是类比物的选择，类比物一定要具有可比性，价格上要有竞争力。当然，

可拿本企业的生产物件类比，但其价格应经过验证，确实具有竞争力，否则类比的结果可能适得其反。企业如果遇到这种情况，自己的产品与对手类似，但对手的价格比自己低，究其原因一定很多，但常见的原因是对手在用料和产品结构方面有领先之处。通过与竞争对手的比较可以发现这些不足，采取有针对性的措施，或调整产品结构，或在保证产品性能的前提下选取低价原材料，或找出管理等方面的原因，结合自身的情况做必要的改进，从而实现部件成本的降低，使自己的产品具有竞争力。

4）招标竞价法

所谓招标竞价法，就是通过组织供应商竞标，实现物料降价。招标竞价法现在已得到广泛的应用，而且除了传统的现场招标，网上招标也越来越多地被企业采用。

5）规模效应法

所谓规模效应法是指企业将原先分散在各单位的通用物料采购集中起来，形成规模优势，在购买中通过折扣、让利等方式实现降低成本的方法。随着批量的加大，采购价格会不断降低。规模效应法就是利用这种方法，通过大批量采购，争取最优惠的价格。这种方法对原材料的采购效果显著。

6）国产化降价法

所谓国产化降价法，是指通过将进口部件改由国内厂家生产提供，从而实现降价的方法。把国产化作为降低成本的方法是由我国目前的实际情况决定的。很多生产企业都有部分部件需要从国外进口，而且往往是关键部件，成本很高。而我国目前生产资料的价格较低且很丰富，这些部件若能在国内生产，仅运费、关税等费用就可以节省很多。实际上，国产化部件带来的成本降低效应往往出乎人们的意料。因此，国产化对那些进口物料很多的厂家来说，无疑是降低成本的极重要的途径。但要实现国产化也不是简单的事情，因为这些进口部件一般技术含量都比较高，对生产厂家的实力和技术能力有很高的要求。

小贴士

其他传统采购成本管理方法

除了以上提到的几种方法，传统采购成本管理方法还有标准成本法、ABC分析法、物料标准化技术法、产品生命周期成本分析方法以及采购物料规划与控制方法。这些传统方法在采购成本的局部控制上得到了很好的应用，在企业中使用较广泛，但是它们不太适应现代全球经济一体化和信息化时代的节奏，需要应用新的采购理念和采购成本方法来重新思考。

6.2.2 商品成本价格与采购金额分析

1. 商品成本价格分析

商品价格会受到很多因素的影响，如供求关系、气候、交通和消费方式等，因此在商品采购过程中要注意采购的时机，以便节省采购成本。下面将详细介绍如何分析商品成本价格，具体操作步骤如下所示。

Step1：打开"第 6 章\商品成本趋势图.xlsx"工作表，选择"公式"选项卡，在"定义的名称"组中单击"定义名称"按钮，如图 6-5 所示。

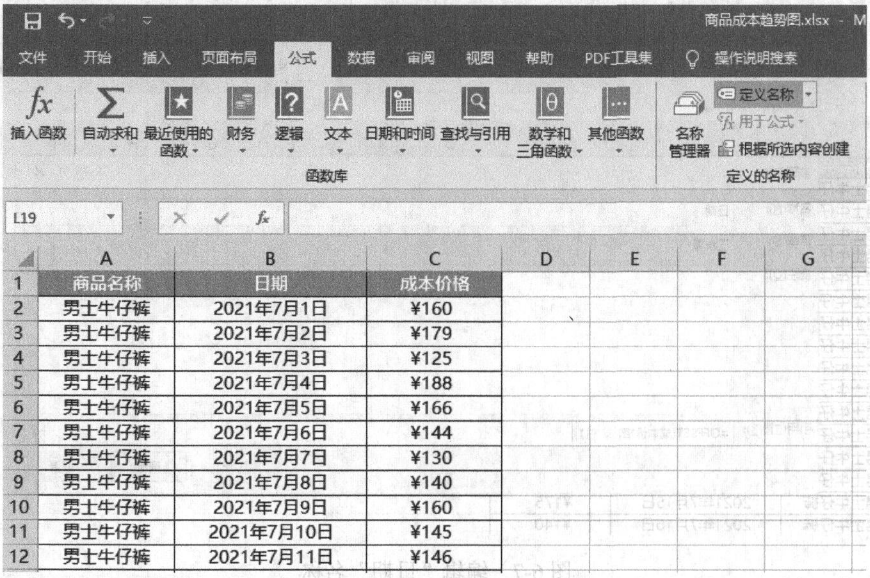

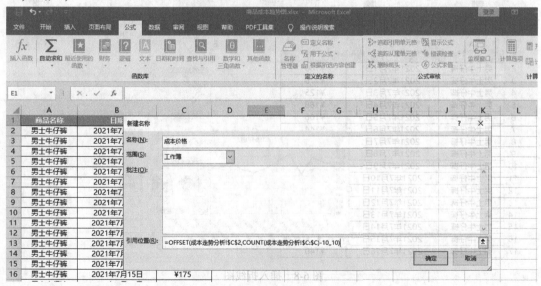

图 6-5　定义名称

Step2：弹出"新建名称"对话框，在"名称"文本框中输入"成本价格"，在"引用位置"文本框中输入公式"=OFFSET(成本走势分析!$C$2,COUNT(成本走势分析!$C:$C)-10,,10)"，然后单击"确定"按钮，如图 6-6 所示。

图 6-6　编辑"成本价格"名称

Step3：再次扛开"新建名称"对话框，在"名称"文本框中输入"日期"，在"引用位置"文本框中输入"=OFFSET(成本价格,,-1)"，然后单击"确定"按钮，如图 6-7 所示。

Step4：选择 B2:C15 单元格区域，选择"插入"选项卡，在"图表"组中单击"折线图"下拉按钮，在下拉列表中选择"折线图"选项，如图 6-8 所示。

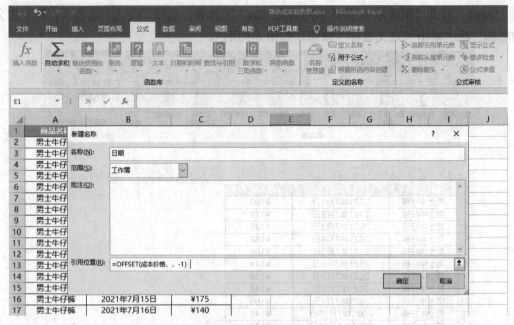

图 6-7　编辑"日期"名称

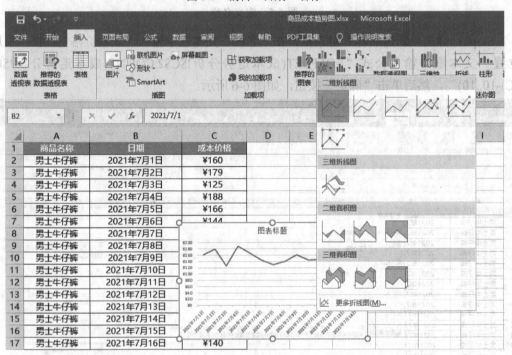

图 6-8　插入折线图

Step5：将图表移到合适位置，添加图表标题并美化图表，如图 6-9 所示。

Step6：右击图表，在弹出的快捷菜单中选择"选择数据"命令，如图 6-10 所示。

Step7：系统弹出"选择数据源"对话框，在"图例项（系列）"选项区中选中"系列1"复选框，然后单击"编辑"按钮，如图 6-11 所示。

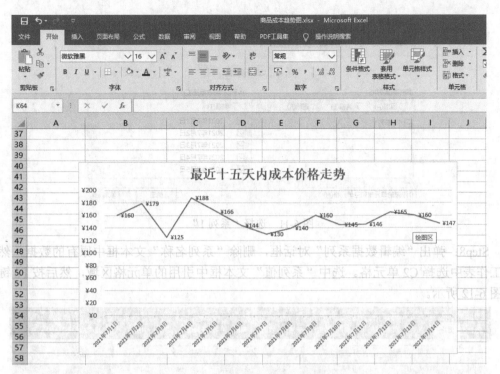

图 6-9　添加图表标题并美化图表

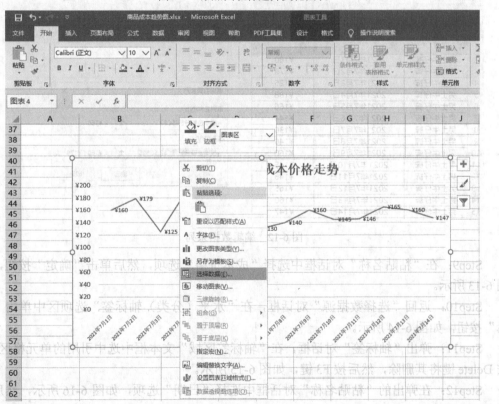

图 6-10　选择"选择数据"命令

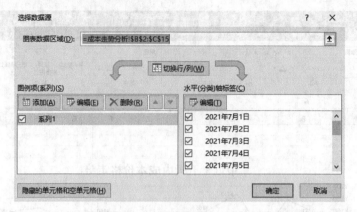

图 6-11　选择"系列 1"

Step8：弹出"编辑数据系列"对话框，删除"系列名称"文本框中原有的数据，然后在工作表中选择 C2 单元格。选中"系列值"文本框中引用的单元格区域，然后按 F3 键，如图 6-12 所示。

图 6-12　编辑数据系列

Step9：在"粘贴名称"对话框中选择"成本价格"选项，然后单击"确定"按钮，如图 6-13 所示。

Step10：返回"选择数据源"对话框，在"水平（分类）轴标签"选项区中单击"编辑"按钮，如图 6-14 所示。

Step11：弹出"轴标签"对话框，在"轴标签区域"文本框中选中引用的单元格区域，按 Delete 键将其删除，然后按 F3 键，如图 6-15 所示。

Step12：在弹出的"粘贴名称"对话框中选择"日期"选项，如图 6-16 所示，然后单击"确定"按钮。

图 6-13　粘贴名称

图 6-14　编辑"水平（分类）轴标签"

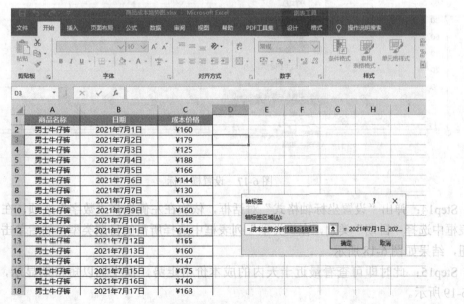

图 6-15　编辑"轴标签"

图 6-16　粘贴名称

Step13：在图表的横坐标轴上右击，在弹出的快捷菜单中选择"设置坐标轴格式"命令，如图 6-17 所示。

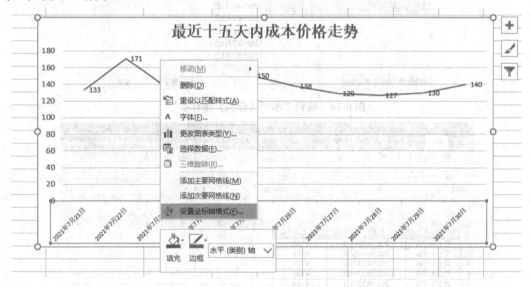

图 6-17　设置横坐标

Step14：弹出"设置坐标轴格式"对话框，依次在左侧选择"数字"选项，在"类别"列表框中选择"日期"类别，在"类型"列表框中选择所需的日期类型，然后单击"关闭"按钮，结果如图 6-18 所示。

Step15：此时即可查看最近十天内的成本价格走势，横坐标以短日期显示，效果如图 6-19 所示。

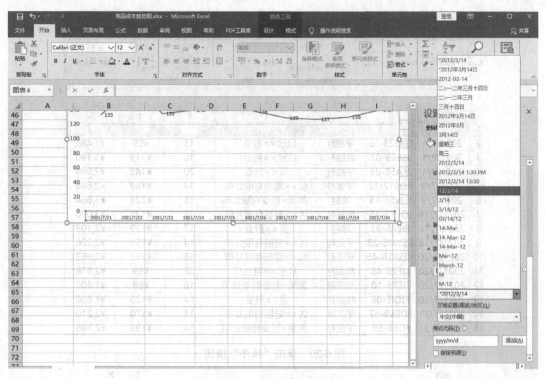

图 6-18　设置坐标轴格式

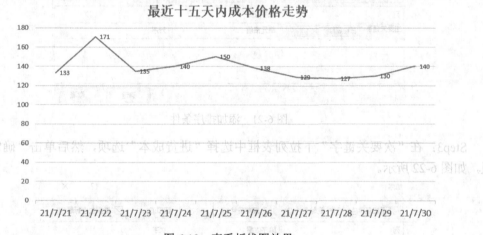

图 6-19　查看折线图效果

2. 商品采购金额统计

在采购商品时，卖家一般会按照几个大类进行采购，同类商品可能包括不同的类型，用分类汇总的方式可以对同类商品的采购金额进行统计，具体操作步骤如下所示。

Step1：打开"第 6 章\货物采购明细.xlsx"工作表，选择任一数据单元格，选择"数据"选项卡，在"排序和筛选"组中单击"排序"按钮，如图 6-20 所示。

Step2：在弹出的"排序"对话框中设置"主要关键字"为"货物名称"，然后单击"添加条件"按钮，如图 6-21 所示。

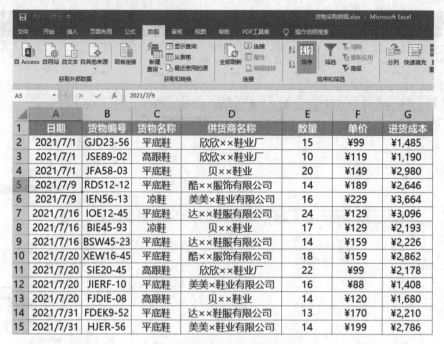

图 6-20　单击"排序"按钮

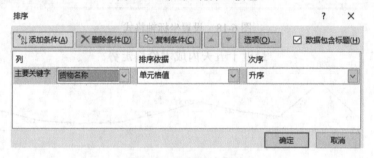

图 6-21　添加排序条件

Step3：在"次要关键字"下拉列表框中选择"进货成本"选项，然后单击"确定"按
钮，如图 6-22 所示。

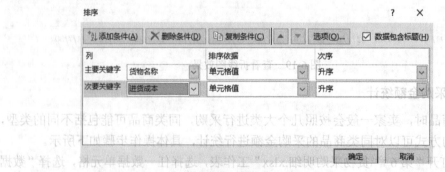

图 6-22　设置次要关键字

Step4：此时即可查看排序结果。然后选择"数据"选项卡，在"分级显示"组中单击
"分类汇总"按钮，如图 6-23 所示。

Step5：弹出"分类汇总"对话框，在"分类字段"下拉列表框中选择"货物名称"选

项，然后在"选定汇总项"列表框中选中"进货成本"复选框，单击"确定"按钮，如图 6-24
所示。

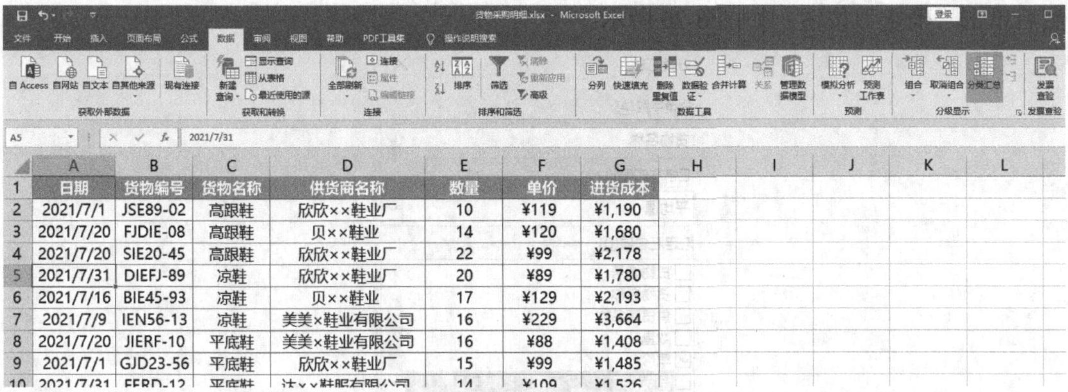

图 6-23 单击"分类汇总"按钮

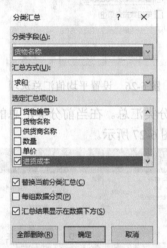

图 6-24 设置分类汇总选项

Step6：此时即可创建分类汇总，按"货物名称"对"进货成本"进行求和汇总，再次
单击"分类汇总"按钮，如图 6-25 所示。

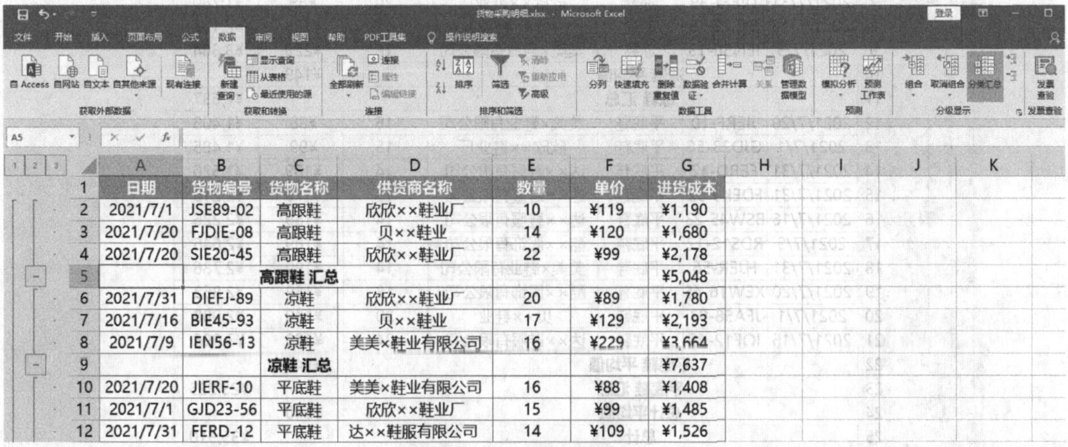

	日期	货物编号	货物名称	供货商名称	数量	单价	进货成本
2	2021/7/1	JSE89-02	高跟鞋	欣欣××鞋业厂	10	¥119	¥1,190
3	2021/7/20	FJDIE-08	高跟鞋	贝××鞋业	14	¥120	¥1,680
4	2021/7/20	SIE20-45	高跟鞋	欣欣××鞋业厂	22	¥99	¥2,178
5			高跟鞋 汇总				¥5,048
6	2021/7/31	DIEFJ-89	凉鞋	欣欣××鞋业厂	20	¥89	¥1,780
7	2021/7/16	BIE45-93	凉鞋	贝××鞋业	17	¥129	¥2,193
8	2021/7/9	IEN56-13	凉鞋	美美×鞋业有限公司	16	¥229	¥3,664
9			凉鞋 汇总				¥7,637
10	2021/7/20	JIERF-10	平底鞋	美美×鞋业有限公司	16	¥88	¥1,408
11	2021/7/1	GJD23-56	平底鞋	欣欣××鞋业厂	15	¥99	¥1,485
12	2021/7/31	FERD-12	平底鞋	达××鞋服有限公司	14	¥109	¥1,526

图 6-25 创建分类汇总

Step7：弹出"分类汇总"对话框，在"汇总方式"下拉列表框中选择"平均值"选项，在"选定汇总项"列表框中选中"单价"复选框，取消选中"替换当前分类汇总"复选框，然后单击"确定"按钮，如图 6-26 所示。

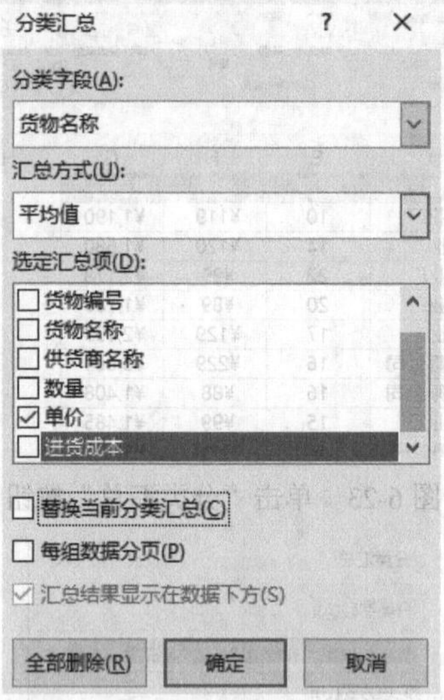

图 6-26 设置平均值汇总选项

Step8：此时即可创建嵌套分类汇总。在当前分类汇总的基础上按"货物名称"对"单价"进行平均值汇总，结果如图 6-27 所示。

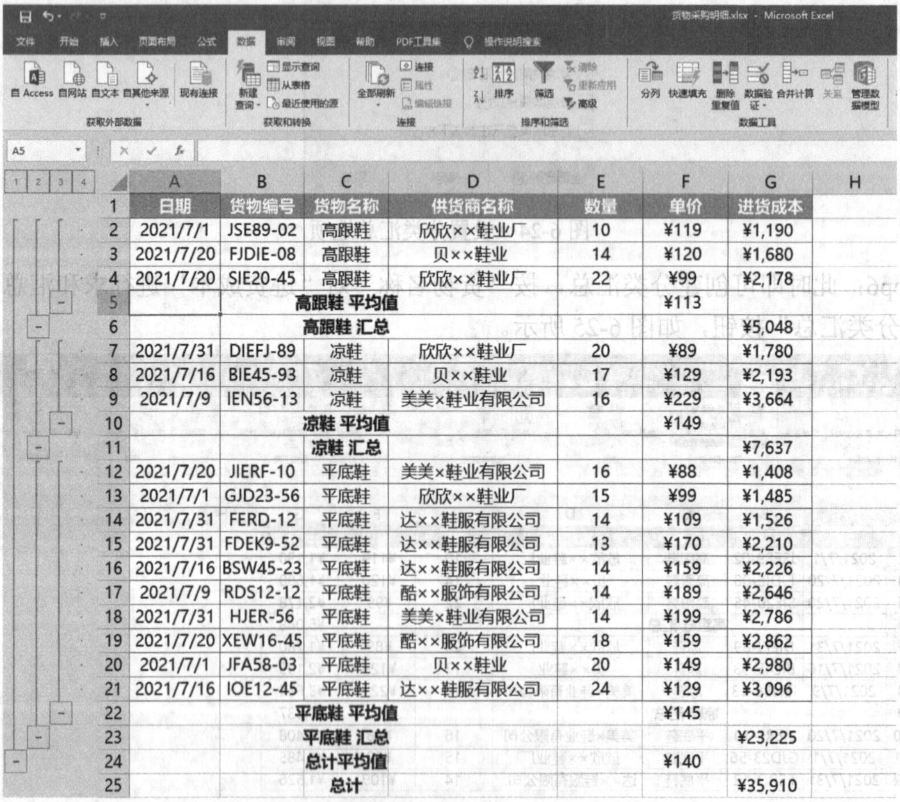

	日期	货物编号	货物名称	供货商名称	数量	单价	进货成本
1	日期	货物编号	货物名称	供货商名称	数量	单价	进货成本
2	2021/7/1	JSE89-02	高跟鞋	欣欣××鞋业厂	10	¥119	¥1,190
3	2021/7/20	FJDIE-08	高跟鞋	贝××鞋业	14	¥120	¥1,680
4	2021/7/20	SIE20-45	高跟鞋	欣欣××鞋业厂	22	¥99	¥2,178
5			高跟鞋 平均值			¥113	
6			高跟鞋 汇总				¥5,048
7	2021/7/31	DIEFJ-89	凉鞋	欣欣××鞋业厂	20	¥89	¥1,780
8	2021/7/16	BIE45-93	凉鞋	贝××鞋业	17	¥129	¥2,193
9	2021/7/9	IEN56-13	凉鞋	美美×鞋业有限公司	16	¥229	¥3,664
10			凉鞋 平均值			¥149	
11			凉鞋 汇总				¥7,637
12	2021/7/20	JIERF-10	平底鞋	美美×鞋业有限公司	16	¥88	¥1,408
13	2021/7/1	GJD23-56	平底鞋	欣欣××鞋业厂	15	¥99	¥1,485
14	2021/7/31	FERD-12	平底鞋	达××鞋服有限公司	14	¥109	¥1,526
15	2021/7/31	FDEK9-52	平底鞋	达××鞋服有限公司	13	¥170	¥2,210
16	2021/7/16	BSW45-23	平底鞋	达××鞋服有限公司	14	¥159	¥2,226
17	2021/7/9	RDS12-12	平底鞋	酷××服饰有限公司	14	¥189	¥2,646
18	2021/7/31	HJER-56	平底鞋	美美×鞋业有限公司	14	¥199	¥2,786
19	2021/7/20	XEW16-45	平底鞋	酷××服饰有限公司	18	¥159	¥2,862
20	2021/7/1	JFA58-03	平底鞋	贝××鞋业	20	¥149	¥2,980
21	2021/7/16	IOE12-45	平底鞋	达××鞋业有限公司	24	¥129	¥3,096
22			平底鞋 平均值			¥145	
23			平底鞋 汇总				¥23,225
24			总计平均值			¥140	
25			总计				¥35,910

图 6-27 查看汇总结果

3. 不同商品采购金额占比分析

卖家还可以根据不同商品的销售情况及时调整各类商品的占比，优化店铺的商品结构，以获得更多利润。下面将详细介绍如何分析不同商品的采购金额占比，具体操作步骤如下。

Step1：打开"第6章\货物采购明细1.xlsx"工作表，选择B20单元格，选择"公式"选项卡，在"函数库"组中单击"数学和三角函数"下拉按钮，在下拉列表中选择"SUMIFS"选项，如图6-28所示。

图6-28　插入SUMIFS函数

Step2：弹出"函数参数"对话框，在Sum_range中选择"G2:G17"，在Criteria_range1中选择"C2:C17"，在Criteria1中选择"A20"，设置好函数的各项参数，然后单击"确定"按钮，如图6-29所示。

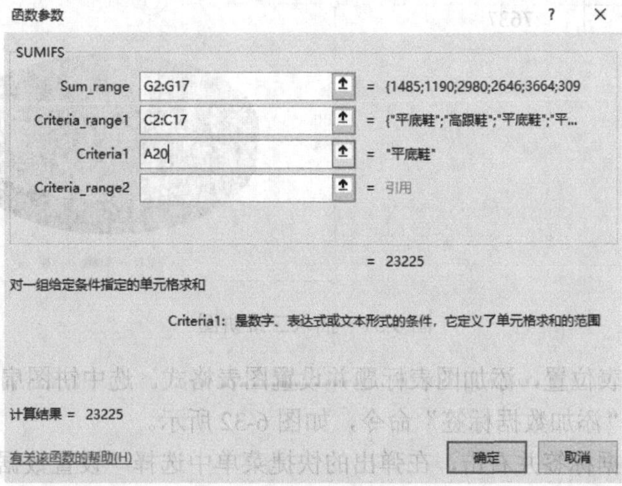

图6-29　设置函数参数

Step3：此时，即可对"板鞋"成本进行求和。选择 B20 单元格，在编辑栏中复制函数公式"=SUMIFS(G2:G17,C2:C17,A20)"，然后选择 B21 单元格，在编辑栏中粘贴函数公式，并将函数公式更改为"=SUMIFS(G2:G17,C2:C17,A21)"，按 Enter 键确认，对"高跟鞋"成本进行求和，如图 6-30 所示。

图 6-30　复制函数公式

Step4：采用同样的方法，对"休闲鞋"成本进行求和。选择 A20:B22 单元格区域，选择"插入"选项卡，在"图表"组中单击"饼图"下拉按钮，在下拉列表中选择"三维饼图"选项，如图 6-31 所示。

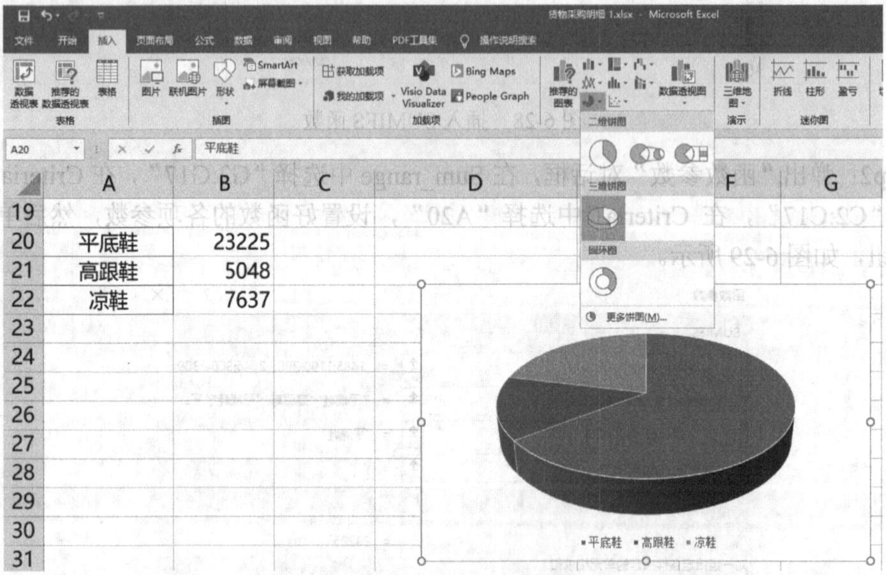

图 6-31　插入三维饼图

Step5：移动图表位置，添加图表标题并设置图表格式。选中饼图扇区并右击，在弹出的快捷菜单中选择"添加数据标签"命令，如图 6-32 所示。

Step6：选中数据标签并右击，在弹出的快捷菜单中选择"设置数据标签格式"命令，如图 6-33 所示。

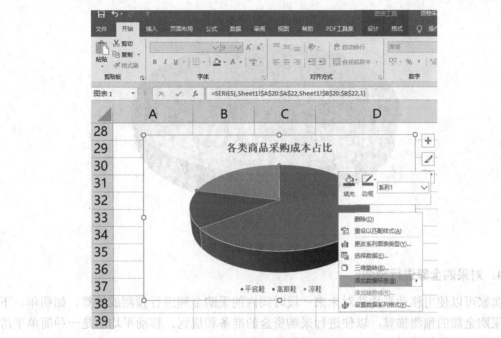

图 6-32　添加数据标签

Step7：弹出"设置数据标签格式"窗格，选中"百分比"复选框，在"分隔符"下拉列表框中选择"（新文本行）"选项，如图 6-34 所示。

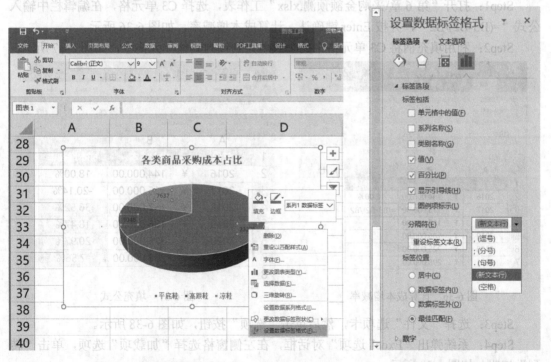

图 6-33　设置数据标签格式　　　　　　　图 6-34　设置标签选项

Step8：设置数据标签字体格式，即可完成图表制作，效果如图 6-35 所示。此时，卖家即可对不同商品的采购金额占比进行分析。

各类商品采购成本占比

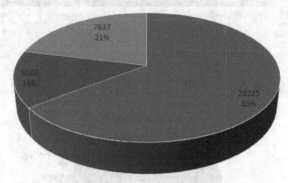

图 6-35　查看图表效果

4．对采购金额进行预测

卖家可以使用移动平均法对未来一段时间内的采购金额进行预测或推算，如明年、下个月采购金额的预测推算，以便进行采购资金的准备和规划。移动平均法是一种简单平滑预测技术，它是根据时间序列资料逐项推移，依次计算包含一定项数的序时平均值，以反映长期趋势的方法。

下面将详细介绍如何使用移动平均法对采购金额进行预测，具体操作步骤如下所示。

Step1：打开"第 6 章\采购金额预测.xlsx"工作表，选择 C3 单元格，在编辑栏中输入公式"=(B3-B2)/B2"，并按 Enter 键确认，计算成本增减率，如图 6-36 所示。

Step2：利用填充柄将 C3 单元格中的公式填充到该列其他单元格中，如图 6-37 所示。

图 6-36　计算成本增减率

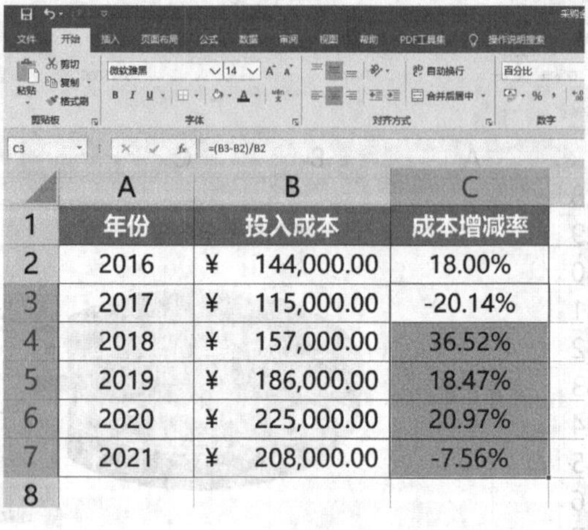

图 6-37　填充公式

Step3：选择"文件"选项卡，然后单击"选项"按钮，如图 6-38 所示。

Step4：系统弹出"Excel 选项"对话框，在左侧窗格选择"加载项"选项，单击"转到"按钮，如图 6-39 所示。

Step5：系统弹出"加载项"对话框，选中"分析工具库"复选框，然后单击"确定"按钮，如图 6-40 所示。

图 6-38 打开 Excel 选项

图 6-39 管理 Excel 加载项

图 6-40　选择加载项

Step6：选择"数据"选项卡，在"分析"组中单击"数据分析"按钮，如图 6-41 所示。

	A	B	C
1	年份	投入成本	成本增减率
2	2016	¥ 144,000.00	18.00%
3	2017	¥ 115,000.00	-20.14%
4	2018	¥ 157,000.00	36.52%
5	2019	¥ 186,000.00	18.47%
6	2020	¥ 225,000.00	20.97%

图 6-41　单击"数据分析"按钮

Step7：系统弹出"数据分析"对话框，选择"移动平均"选项，然后单击"确定"按钮，如图 6-42 所示。

Step8：弹出"移动平均"对话框，分别设置"输入区域"和"输出区域"参数，选中"图表输出"复选框，然后单击"确定"按钮，如图 6-43 所示。

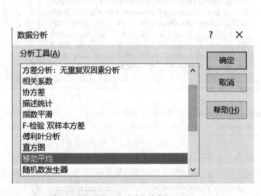

图 6-42　选择分析工具

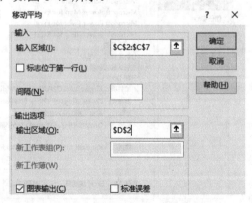

图 6-43　设置"移动平均"参数

Step9：此时即可查看生成的图表，添加数据标签并设置格式。从图表中可以查看商品未来采购金额的平均走势及相应数据，如图 6-44 所示。

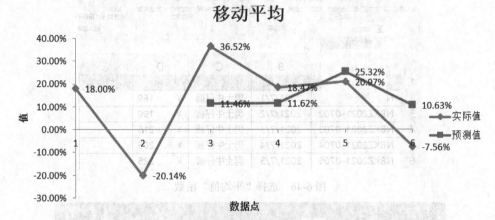

图 6-44 设置图表格式

Step10：选择 C11 单元格，在编辑栏中输入公式"=B7*D7"并按 Enter 键确认，计算出预测结果，如图 6-45 所示。

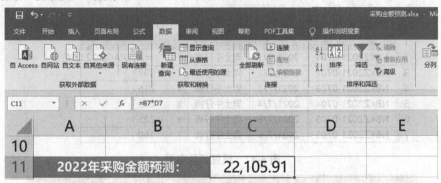

图 6-45 计算预测数据

6.2.3 商品采购时间与报价分析

1. 商品采购时间分析

商品的采购价格不是固定的，会受到很多因素的影响上下波动，因此卖家要把握好采购的时机，争取最大限度地降低采购成本，提升店铺的销售利润。下面将详细介绍如何进行商品采购时间分析，具体操作步骤如下所示。

Step1：打开"第 6 章\商品采购价格明细.xlsx"工作表，选择 E2 单元格，选择"公式"选项卡，单击"自动求和"下拉按钮，在下拉列表中选择"平均值"选项，如图 6-46 所示。

Step2：在编辑栏中将 AVERAGE 函数的参数设置为 D2:D16，如图 6-47 所示。

Step3：在编辑栏中将 AVERAGE 函教参数设置为 D2:D16，按 F4 键将其转换为绝对引用，并按 Enter 键确认，如图 6-48 所示。

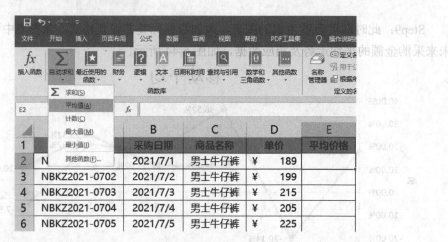

图 6-46 选择"平均值"函数

图 6-47 设置函数参数

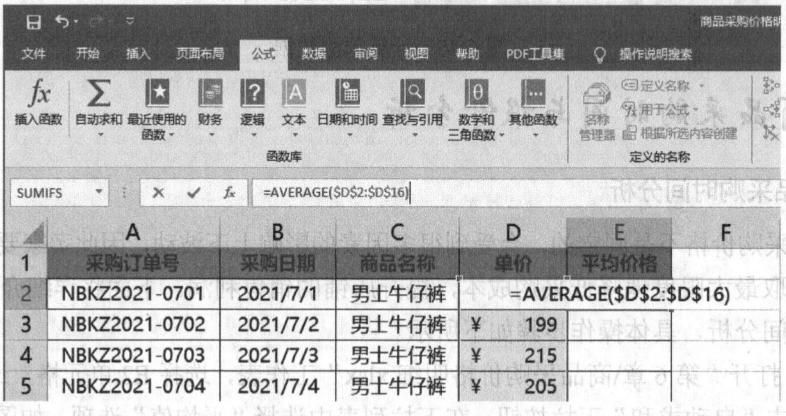

图 6-48 计算平均值

Step4：将鼠标指针置于 E2 单元格右下角，双击填充柄，系统会自动将公式填充到该列其他单元格中，结果如图 6-49 所示。

Step5：按住 Ctrl 键的同时选择 B1:B16、D1:D16 和 E1:E16 单元格区域，选择"插入"选项卡，在"图表"组中单击"插入折线图"下拉按钮，在下拉列表中选择"带数据标记的折线图"选项,如图 6-50 所示。

图 6-49 填充数据

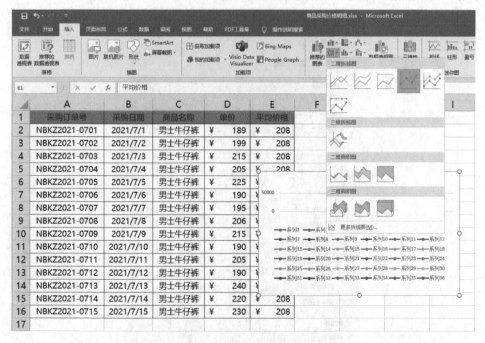

图 6-50 插入折线图

Step6:将图表移到合适的位置,添加图表标题并设置格式。在纵坐标轴上右击,在弹出的快捷菜单中选择"设置坐标轴格式"命令,如图 6-51 所示。

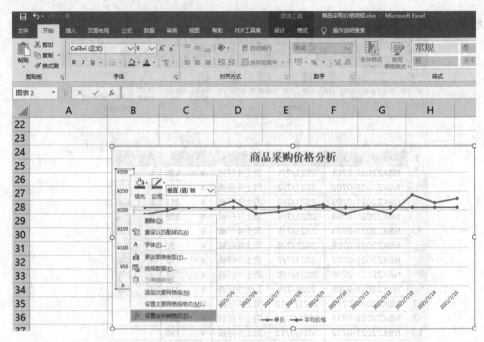

图 6-51　设置纵坐标轴

Step7：弹出"设置坐标轴格式"对话框，在"边界"选项区将"最小值"设置为"150.0"；将"最大值"设置为"250.0"；在"单位"选项区设置"小"为"4.0"，"大"为"20.0"，然后单击"×"按钮，如图 6-52 所示。

图 6-52　设置纵坐标选项

Step8：此时即可查看设置后的纵坐标轴效果。选中"平均价格"数据系列并右击，在弹出的快捷菜单中选择"更改系列图表类型"命令，如图 6-53 所示。

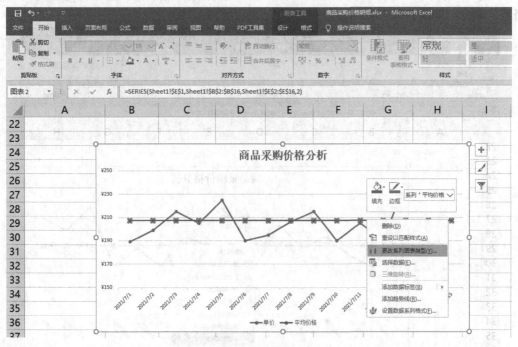

图 6-53　更改数据系列图表类型

Step9：弹出"更改图表类型"对话框，选择"折线图"选项然后单击"确定"按钮，如图 6-54 所示。

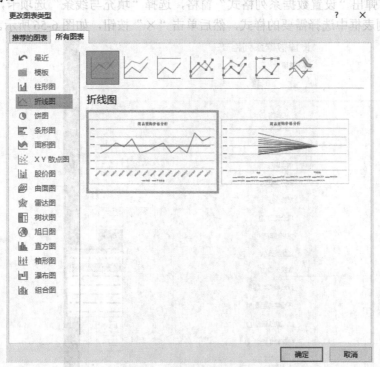

图 6-54　选择折线图类型

Step10：在"平均价格"数据系列上右击，在弹出的快捷菜单中选择"设置数据系列格式"命令，如图 6-55 所示。

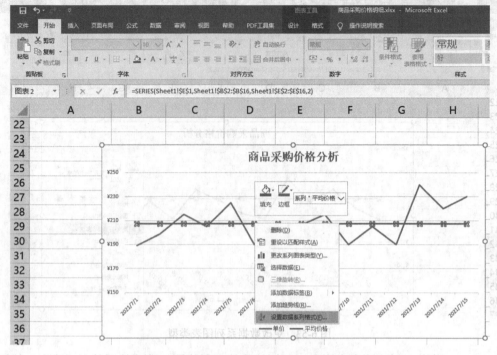

图 6-55　设置"平均价格"数据系列格式

Step11：弹出"设置数据系列格式"窗格，选择"填充与线条"选项卡，在"短划线类型"下拉列表框中选择需要的样式，然后单击"×"按钮，如图 6-56 所示。

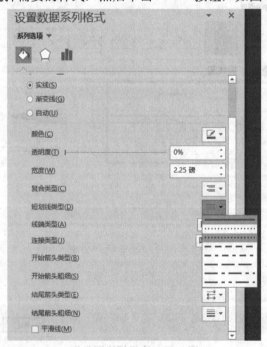

图 6-56　设置线型

Step12：删除网格线，调整图表宽度和图例位置，最终文件如图 6-57 所示。此时，商家即可对商品采购时间进行分析。

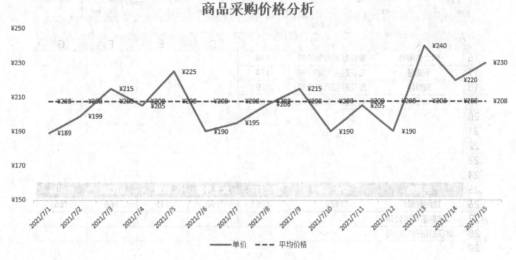

图 6-57　完成图表制作

2．不同供货商商品报价分析

卖家通过对多家供应商的商品报价进行比较，可以选择更有优势的供应商进行合作，从而降低商品采购成本。下面将详细介绍如何分析不同供货商的商品报价，具体操作步骤如下所示。

Step1：打开“第 6 章\供货商商品报价.xlsx”工作表，选择 C2:C7 单元格区域，按 Ctrl+C 组合键进行复制，如图 6-58 所示。

	A	B	C	D
1	商品名称	供货商	商品报价	
2	男士牛仔裤	建国鞋服厂	173	
3	男士短裤	建国鞋服厂	126	
4	男士休闲裤	建国鞋服厂	168	
5	平底鞋	建国鞋服厂	115	
6	高跟鞋	建国鞋服厂	168	
7	凉鞋	建国鞋服厂	185	

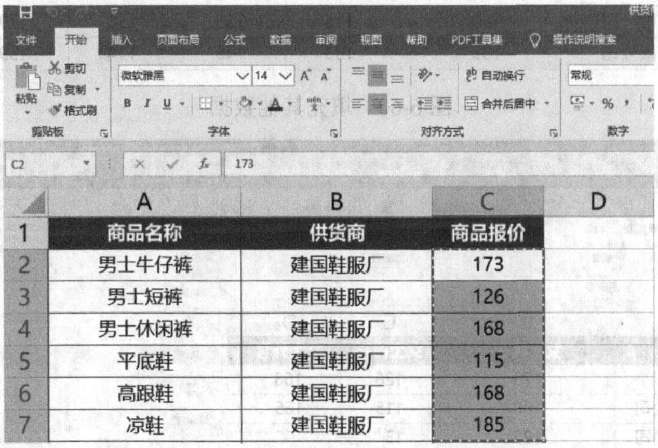

图 6-58　复制数据

Step2：选择 B26 单元格，单击“粘贴”下拉按钮，在下拉列表中选择“转置”选项，如图 6-59 所示。

Step3：采用同样的方法，粘贴“欣欣鞋服有限公司”和“雪花鞋服有限公司”供货商所对应的商品报价数据，如图 6-60 所示。

Step4：选择 A25:G28 单元格区域，选择“插入”选项卡，在“图表”组中单击“折线图”下拉按钮，在下拉列表中选择“折线图”选项，如图 6-61 所示。

图 6-59 转置粘贴

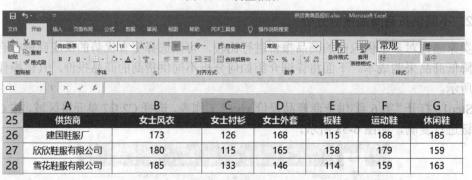

图 6-60 填充其他数据

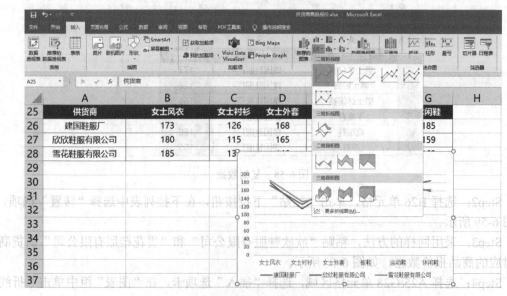

图 6-61 插入折线图

Step5：在图表中选中纵坐标轴并右击，在弹出的快捷菜单中选择"设置坐标轴格式"命令，如图 6-62 所示。

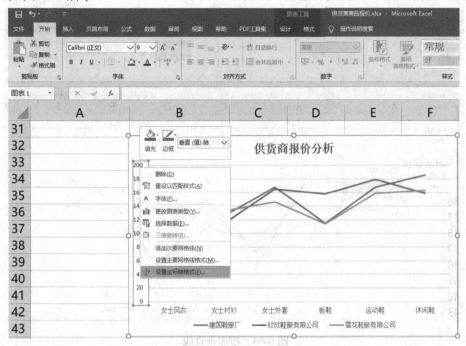

图 6-62　设置纵坐标格式

Step6：系统弹出"设置坐标轴格式"窗格，在"边界"选项区将"最小值"设置为"100.0"；将"最大值"设置为"200.0"；在"单位"选项区中设置"大"为"20.0"，"小"为"4.0"，然后单击"×"按钮，如图 6-63 所示。

图 6-63　设置纵坐标选项

Step7：选择图表，选择"设计"选项卡，单击"添加图表元素"下拉按钮，在下拉列表中选择"线条"→"垂直线"选项，如图 6-64 所示。

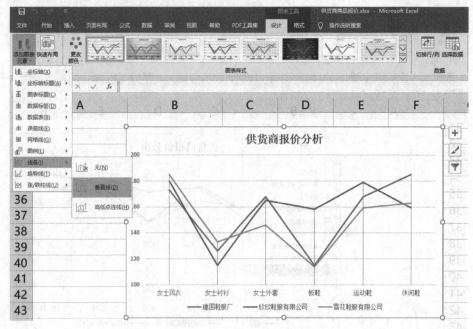

图 6-64　添加垂直线

Step8：在垂直线上右击，在弹出的快捷菜单中选择"设置垂直线格式"命令，如图 6-65 所示。

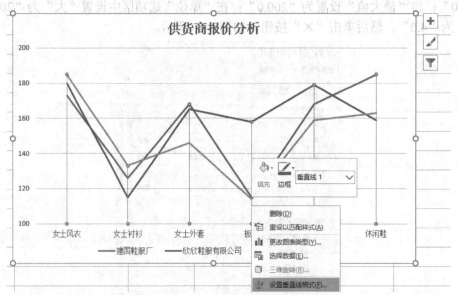

图 6-65　设置垂直线格式

Step9：系统弹出"设置垂直线格式"窗格，在"颜色"下拉列表中选择需要的线条颜色，如图 6-66 所示。

Step10：选择"填充与线条"选项卡，在"短划线类型"下拉列表框中选择需要的线条类型，如图 6-67 所示。

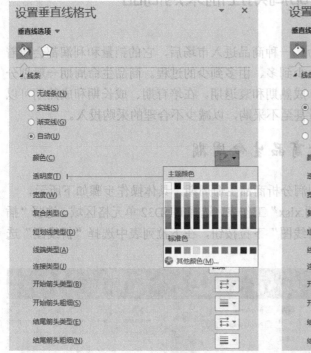

图 6-66　设置垂直线颜色

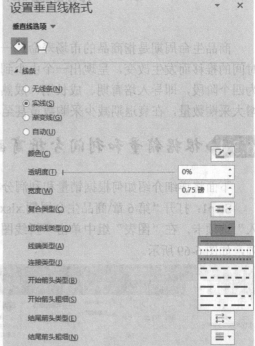

图 6-67　设置垂直线线条类型

Step11：插入图表标题和数据标签，并设置标题、数据标签、坐标轴和图例字体等格式，将图例移至图表下方即可完成图表制作。最终文件如图 6-68 所示。此时，商家可以对不同供货商的商品报价进行分析。

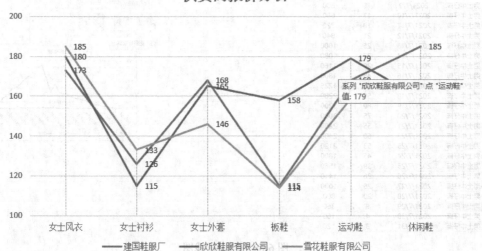

图 6-68　美化图表

Step10：选择"某充马德系"选项卡，在"×纹线类型"下拉列表中选择需要的折线类型，如图 6-67所示。

6.3 根据生命周期控制采购商品

商品生命周期是指商品的市场寿命。一种商品进入市场后，它的销量和利润都会随着时间的推移而发生改变，呈现出一个由少到多、由多到少的过程。商品生命周期一般划分为四个阶段，即导入培育期、成长期、成熟期和衰退期。在培育期、成长期和成熟期可以增大采购数量，在衰退期减少采购数量甚至不采购，以减少不合理的采购投入。

6.3.1 根据销量和利润分析商品生命周期

下面将详细介绍如何根据销量和利润分析商品生命周期，具体操作步骤如下所示。

Step1：打开"第 6 章\商品生命周期.xlsx"工作表，选择 B1:D32 单元格区域，选择"插入"选项卡，在"图表"组中单击"折线图"下拉按钮，在下拉列表中选择"折线图"选项，如图 6-69 所示。

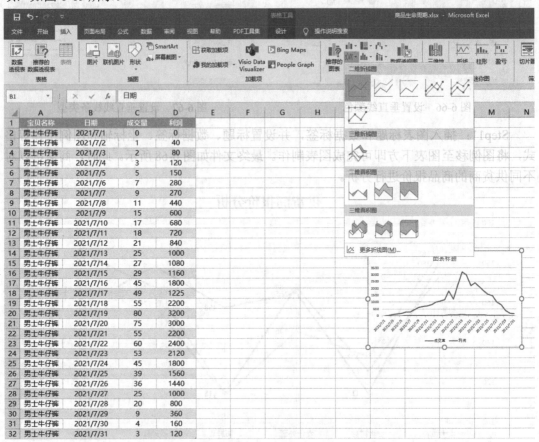

图 6-69　插入折线图

Step2：选中图表，选择"设计"选项卡，单击"添加图表元素"下拉按钮，在下拉列表中选择"图例"→"底部"选项，如图 6-70 所示。

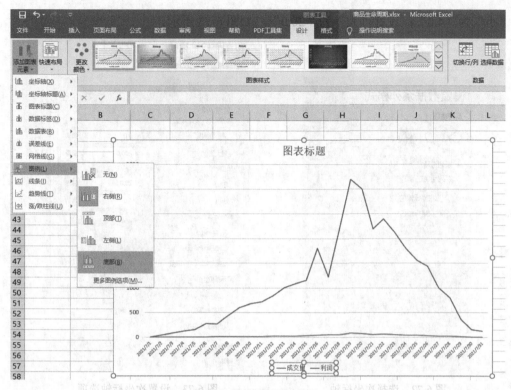

图 6-70 设置图例位置

Step3：选中"成交量"数据系列并右击，在弹出的快捷菜单中选择"设置数据系列格式"命令，如图 6-71 所示。

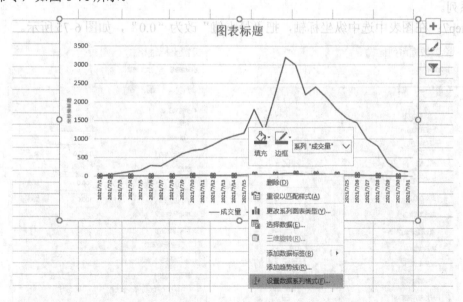

图 6-71 设置图例位置

Step4：弹出"设置数据系列格式"窗格，选中"次坐标轴"单选按钮，如图 6-72 所示。

Step5：保持"设置坐标轴格式"窗格为打开状态，在图表中选中次坐标轴，在"边界"选项区将"最小值"设置为"0.0"；将"最大值"设置为"200.0"；在"单位"选项区设置"小"为"4.0"；设置"大"为"20.0"，如图 6-73 所示。

图 6-72　选择次坐标轴

图 6-73　设置次坐标轴选项

Step6：在图表中选中"成交量"数据系列，在"设置数据系列格式"窗格中选择"填充与线条"选项，选中"平滑线"复选框，如图 6-74 所示。采用同样的方法，设置"利润"数据系列。

Step7：在图表中选中纵坐标轴，把"最小值"改为"0.0"，如图 6-75 所示。

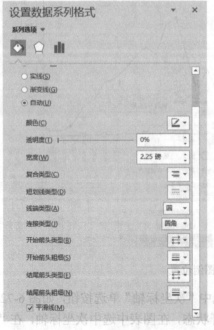

图 6-74　设置线型

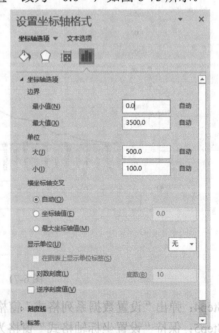

图 6-75　设置纵坐标轴选项

Step8：选择"插入"选项卡，单击"插图"组中的"形状"下拉按钮，在下拉列表中选择"直线"形状，如图 6-76 所示。

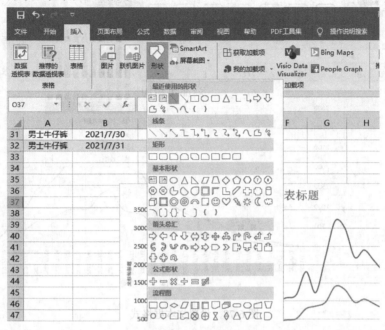

图 6-76　插入直线形状

Step9：在"利润"数据系列与横坐标之间绘制直线，在合适的位置将"利润"数据系列分为四个阶段。单击"插入"选项卡"文本"组中的"文本框"下拉按钮，在下拉列表中选择"绘制横排文本框"选项，如图 6-77 所示。

图 6-77　插入文本框

Step10：在文本框中输入文本"导入期"，设置字体格式，并将其移到合适的位置。选中文本框，选择"格式"选项卡，在"形状样式"组中单击"形状填充"下拉按钮，在下拉列表中选择"无填充"选项，如图 6-78 所示。

Step11：采用同样的方法，插入其他阶段的文本框，在图表中删除网格线，即可完成图表制作，最终文件如图 6-79 所示。此时，卖家即可根据成交量分析商品生命周期。

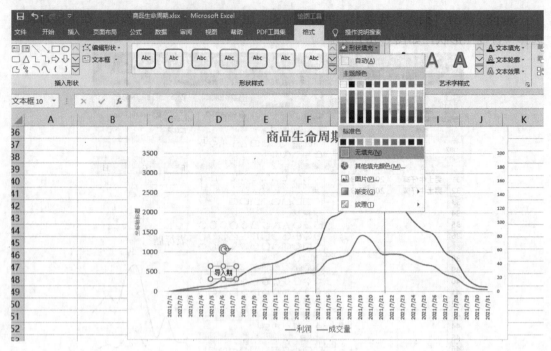

图 6-78　设置文本框格式

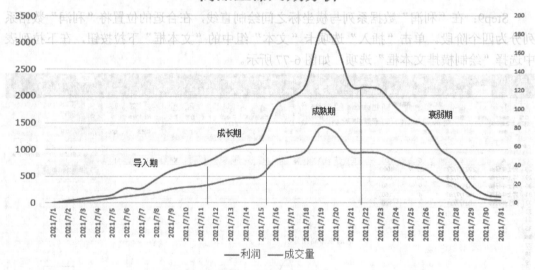

图 6-79　完成图表制作

6.3.2　根据阿里指数分析商品生命周期

　　阿里搜索指数是衡量一款特定商品被访客搜索热度的一个指标，它能反映这个商品的竞争程度和受欢迎情况。从行业的搜索量出发进行数据分析，其实就是分析消费者对商品关心或关注程度的走势。下面将详细介绍如何根据搜索指数分析商品生命周期，具体操作步骤如下所示。

Step1：打开"第 6 章\商品搜索指数.xlsx"工作表，选择 B1:C63 单元格区域，选择"插入"选项卡，在"图表"组中单击"折线图"下拉按钮，在下拉列表中选择"折线图"选项，如图 6-80 所示。

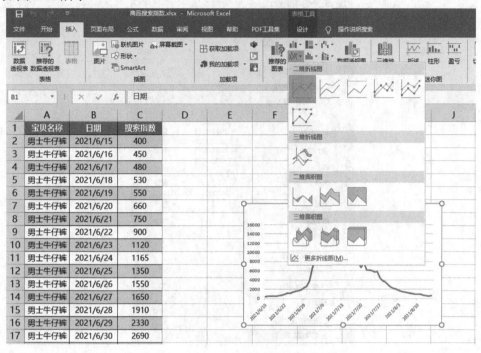

图 6-80　插入折线图

Step2：添加图表标题，选中横坐标轴并右击，在弹出的快捷菜单中选择"设置坐标轴格式"命令，如图 6-81 所示。

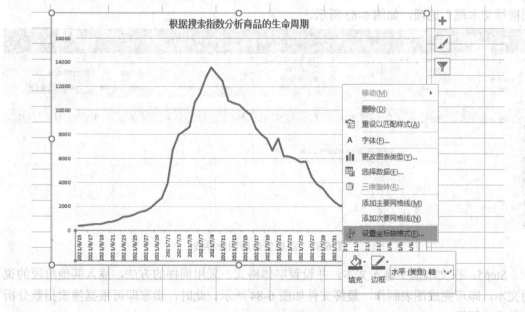

图 6-81　设置横坐标轴格式

Step3：弹出"设置坐标轴格式"窗格，在"单位"选项区将"大"设置为 15 天，然后单击"×"按钮，如图 6-82 所示。

图 6-82 设置坐标轴格式选项

Step4：此时图表横坐标轴会以 15 天为间隔时间，在合适的位置添加生命周期分界线。选择"插入"选项卡，在"文本"组中单击"文本框"下拉按钮，在下拉列表中选择"绘制横排文本框"选项，如图 6-83 所示。

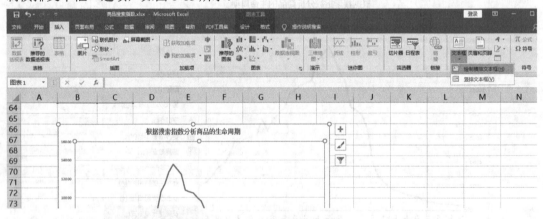

图 6-83 添加生命周期分界线

Step5：在文本框中输入文本，并设置字体格式。采用同样的方法，插入其他阶段的说明文本，即可完成图表制作，最终文件如图 6-84 所示。此时，卖家即可根据搜索指数分析商品生命周期。

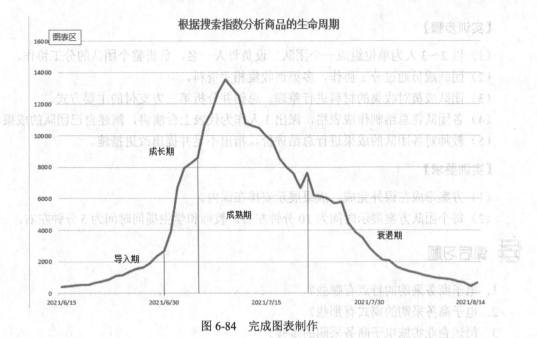

图 6-84　完成图表制作

拓展实训

【实训目标】

通过实训，使学生初步了解商品报价分析。

【实训内容】

图 6-85 所示为"不同商家商品报价.xlsx"工作表。根据多家供应商的商品报价，运用 Excel 进行报价分析，从而选出最有优势的供应商。

商品名称	供货商	商品报价
男士牛仔裤	建国鞋服厂	183
男士短裤	建国鞋服厂	136
男士休闲裤	建国鞋服厂	178
平底鞋	建国鞋服厂	125
高跟鞋	建国鞋服厂	178
凉鞋	建国鞋服厂	195
男士牛仔裤	欣欣鞋服有限公司	190
男士短裤	欣欣鞋服有限公司	125
男士休闲裤	欣欣鞋服有限公司	175
平底鞋	欣欣鞋服有限公司	168
高跟鞋	欣欣鞋服有限公司	189
凉鞋	欣欣鞋服有限公司	169
男士牛仔裤	雪花鞋服有限公司	195
男士短裤	雪花鞋服有限公司	143
男士休闲裤	雪花鞋服有限公司	156
平底鞋	雪花鞋服有限公司	124
高跟鞋	雪花鞋服有限公司	169
凉鞋	雪花鞋服有限公司	173

供货商	女士风衣	女士衬衫	女士外套	板鞋	运动鞋	休闲鞋
建国鞋服厂						
欣欣鞋服有限公司						
雪花鞋服有限公司						

图 6-85　不同商家商品报价

【实训步骤】

（1）以 2~3 人为单位组成一个团队，设负责人一名，负责整个团队的分工协作。

（2）团队成员通过分工协作，多渠道收集相关资料。

（3）团队成员对收集的材料进行整理，总结并分析第三方支付的主要方式。

（4）各团队将总结制作成表格，派出 1 人作为代表上台演讲，阐述自己团队的成果。

（5）教师对各团队的成果进行总结评价，指出不足并提出改进措施。

【实训要求】

（1）方案形成在课外完成，成果展示安排在课内。

（2）每个团队方案展示时间为 10 分钟左右，教师和学生提问时间为 5 分钟左右。

课后习题

1．电子商务采购的特点有哪些？

2．电子商务采购的模式有那些？

3．简述企业实施电子商务采购的步骤。

4．采购成本控制的方法有哪些？

5．商品生命周期一般划分为哪几个阶段？

第 7 章

销售数据分析

莉莉为什么高兴

莉莉最近比较高兴，因为她经营的店铺中有几款商品卖得不错，大大出乎她的预料。朋友们听说后一方面为她叫好，另一方面也提醒她要密切留意这些商品的销售与库存情况，避免断货。

莉莉表示自己每天都在关注，以便及时补货。不仅如此，她还尝试对商品的销售趋势、SKU 销售数据等进行分析，试图找出潜在的规律，以便提前完成备货与补货工作，为后续销售提供稳定且充足的货源。

朋友们都觉得莉莉的运营能力在短时间内有了很大提高，已经能够主动使用销售数据来分析问题，说明她已逐渐成为一名优秀的电子商务运营者。

学习目标

1. 了解商品销售的特点。
2. 掌握 SKU 数据分析方法。
3. 掌握同类商品和不同类商品销量数据分析。
4. 理解客单数据分析。

重难点分析

1. 能够熟练掌握同类商品和不同类商品的销量数据分析方法。
2. 能够学会客单价数据分析的方法。

思政导学

销售数据是企业的动脉数据，想做好销售数据的采集、处理与分析，既缺少不了科学合理的分析方案，也不能忽略严谨的工作方法，这项工作对培养学生科学谨慎的工作态度有着不可或缺的作用。

7.1 销售数据概述

电子商务平台既为商品的销售提供了广阔的渠道，又为消费者提供了更为便利的交易方式和更加广泛的选择，这使得越来越多的商品和服务的交易呈现在互联网上。消费者在电子商务平台上进行消费时首先需要注册，如此商家便获取了客户的第一手资料，然后消费者在网站浏览网页、购买商品，最后对购买的商品进行评价，商家由此获取了与商品销售有关的反馈数据。因此，网站商品在销售过程中产生的一系列数据都与电子商务销售相关。

7.1.1 商品销售数据认知

1．销售数据的特点

1）可得性

网上购物因不受时空限制而受到广大用户的喜爱。基于互联网技术的有效支持，电子商务蓬勃发展，网络购物市场的交易规模日益扩大，电子商务平台已积累了海量的销售数据。

2）多样性

计算机信息技术的发展使电子商务平台收集和整理与销售有关的信息成为可能。越来越多的用户基本资料与行为信息、商品信息、事务数据和日志数据均被记录在数据库中。与传统门店商品的销售数据相比，电子商务平台产生的销售数据更为多样。

对于电子商务企业，通过销售数据进行分析并找到产品之间的关联是具有一定复杂性和难度的。

> 微课：销售数据的作用

2．销售数据的作用

1）对精准营销的支撑

精准营销不能缺少用户特征数据的支撑和对其所进行的详细准确的分析。对店铺销售数据进行挖掘与处理，可筛选出更具价值的数据，以达成更好的市场推广效果。

2）引导产品及营销活动更加符合用户需求

如果能在产品生产之前了解潜在用户的主要特征及他们对新产品的期待，那么企业的生产活动便可以按照用户的喜好来进行，店铺也可以采购到更加符合消费者需求的商品，从而使生产企业和销售企业都可以获得更大的收益。

3）监测竞争对手与品牌传播

通过对销售数据的分析，企业能够熟悉网络营销环境，把控品牌传播的有效性，监测行业及产品动向，了解竞争对手的信息，促进产品销售。

4）基于市场预测与决策分析发现新市场与新趋势

基于数据建模与数据分析，可挖掘出潜在的信息规律，从而预测市场未来走势；基于销售数据的分析与预测可为商家提供洞察新市场与把握经济规律的重要依据。

3．商品销售分析

销售计划完成情况分析的方法有以下几种：销售计划完成情况的一般分析、品类商品销售计划完成情况的具体分析、热销单品销售情况的具体分析等。下面以销售计划完成情况的一般分析为例。

某网店销售计划完成情况如表 7-1 所示。

表 7-1　2021 年 10 月销售计划完成情况

| 商品类别 | 10 月销售情况 | | | | 本年 9 月销售额/万元 | 去年 10 月销售额/万元 | 环比增长/% | 同比增长/% |
	计划/万元	实际/万元	完成计划	对总计划影响程度/%				
手机	6000	5590	93.2	−5.1	4900	5230	14.1	6.9
平板计算机	900	965	107.2	0.8	850	825	13.5	17.0
计算机	600	623	103.8	0.3	550	596	13.3	4.5
电视	350	305	87.1	−0.6	320	347	−4.7	−12.1
洗衣机	150	155	103.3	0.06	140	135	10.7	14.8
合计	8000	7638	95.5	−4.5	6760	7133	13.0	7.1

1）销售计划完成情况的一般分析

对销售总计划进行分析，即对销售计划完成情况进行一般分析。以 2021 年 10 月销售计划完成情况表为例，该网店 10 月销售计划为 8000 万元，实际为 7638 万，实际比计划少了 362 万元，只完成计划的 95.5%，这说明该网店未完成销售计划，要做进一步分析。

2）品类商品销售计划完成情况的具体分析

接下来分析品类销售情况。10 月手机销售计划为 6000 万元，实际为 5590 万元，实际比计划少 410 万元，占计划的 93.2%；电视销售计划为 350 万元，实际为 305 万元，占计划的 87.1%，均未完成销售计划。平板计算机、计算机和洗衣机的销售计划完成情况较好。

当然，在分析销售计划完成情况时，不仅要看到计划完成的数字，还要具体问题具体分析，计划超额了，不等于没有问题；没有完成计划，不等于没有成绩；等等。

7.1.2　SKU 销售数据分析

库存量单位（SKU）适用于统计商品库存量，可以简单地理解为每个商品的细分属性。例如，某商品有黑白两种颜色，有 S、M、L、XL 共 4 种尺码，则该商品的 SKU 数量为 8，分别为黑色 S 码、黑色 M 码、黑色 L 码、黑色 XL 码、白色 S 码、白色 M 码、白色 L 码和白色 XL 码。

在生意参谋单品分析——销售分析页面中，单击"SKU 销售详情"区域右侧的"下载"超链接，可以下载当前商品在指定日期的 SKU 销售数据以便分析。下面便以下载并整理到 Excel 中的 SKU 数据为例，介绍分析 SKU 销售数据的方法，具体操作步骤如下所示。

Step1：打开"第 7 章\商品 SKU 分析.xlsx"工作表，选择 A1:L6 单元格区域，在"开始"选项卡的"样式"组中单击"条件格式"下拉按钮，在弹出的下拉列表中选择"新建规则"选项，如图 7-1 所示。

Step2：打开"新建格式规则"对话框，选择"使用公式确定要设置格式的单元格"选项，在下方的文本框中输入"=A1=MAX(A:A)"，单击"格式"按钮。打开"设置单元格格式"对话框，将字形设置为"加粗"，颜色设置为"橙色"，单击"确定"按钮，如图7-2所示。

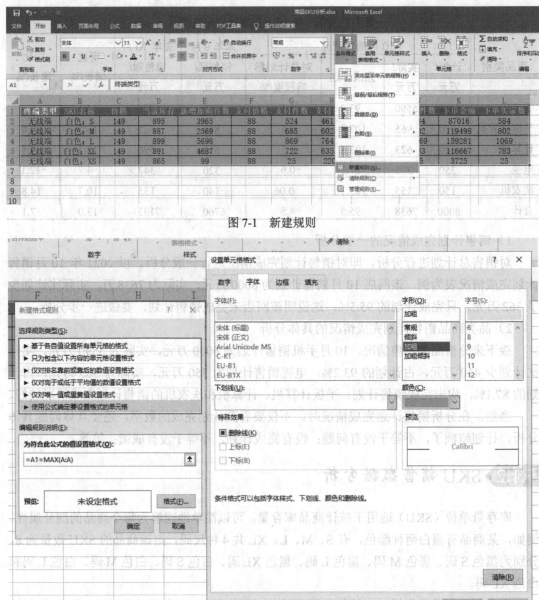

图7-1　新建规则

图7-2　设置新建格式规则参数

Step3：此时Excel会以列为单位，自动将该列单元格中数据最大的数字做加粗和标红处理，如图7-3所示。从图7-3中可知，该商品的白色L码是销售情况最好的SKU，新增加购件数、支付件数、支付金额、支付买家数、下单件数、下单金额和下单买家数都是该商品所有SKU中最高的。

终端类型	SKU名称	价格	当前库存	新增加购件数	支付价格	支付件数	支付金额	支付买家数	下单件数	下单金额	下单买家数
无线端	白色；S	149	895	3965	88	524	46112	524	584	87016	584
无线端	白色；M	149	887	2569	88	685	60280	685	802	119498	802
无线端	白色；L	149	899	5698	88	869	76472	869	1069	159281	1069
无线端	白色；XL	149	891	4687	88	722	63536	722	783	116667	783
无线端	白色；XS	149	865	99	88	25	2200	25	25	3725	25

图 7-3　显示结果

7.1.3　商品退款金额与退款率分析

商品退款与退货情况反映了店铺的商品质量、客服质量和物流质量等各方面的情况。当消费者申请退货退款处理时，除恶意退货情况外，主要是出于对商品质量、客服或物流服务的不满意。

分析商品的退货退款数据，就能发现存在问题的商品，并从商品质量、客服质量和物流质量等维度入手加以改善，最终实现减少退货的目的，提高店铺的信用评分。

在生意参谋"首页"的"转化看板"区域单击右上角的"商品分析"超链接，然后在打开的页面左侧导航栏中选择"单品服务分析"选项，输入或选择指定的商品后，选择指定日期并单击"服务指标趋势"区域右侧的"列表"超链接，即可查看该商品对应指标的数据。

将该商品的成功退款金额数据采集到 Excel 中，并采集其对应的支付金额数据，然后利用公式"=成功退款金额/支付金额"计算出该商品每日的退货率情况，如图 7-4 所示。

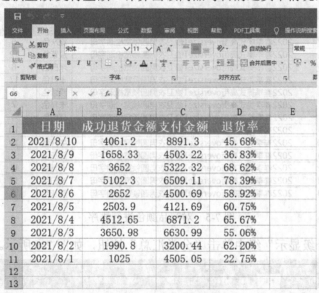

图 7-4　计算商品退货率

7.2　商品销售数据统计与分析

电子商务卖家需要对在线商品的销售数据进行定期统计与整理，明确了解各类商品的销售情况。实际中从线上导出的数据只是一张相应销售数据的表格，并不能直接看出问题出在哪里，更不能体现一些潜在信息，这时可以通过 Excel 对销售情况进行统计与分析，从中发现问题并解决问题，为以后的销售策略提供数据支持。

7.2.1 同类商品销量数据

1. 不同颜色的同类商品销售情况统计与分析

对于同类商品而言，不同颜色、尺寸的商品销售情况可能会有所不同甚至差距很大，此时就需要卖家对不同属性商品的销售情况进行统计和分析，然后做出正确的采购和销售策略。

下面将详细介绍如何对不同颜色的商品销售情况进行统计与分析，具体操作步骤如下所示。

Step1：打开“第 7 章\同类商品销售统计.xlsx”工作表，选中 B2 单元格，选择“数据”选项卡，然后在“排序和筛选”组中单击“升序”按钮，对“颜色”列数据进行排序，如图 7-5 所示。

商品名称	颜色	成交数量
2022春季美式高街oversizeT恤卫衣男圆领宽松潮字母	深灰色	6
2022春季美式高街oversizeT恤卫衣男圆领宽松潮字母	淡紫色	12
2022春季美式高街oversizeT恤卫衣男圆领宽松潮字母	米白色	8
2022春季美式高街oversizeT恤卫衣男圆领宽松潮字母	卡其色	17
2022春季美式高街oversizeT恤卫衣男圆领宽松潮字母	淡紫色	4
2022春季美式高街oversizeT恤卫衣男圆领宽松潮字母	卡其色	7
2022春季美式高街oversizeT恤卫衣男圆领宽松潮字母	淡紫色	4
2022春季美式高街oversizeT恤卫衣男圆领宽松潮字母	米白色	10
2022春季美式高街oversizeT恤卫衣男圆领宽松潮字母	牛仔蓝	10
2022春季美式高街oversizeT恤卫衣男圆领宽松潮字母	深灰色	7
2022春季美式高街oversizeT恤卫衣男圆领宽松潮字母	卡其色	11
2022春季美式高街oversizeT恤卫衣男圆领宽松潮字母	米白色	12
2022春季美式高街oversizeT恤卫衣男圆领宽松潮字母	深灰色	8

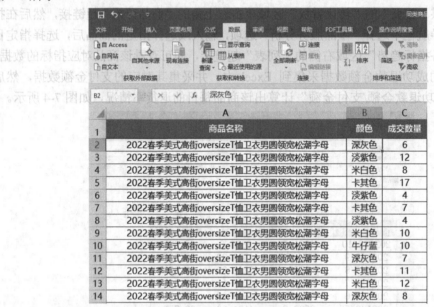

图 7-5　对商品颜色进行排序

Step2：在“分级显示”组中单击“分类汇总”按钮，如图 7-6 所示。

商品名称	颜色	成交数量
2022春季美式高街oversizeT恤卫衣男圆领宽松潮字母	淡紫色	12
2022春季美式高街oversizeT恤卫衣男圆领宽松潮字母	淡紫色	4
2022春季美式高街oversizeT恤卫衣男圆领宽松潮字母	淡紫色	4
2022春季美式高街oversizeT恤卫衣男圆领宽松潮字母	淡紫色	14
2022春季美式高街oversizeT恤卫衣男圆领宽松潮字母	淡紫色	12

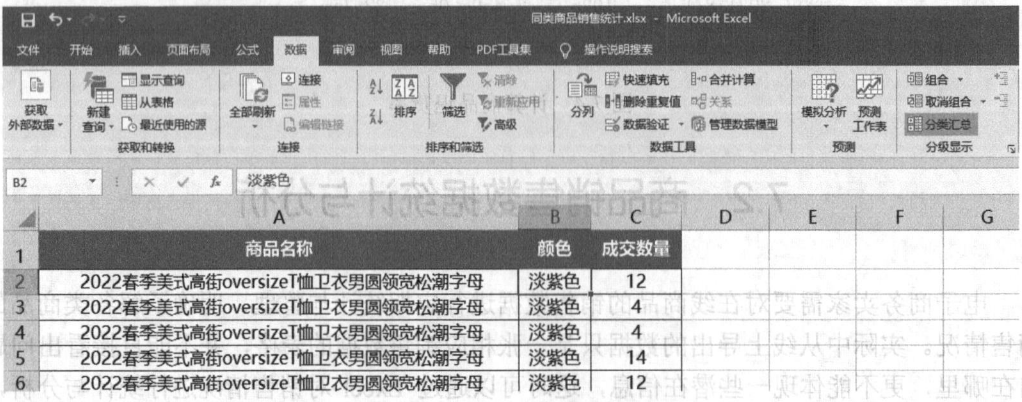

图 7-6　单击“分类汇总”按钮

Step3：系统弹出“分类汇总”对话框，在“分类字段”下拉列表框中选择“颜色”选项，在“选定汇总项”列表框中选中“成交数量”复选框，然后单击“确定”按钮，如图 7-7 所示。

Step4：此时系统自动按照不同的颜色对商品成交数量进行求和汇总。单击左上方的分级按钮，会显示 2 级分级数据，然后对“成交数量”列中的数据进行升序排序，结果如图 7-8 所示。此时，卖家即可对不同颜色的商品销售情况进行分析。

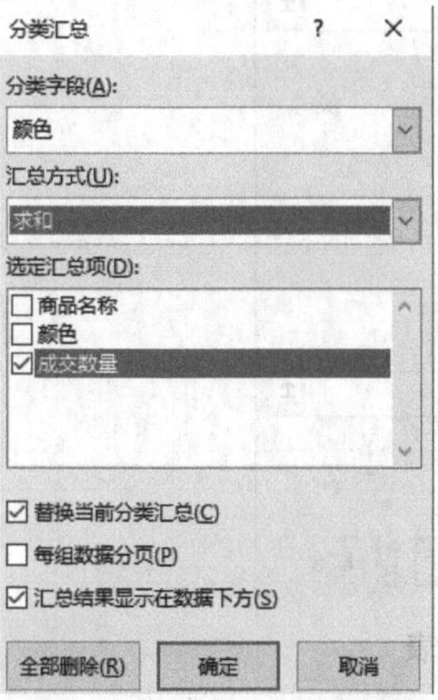

图 7-7 设置分类汇总选项

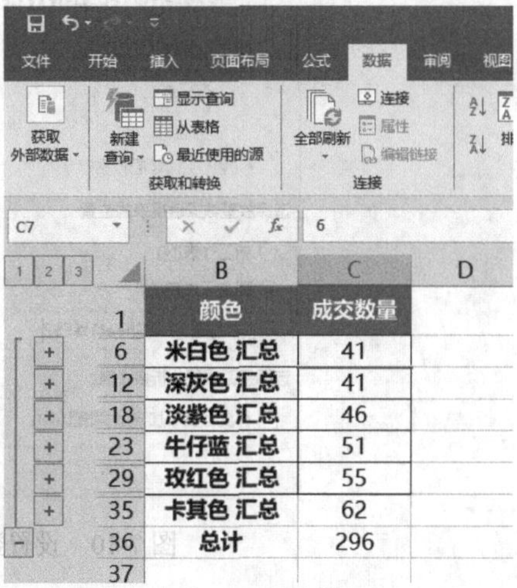

图 7-8 查看排序结果

2．不同尺寸的同类商品销售情况统计与分析

下面将详细介绍如何对不同尺寸的同类商品销售情况进行统计与分析，具体操作步骤如下所示。

Step1：打开“第 7 章\同类商品销售统计 1.xlsx”工作表，选择 C7 单元格，选择“插入”选项卡，在“表格”组中单击“数据透视表”按钮，然后选择“数据透视表”选项，如图 7-9 所示。

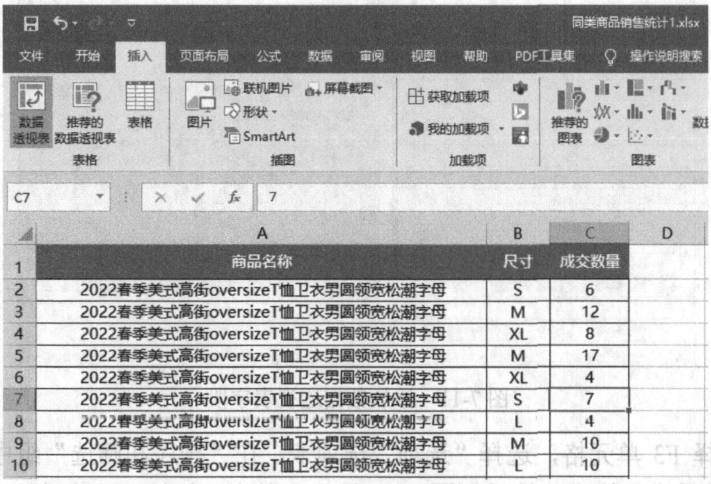

图 7-9 插入数据透视表

Step2：系统弹出"创建数据透视表"对话框，选中"现有工作表"单选按钮，设置"位置"为 E2 单元格，然后单击"确定"按钮，如图 7-10 所示。

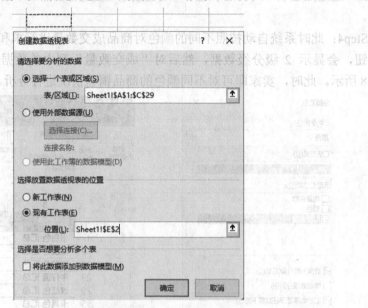

图 7-10　设置数据透视表

Step3：打开"数据透视表字段"窗格，将"尺寸"字段拖至"行"标签区域，将"成交数量"字段拖至"值"区域，如图 7-11 所示。

图 7-11　添加数据透视表字段

Step4：选择 F3 单元格，选择"选项"选项卡，在"排序和筛选"组中单击"降序"按钮，对成交数量进行排序，结果如图 7-12 所示。此时，卖家即可对不同尺寸的商品销售情况进行分析。

图 7-12　降序排序成交数量

7.2.2 不同商品销量数据

1. 不同商品销量分类统计

卖家通过对不同商品销售情况的统计与分析，可以判断出哪些商品卖得好，哪些商品的销售情况不容乐观，从而相应地调整采购计划、经营策略和促销方式等，以提高店铺的下单量和成交量。本小节将学习如何通过 Excel 对不同商品的销售情况进行统计与分析。

使用 Excel 的分类汇总功能可以对不同商品的销量进行分类统计，以下为具体操作步骤。

Step1：打开"第 7 章\近期宝贝销售记录.xlsx"工作表，选择 E2 单元格，选择"数据"选项卡，在"排序和筛选"组中单击"升序"按钮，如图 7-13 所示。

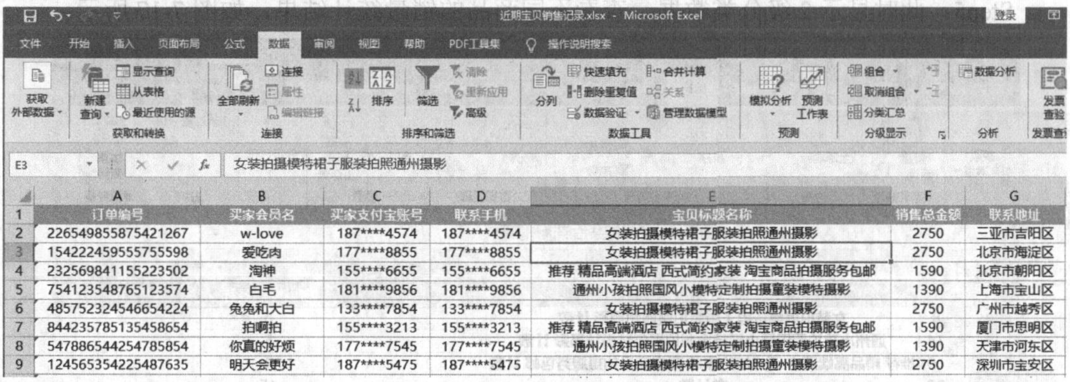

图 7-13　按升序排列宝贝标题

Step2：在"分级显示"组中单击"分类汇总"按钮，如图 7-14 所示。

Step3：系统弹出"分类汇总"对话框，在"分类字段"下拉列表框中选择"宝贝标题名称"选项，在"汇总方式"下拉列表框中选择"计数"选项，在"选定汇总项"列表框中选中"宝贝标题名称"复选框，然后单击"确定"按钮，如图 7-15 所示。

Step4：此时，Excel 即可按照同类商品进行计数汇总。单击左上方的分级显示按钮，汇总效果如图 7-16 所示。

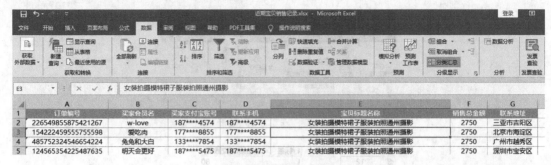

图 7-14　设置分类汇总

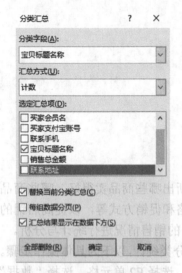

图 7-15　设置分类汇总选项

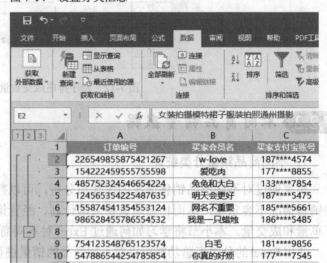

图 7-16　查看汇总效果

Step5：此时显示 2 级分类数据，查看不同商品的销量统计结果，如图 7-17 所示。

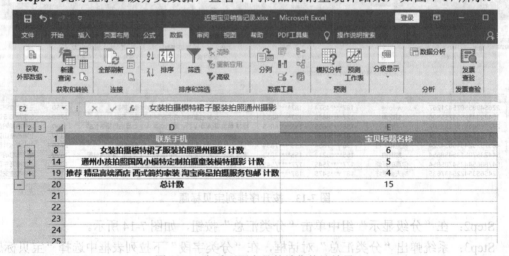

图 7-17　查看不同商品的销售统计结果

2．不同商品销售额分类统计

下面将详细介绍如何对不同商品的销售额进行分类统计，具体操作步骤如下所示。

Step1：打开"第 7 章\近期宝贝销售记录 1.xlsx"工作表，对"宝贝标题名称"列进行升序排序，打开"分类汇总"对话框，在"分类字段"下拉列表框中选择"宝贝标题名称"选项，在"汇总方式"下拉列表框中选择"求和"选项，在"选定汇总项"列表框中选中"销售总金额"复选框，然后单击"确定"按钮，如图 7-18 所示。

图 7-18 设置分类汇总选项

Step2：此时，卖家即可对不同商品的销售额进行求和汇总，如图 7-19 所示。

		订单编号	买家会员名	买家支付宝账号	联系手机	宝贝标题名称	销售总金额	联系地址
	2	226549855875421267	w-love	187****4574	187****4574	女装拍摄模特裙子服装拍照通州摄影	2750	三亚市吉阳区
	3	154222459555755598	爱吃肉	177****8855	177****8855	女装拍摄模特裙子服装拍照通州摄影	2750	北京市海淀区
	4	485752324546654224	兔兔和大白	133****7854	133****7854	女装拍摄模特裙子服装拍照通州摄影	2750	广州市越秀区
	5	124565354225487635	明天会更好	187****5475	187****5475	女装拍摄模特裙子服装拍照通州摄影	2750	深圳市宝安区
	6	155874541354553124	网名不重要	185****5661	185****5661	女装拍摄模特裙子服装拍照通州摄影	2750	上海市静安区
	7	986528455786554532	我是一只蜡烛	186****5485	186****5485	女装拍摄模特裙子服装拍照通州摄影	2750	上海市黄浦区
	8					**女装拍摄模特裙子服装拍照通州摄影 汇总**	16500	
	9	754123548765123574	白毛	181****9856	181****9856	通州小孩拍照国风小模特定制拍摄童装模特摄影	1390	上海市宝山区
	10	547886544254785854	你真的好烦	177****7545	177****7545	通州小孩拍照国风小模特定制拍摄童装模特摄影	1390	天津市河东区
	11	165987544451579742	朕是皇上	189****5662	189****5662	通州小孩拍照国风小模特定制拍摄童装模特摄影	1390	广州市白云区
	12	541235458835512126	滕峰	132****6630	132****6630	通州小孩拍照国风小模特定制拍摄童装模特摄影	1390	上海市长宁区
	13	885206655458875056	滕峰	188****6652	188****6652	通州小孩拍照国风小模特定制拍摄童装模特摄影	1390	北京市丰台区
	14					**通州小孩拍照国风小模特定制拍摄童装模特摄影 汇总**	6950	
	15	232569841155223502	淘神	155****6655	155****6655	推荐 精品高端酒店 西式简约家装 淘宝商品拍摄服务包邮	1590	北京市朝阳区
	16	844235785135458654	拍啊拍	155****3213	155****3213	推荐 精品高端酒店 西式简约家装 淘宝商品拍摄服务包邮	1590	厦门市思明区
	17	584533545897512379	小雪花	180****4578	180****4578	推荐 精品高端酒店 西式简约家装 淘宝商品拍摄服务包邮	1590	厦门浦东新区
	18	152544355487553356	小雪花	152****7845	152****7845	推荐 精品高端酒店 西式简约家装 淘宝商品拍摄服务包邮	1590	北京市西城区
	19					**推荐 精品高端酒店 西式简约家装 淘宝商品拍摄服务包邮 汇总**	6360	
	20					**总计**	29810	

图 7-19 查看汇总结果

3. 不同商品销售额比重统计与分析

下面将详细介绍如何对不同商品的销售额比重进行统计与分析，具体操作步骤如下所示。

Step1：打开"第 7 章\近期宝贝销售记录 2.xlsx"工作表，选择 E2:E16 单元格区域，按 Ctrl+C 组合键复制数据，如图 7-20 所示。

图 7-20　复制宝贝标题数据

Step2：选择 A23 单元格，单击"粘贴"下拉按钮，在下拉列表中选择"值"选项，如图 7-21 所示。

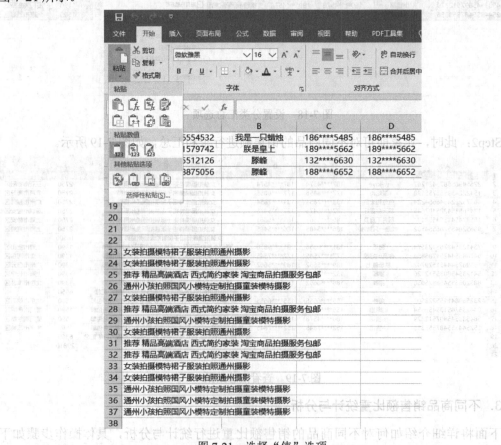

图 7-21　选择"值"选项

Step3：选择"数据"选项卡，在"数据工具"组中单击"删除重复值"按钮，如图 7-22 所示。

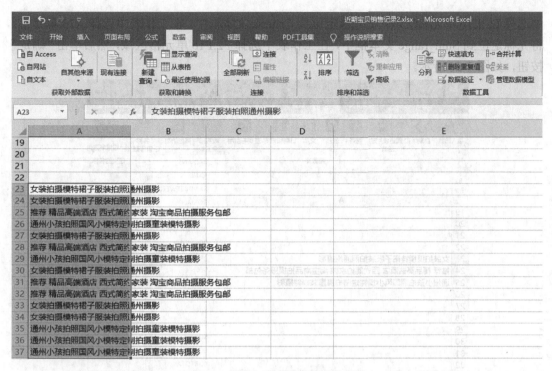

图 7-22 单击"删除重复值"按钮

Step4：系统弹出"删除重复值"对话框，单击"全选"按钮，取消选中"数据包含标题"复选框，然后单击"确定"按钮，如图 7-23 所示。

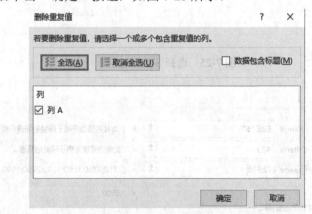

图 7-23 设置"删除重复值"参数

Step5：在弹出的提示信息框中单击"确定"按钮，如图 7-24 所示。

Step6：选择 B23 单元格，选择"公式"选项卡，在"函数库"组中单击"数学和三角函数"下拉按钮，在下拉列表中选择 SUMIF 函数，如图 7-25 所示。

Step7：系统弹出"函数参数"对话框，将光标定位到 Range 文本框中，在工作表

图 7-24 完成删除操作

中选择 E2:E16 单元格区域；将光标定位到 Criteria 文本框中，在工作表中选择 A23 单元格；将光标定位到 Sum_range 文本框中，在工作表中选择 F2:F16 单元格区域，然后单击"确定"按钮，如图 7-26 所示。

图 7-25　选择 SUMIF 函数

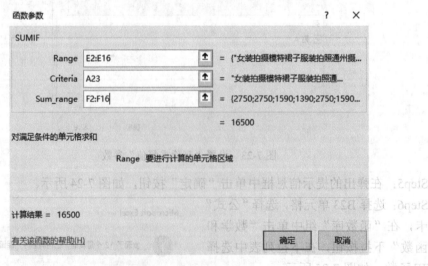

图 7-26　设置函数参数

Step8：选择 B24 单元格，用拖动填充柄的方式将鼠标拖至 B25 单元格，填充公式。选择 A23:B25 单元格区域，选择"插入"选项卡，在"图表"组中单击"饼图"下拉按钮，在下拉列表中选择"饼图"类型，如图 7-27 所示。

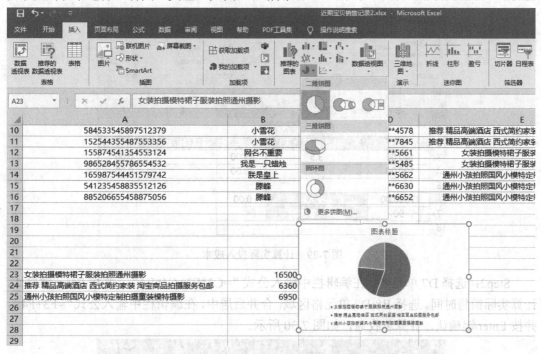

图 7-27　插入饼图

Step9：移动图表到合适的位置，设置图表标题和样式，以美化图表。最终文件如图 7-28 所示。此时，卖家即可对不同商品的销售额比重进行分析。

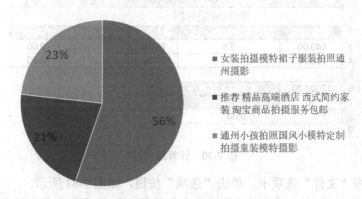

图 7-28　美化图表

4．不同商品分配方案分析

卖家对于上架的各类商品，可以通过获利目标进行科学的分配，以获得更大的利润。下面将介绍如何分析不同商品的分配方案，具体操作步骤如下所示。

Step1：打开"第 7 章\商品分配方案分析.xlsx"工作表，选择 F3 单元格，在编辑栏中输入公式"=D3*E3"，并按 Ctrl+Enter 组合键确认，计算毛利合计，并利用填充柄将公式填充到 F4 单元格中。选择 D6 单元格，在编辑栏中输入公式"=B3*E3+B4*E4"，按 Enter

在下拉列表中选择"折图"类型，如图 7-27。

键确认，计算实际投入成本，如图 7-29 所示。

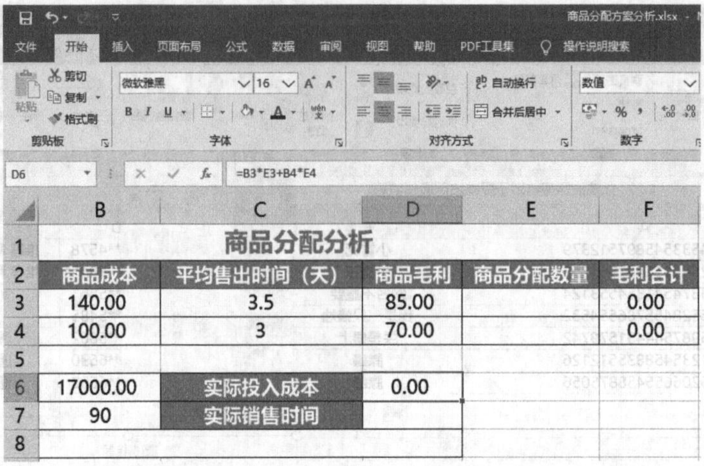

图 7-29　计算实际投入成本

Step2：选择 D7 单元格，在编辑栏中输入公式"=C3*E3+C4*E4"，并按 Enter 键确认，计算实际销售时间。选择 B8:D8 单元格区域，合并后居中，在编辑栏中输入公式"=F3+F4"，并按 Enter 键确认，计算总收益，如图 7-30 所示。

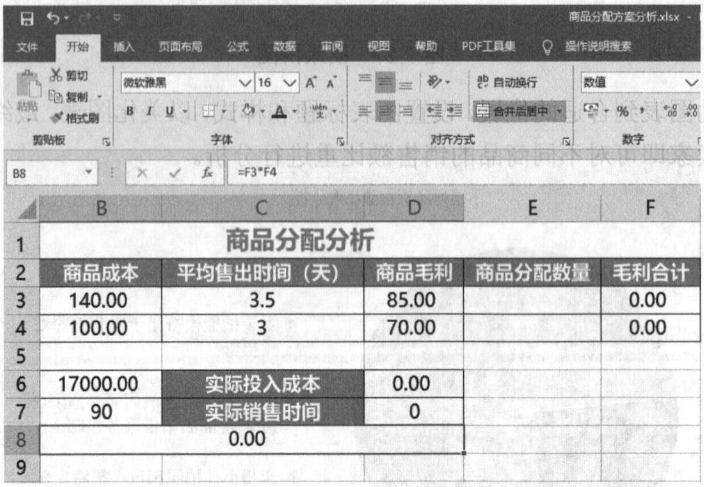

图 7-30　计算总收益

Step3：选择"文件"选项卡，单击"选项"按钮，如图 7-31 所示。

Step4：弹出"Excel 选项"对话框，在左侧选择"加载项"选项，然后单击"转到"按钮，如图 7-32 所示。

Step5：系统弹出"加载项"对话框，选中"规划求解加载项"复选框，然后单击"确定"按钮，如图 7-33 所示。

Step6：选择"数据"选项卡，在"分析"组中单击"规划求解"按钮。

Step7：系统弹出"规划求解参数"对话框，设置"设置目标"参数为 B8 单元格，选中"最大值"单选按钮，然后单击"通过更改可变单元格"选项右侧的折叠按钮，如图 7-34 所示。

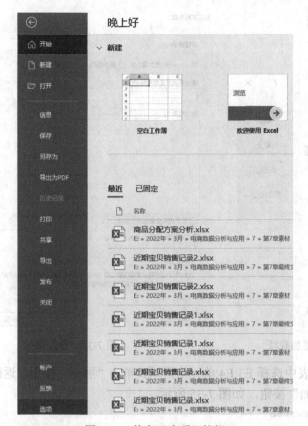

图 7-31　单击"选项"按钮

图 7-32　设置加载项

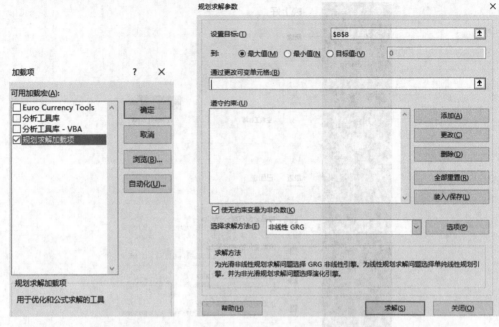

图 7-33　设置加载项　　　　　　　　　　图 7-34　设置目标

Step8：在工作表中选择 E3:E4 单元格区域，单击"展开"按钮，返回"规划求解参数"对话框，单击"添加"按钮，如图 7-35 所示。

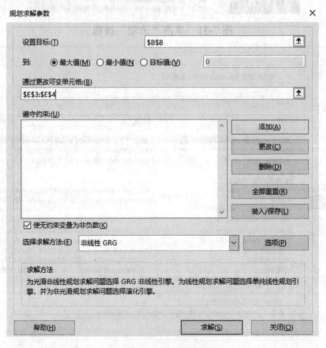

图 7-35　添加遵守约束

Step9：弹出"添加约束"对话框，设置"单元格引用"为 E3 单元格、运算符号为">="、"约束"为"0"，然后单击"添加"按钮，如图 7-36 所示。

Step10：采用同样的方法添加其他约束条件，在添加最后一个约束条件的对话框中单

Step12：系统弹出"规划求解结果"对话框，选中……

再者单击"确定"按钮，如图 7-39 所示。此时……实系即可看到……成功求解……得

出的"高品分配数量……"[无法辨认]……收益"结果。

图 7-36 设置约束条件

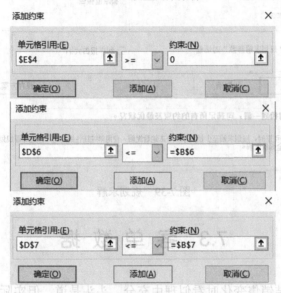

图 7-37 设置其他约束条件

Step11：返回"规划求解参数"对话框，单击"求解"按钮，如图 7-38 所示。

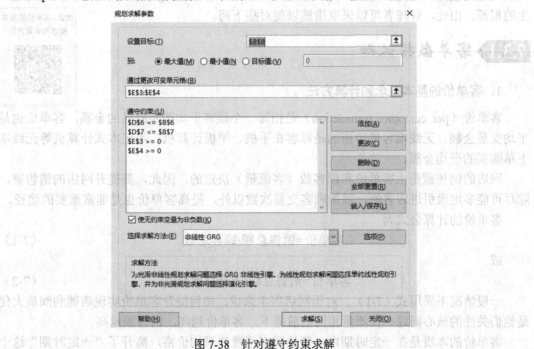

图 7-38 针对遵守约束求解

Step12：系统弹出"规划求解结果"对话框，选中"保留规划求解的解"单选按钮，然后单击"确定"按钮，如图7-39所示。此时，卖家即可查看按照设定的规划求解参数得出的"商品分配数量""毛利合计""实际投入成本""实际销售时间""总收益"结果。

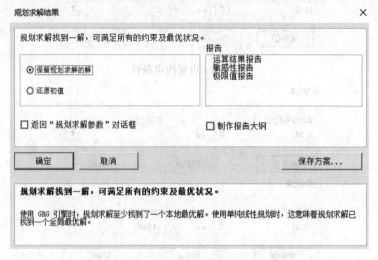

图7-39 规划求解

7.3 客 单 数 据

很多管理者在总结销售变化时看似理由充分、头头是道，但实际上却都比较笼统，只是泛泛而谈。例如，单单从销售金额的变化上讲，形成销售变化的原因就比较复杂，很难找到问题的根源，更无法对症下药。通过对客单价和客流量的分析，我们可以找到问题产生的根源。由此，管理者可以采取措施以便对症下药。

7.3.1 客单数据认知

微课：客单价的基本
概念和计算方法

1. 客单价的基本概念和计算方法

客单价（per customer transaction）是指每一个顾客平均购买商品的金额，客单价也是平均交易金额。无线端客单价指的是顾客在手机、平板计算机、笔记本式计算机等无线端下单购买的平均金额。

网店的销售额是由客单价和顾客数（客流量）决定的，因此，要提升网店的销售额，除尽可能多地吸引进店客流，增加顾客交易次数以外，提高客单价也是非常重要的途径。

客单价的计算公式为

$$客单价=销售总额/顾客总数 \tag{7-1}$$

或

$$客单价=销售总额/成交总笔数 \tag{7-2}$$

一般情况下采用式（7-1）。对于网店店主来说，如何提升客单价实现店铺利润最大化是他们关注的核心问题。在流量相同的前提下，客单价越高，销售额越高。

客单价的本质是在一定时期内，每位顾客消费的平均价格，离开了"一定时期"这个范围，客单价这个指标是没有任何意义的。在零售术语中，客单价又称 ATV，即每一位顾客平均购买商品的金额。客单价计算公式还有以下三个。

$$客单价=商品平均单价×每个顾客平均购买商品个数$$

$$单价=日均客单价×复购率$$

$$客单价=动线长度×停留率×注目率×购买率×购买个数×商品单价$$

小贴士

客单价举例

某网店是一家品牌女装专营店，最近 7 天的访客数是 230 000 人，支付用户数为 3000 人，销售额为 810 000 元，计算该网店最近 7 天的平均客单价。

该网店最近 7 天的平均客单价=810 000÷3000=270（元）

---

2. 客单价的影响因素

在网店的日常经营中，影响入店流量、交易次数和客单价的因素有很多，如网店装修、商品类目的广度和深度、商品详情页的设计、商品储备、补货能力、促销活动方案设计、员工服务态度、对专业知识的熟悉程度、推销技巧、关联推荐、商品品质、商品价格、客户购买能力以及竞争对手等。其中对客单价影响比较大的因素有商品品质、商品类目的广度和深度、关联推荐、促销活动、推销技巧、商品定价、客户购买能力、重复购买。商品品质是整个网店运营的基础，离开商品品质谈流量、转化率和客单价只能是暂时的。通常，商家在网上开设店铺之初，就已经决定自己店铺的经营范围和主要类目。当店铺发展到一定阶段，商家需要开始考虑商品类目的广度和深度，以进一步提升客单价。

1）商品类目的广度

商品类目的广度是指店铺经营的不同商品类目数量的多少。一般而言，店铺经营商品类目的广度越大，买家的选择余地就越大。如果商家对不同类目的商品进行有效搭配或关联营销，就能在最大程度上提升人均购买笔数，进而提升店铺的客单价。

淘宝网是一个销售商品类目广度非常大的零售平台，这也是淘宝网的竞争优势所在。但具体到淘宝网上的某一家店铺，其经营的商品类目广度是有限的。例如，杰克琼斯官方旗舰店经营的男装类目有外套、卫衣、T 恤等，如图 7-40 所示。

图 7-40　杰克琼斯官方旗舰店

2）商品类目的深度

商品类目的深度是指一个商品类目下的 SKU 数。商品类目的深度能反映一家店铺的专业程度，类目下所涵盖的 SKU 数越多，表示店铺越专业，访客越容易精准找到自己所需的商品，店铺也就越容易赢得买家对其专业程度的认可。

例如，杰克琼斯官方旗舰店经营的男士 T 恤类目下有 220 个款式，平均每个款式有 3 个颜色、8 个尺码，其类目深度达到 5280 个 SKU。牛仔裤类目下有 175 个款式，每个款式有 5 个尺码，共有 875 个 SKU，如图 7-41 所示。

图 7-41　牛仔裤

当网店经营的产品达到一定的宽度和深度时，访客的选择范围更广，访客也能更方便地找到适合自己的产品，产品之间的搭配也会因此变得更容易，如"卫衣+卫裤"就是一个不错的组合，这对客单价的提升非常有利。

3）关联推荐

关联推荐是指通过向消费者推荐关联商品，促使其在购物中对多种商品产生兴趣，并最终购买多种商品的一种营销行为。以人群的行为特征进行细分，关联推荐可分为以下三类：产品功能存在互补关系、产品人群认可度较高、产品功能相似。关联推荐对提升客单价，增加回头客，提升回购率，减少店铺内跳失率，提升 PV、浏览深度及转化率都有一定的作用。

在促成顾客对不同类商品的购买过程中，应考虑关联性商品和非关联性商品。利用这种互补性和暗示性的刺激购物拉动顾客购买同类或异类商品。做关联推荐的目的就是让店铺其他商品获得更多的展现机会。关联推荐其实是一种非常常见的店铺营销手段，但想要做好还需要了解买家心理，因为只有这样才能够更好地运用关联推荐。关联推荐对买家来说可以实现功能互补，对于卖家来说则可以实现高客单价。例如，卖鞋的可以搭配裤子或者配饰等。等到换季时期，想要变换商品使其从夏季过渡到秋季，那么关联推荐就是一个很好的方法，可以在夏季款宝贝详情页后面的位置添加秋季款宝贝，推荐的宝贝如果能引起买家的兴趣，就能够加深访问深度，增加成交的可能性。关联推荐常用的技巧有以下几种。

（1）关联展示。在网店经营过程中，将关联的、可以搭配的商品进行关联展示或组合展示，可以达到提高客单价的作用。

（2）关联销售。当访客为选购某款服装发起咨询时，优秀的客服应该马上想到这件衣服可以搭配其他什么商品效果会更好。客服在解答访客疑问的同时还需要做到主动、热情地为客人进行服装搭配推荐，让客人看到整套着装效果。例如，如果访客选中的是牛仔外套，那么客服可以帮他搭配合适的裤子、衬衣等；如果客人选择的是短袖，则可以帮她搭配外套、裤装或裙子，甚至还可以为她搭配精致的短袖项链、皮包、胸针等。

> **小贴士**
>
> ### 一个 30 万美元订单的关联销售
>
> 让一个顾客能多带点东西走，这是提高客单价更直接的方法。一个销售员向一个没有购买需求的顾客提议周末可以去钓鱼，由此向他推荐了鱼钩、鱼线、船，再到丰田豪华"巡洋舰"，单次消费额达 30 万美元。所以提高客单价很重要的手段不是把一个根本不值这么多钱的东西以超出其本身的价格售卖（一个鱼钩想要卖到 30 万美元那简直是异想天开），而是给顾客推荐更多关联产品，这就要看店铺的关联搭配销售和客服的推荐能力了。

（3）巧用促销。网店经常会举办一些促销活动，例如，满 300 元送 100 元、买二送一、买 200 元抵 80 元、一件 8 折两件 7 折等，这些促销活动一方面可以带动人气，提升店铺业绩，另一方面也能帮助提升客单价。当访客联系客服时，客服应不失时机地发出促销广告，激发顾客的购买需求，提升客单价。

（4）多用备选。当访客需要客服向他推荐商品时，不要只向顾客推荐一件商品，可以同时推荐两件或三件商品，但商品之间要有所差异。原因很简单，三款比一款带来的成功率更高。另外，还有一种可能，就是顾客在展示的三件商品中有可能选择其中的两件，那么商家的销售额将有可能翻一番。

4）促销活动

消费者喜欢促销，原本打算只买一件商品，但由于促销，感觉多买几件会有更多的优惠，所以常常会不自觉地多买几件可有可无的商品。既然客单价是商品数量与商品单价乘积的累计，那么通过促销活动使顾客购买了本不想买的东西或者想买东西较多，便体现了促销活动对提升客单价的作用。常见的促销方式有以下几种。

（1）捆绑销售。捆绑销售也称为附带条件销售，即销售商要求消费者在购买某产品或者服务的同时也要购买其另一件产品或者服务，并且把消费者购买其第一件产品或者服务作为其可以购买第一件产品或者服务的条件。捆绑销售方式其实是降价促销的变形，店铺里常做的捆绑销售是将两件衣服按照最高价格的那一件出售，或者在消费者购买第二套衣服时给予优惠，如图 7-42 所示。这些都可以增加同类商品的销量，大部分还可以增加单个顾客销售额。

图 7-42　捆绑销售

（2）买赠活动。买赠活动是一种与捆绑销售类似的促销途径，这种促销方式常用于新品的搭赠促销，或者是一些即将过期的、待处理商品的处理上，同样也能够刺激相关商品的销售，如买一件衣服只需多加 1 元钱就可以拿走比第一件衣服价格稍低的衣服等。图 7-43 为某商家销售冰箱的促销活动——向买家赠送品牌养生壶。

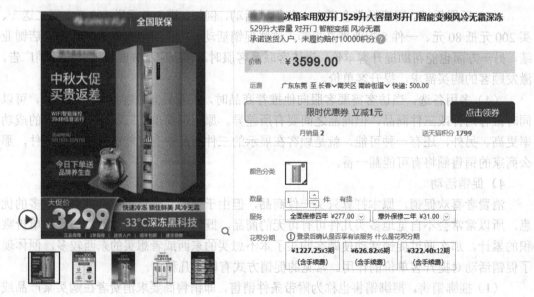

图 7-43　买赠活动

（3）降价促销。降价促销是指通过降价方式刺激顾客多买商品。由于商品存在价格弹性，因此对于那些价格弹性大的商品，通讨降价促销能有效提升顾客的购买数量。图 7-44 所示为某网店新品上市 5 折促销活动。

图 7-44 折扣促销

（4）套餐搭配。买家看到一款喜欢的宝贝后，会注意宝贝的价格，看看价格是否在自己的消费范围内，是否还有比这更便宜的价格，这时如果商家能够抓住买家的心理，清楚他们的消费需求，对宝贝进行套餐搭配，用更实惠的价格打动买家，也能够为店铺增加销量和利润。

例如，一个买家看上了店铺的一款热卖外套，有的买家就会考虑一件外套是否够穿，是不是还要买一条裤子搭配，这时如果商家能够提供搭配套餐供买家选择，那么就有很大的机会把两款商品同时销售出去，这样店铺的客单价就会有所提高。图 7-45 所示为某网店销售的运动套装搭配。

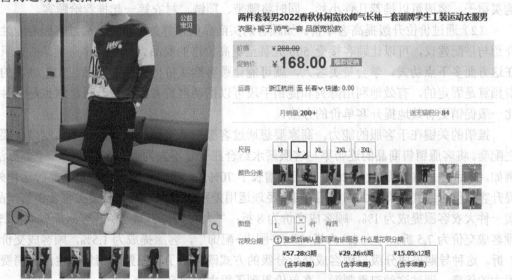

图 7-45 套装搭配

假设衣服本来有 20 元的利润，裤子也有 20 元的利润，那么搭配套餐可以适当地把售价降低 10 元。当然，优惠的力度越大，成交的可能性就越高，如果店铺有新品需要基础销售量，也可以采用这种办法，用薄利多销的方式提高客单价。

（5）店铺优惠券。店铺优惠券是商家提高销量和客单价常用的一种促销手段，它鼓励买家购买商品，消费够一定的金额就赠送优惠券。这种促销手段不仅能够提高客单价，也有助于客户的维护；而且买家的二次回购对宝贝的权重提升也是很有帮助的；同时这也能让买家对店铺更加了解，让他们成为店铺的优质客户。图 7-46 所示为某店铺发布的店铺优惠券活动。

图 7-46　店铺优惠券

5）推销技巧

对于店铺来说，客服的专业性可以大大提升成交量，事实上专业性对提升客单价同样重要。因为只有树立专业的顾问形象才能取得访客的信任，进而访客才会听取客服的建议，尤其是定制行业。利用专业性提升客单价一般有以下两种情况。

（1）扩大产品组合提升客单价。通过合理搭配向访客销售更多的商品，例如某位访客为购买羽绒服前来咨询，客服可以利用专业知识将店内的其他商品一并介绍给他；访客来购买裙子，客服可以推荐几件小衫，同时将腰带、项链、衬衣等一起推荐给顾客。

（2）通过价位升级提高客单价。如顾客购买商品的预算为 200 元，通过客服专业性的介绍与搭配建议，可以让顾客接受 500 元甚至更高价格的商品。每个人都有虚荣心，只要在这方面多下点功夫，学会赞美客人，就可能让顾客购买价值更高的商品。如果顾客的消费预算是固定的，有效地利用陈列和促销手段可以推动消费者的消费升级，这也是一种能比一般促销更有效地提升客单价的办法。

推销的关键在于客服的能力，商家要想通过客服提高客单价，其绩效考核制度也要与之配套。将客服销售商品的连带率与客服薪水结合在一起不失为提升客单价的一个好办法。例如，某品牌 2020 年销量与 2019 年相比增长了 70%多，除自然增长率和市场品牌运作外，提升客单价也起到了非常大的作用。网店经理运用差别的提成方式刺激员工整套销售产品：卖一件大衣客服提成为 1%，顾客成交价为 8 折；"大衣+内搭+裤子"，客服提成为 1.2%，顾客成交价为 7.5 折；"大衣+内搭+裤子+围巾+配饰"，客服提成为 1.5%，顾客成交价为 7 折。这种导购提成分级与顾客成交价分级的方式既刺激了客服整套销售，也给了消费者很大的优惠。通过这种双重刺激，客单价得到了很大的提高。

6）商品定价

如果顾客消费商品的数量是固定的，如一个家庭一般只买一台冰箱，那么让顾客买价值高的冰箱，显然客单价就增加了。在这些方面，采用一些看似无形却有意的引导方式引导顾客进行消费升级，显然是一种很好的策略。

如果顾客买的是高价位商品，最后成交的金额有可能是平常一单的很多倍。在顾客消费能力允许、个人意愿相差不大的情况下，为什么不推出更高价位的商品呢？即使顾客没有选择，那么在商家推荐高价位商品之后，再去推荐其他商品，顾客在心理上也会更容易接受，觉得这些更便宜、更实惠。

7）客户购买能力

客户购买能力是指客户购买商品的支付能力。客户对商品的需求和爱好与其购买能力有很大关系。需求和爱好要以购买能力为基础，经济条件好、收入多，对商品的需要、爱好才能实现。客服要根据访客的购买力判断其消费心理需求，再向客户介绍和推荐合适的商品，这样往往成交率较高。

购买能力强的客户是店铺的 VIP 客户，他们的消费能力强，成交客单价高，能为店铺带来更多销售额。他们是最好的消费人群，既有充足的支付能力，又有购买意愿，关键是商家要知道他们喜欢什么。对客服来说，当 VIP 客户进入店铺，发起咨询时，要快速识别他们，获悉他们的偏好，然后加以引导，促进成交，并且是高额成交。

8）重复购买

在销售行业有这样一句话：产品卖出去只是销售的开始。这句话的内涵就是销售人员不但要重视本次成交，更要维护好顾客，对顾客进行深度开发，争取客户进行更多次数的消费。

（1）客户回访。利用电话、短信或网络进行回访，了解顾客的商品使用状况和对商品的满意程度，如有不满意的地方商家需要及时做出补救，或者赠送一份小礼品；如顾客满意度较高，可以请顾客进行分享或转发。

（2）活动参与。在促销活动中，商家应该将老顾客纳入其中，以增加互动的机会，进一步沟通感情，如可以邀请老顾客过来领一份礼品，可以让老顾客参与以旧换新等让利活动。

（3）售后服务。售后服务不只是解决顾客投诉的一种方式，它更是提升顾客满意度的一个手段，关键在于商家怎么利用。

7.3.2 客单数据分析的方法

客单价能否提高主要取决于商家的价格政策、价格带的合理配置、商品展示的位置、客服的能力及商品的质量等影响因素。根据客单价计算公式（见 7.3.1 节客单数据认知），作为顾客店内购买行为结果的客单价，一般包含六个关键指标：动线长度、停留率、注目率、购买率、购买个数和商品单价，如图 7-47 所示。商家在提高客单价的过程中，最重要的是要根据这六个关键指标采取具体的、可操作的营销方法。

1. 动线长度

动线指的是客户的行为路径。客户进入店铺，通过搜索关键词、类目或者促销广告，到商品详情页、购物车……直到结算离开，这就是一条动线。在客户浏览页面的过程中，店铺要在合适的地方向合适的客户进行精准推荐。一个合理的购物动线可以达到两个目的：高客单价和高转化率。

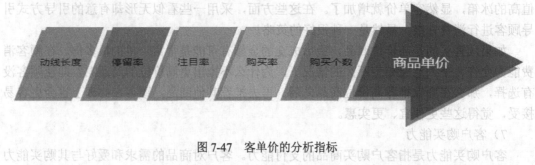

图7-47　客单价的分析指标

动线长度是指动线上陈列的不同商品的数量。店铺的动线设计就是为了使顾客在店内购物的过程中尽可能地访问更多的页面，看到更多的商品，从而促使客户购买的商品件数增加，提升客单价。

通过合理的商品布局和元素组合，引导用户按照尽可能长的浏览路径，付出尽可能多的停留时间，以达到事先设定的运营指标，因此在进行店铺页面装修设计时，首先考虑的是商品的整体布局。要想实现有效率的商品布局，必须注意以下内容：网店中商品类目的广度和深度、各商品类目的购买率（区分计划购买率高的商品类目和非计划购买率高的商品类目），各商品类目之间的购买关系，顾客的购买习惯和购买顺序，符合消费者生活习惯的商品组合，店内动线模式和客单价之间的联系，各商品类目之间的关联推荐。好的动线设计可以延长顾客在店内的停留时长。

> **小贴士**
>
> **电影网络选座动线**
>
> 随着网络技术的不断发展，去电影院看电影也可以直接通过网络选座。电影网络选座动线首先是确定去哪家电影院，然后确定观看哪部电影，选择观影时间、观看场次，再选择座位，接着是购买结算。

2. 停留率

如果顾客在店内只浏览不下单，则对于商家不会产生任何价值。只有当顾客在商品详情页停留并仔细查看商品信息时，才能产生实际的购买动机。网店装修时必须考虑以下内容：登录页的选择、详情页的设计、关联推荐、促销活动、分类页的设计、首页的导航、商品展示方式等。其计算公式为

停留率=总停留次数/动线长度

顾客浏览某个商品详情页可以确定为一次停留。

3. 注目率

注目率是指商品在网店中吸引顾客目光的能力或者称为"视线控制能力"。为了能更多地吸引顾客注意，生产厂家不断地设计新的包装、采用新的色彩等，在商品详情页展示自己的商品和品牌，期望能够吸引更多的顾客目光以促进销售。在商品展示上要注意以下几个方面：商品的分类、商品的表现形式、商品的展示位置、商品的色彩表现、商品的主图设计等。其计算公式为

注目率=注目次数/总停留次数

顾客访问某个商品详情页的时间超过一定时间就可以确定为一次顾客注目。

4．购买率

如果停留下来的顾客中断了购买决策或者延期购买，停留就变得毫无意义。因此，按顾客的购买习惯合理地进行商品的配置、商品色彩的组合、商品的展示、促销广告的设计等都会起到刺激顾客做出购买决策的作用。其计算公式为

购买率=购买次数/总注目次数

5．购买个数

顾客购买的商品个数越多，其客单价也就越高。增加顾客购买商品个数的主要途径在于尽可能地唤起顾客的购买欲。

6．商品单价

提高顾客购买商品的单价主要取决于商品、价格带的合理配置、商品展示的位置及商品的质量等。

网店在数据化运营方面可以进行精确化管理和网店经营方法的设计，从而使客单价在商家可控制的范围内得到稳步提高。

拓展实训

【实训目标】

通过实训，使学生初步了解商品销售数据分析的相关知识点，包括同类商品和不同类商品的销售数据分析。

【实训内容】

图 7-48 所示为"商品分配方案数据"，根据不同商品分配数据分析方法，对不同商品分配方案进行分析。

商品分配分析

商品名称	商品成本	平均售出时间（天）	商品毛利	商品分配数量	毛利合计
运动鞋	100.00	1.5	55.00		
皮鞋	170.00	1	60.00		
总成本	19000.00	实际投入成本			
总时间（天）	90	实际销售时间			
总收益					

图 7-48　商品分配方案数据

【实训步骤】

（1）分别使用公式计算出毛利合计、实际投入成本和实际销售时间。

（2）添加"规划求解"加载项。

（3）设置规划求解参数，计算结果。

【实训要求】

（1）考虑到课堂时间有限，实训可采取"课外+课内"的方式进行，即团队分组、分工、讨论和方案形成在课外完成，成果展示安排在课内。

（2）每个团队方案展示时间为 10 分钟左右，教师和学生提问时间为 5 分钟左右。

课后习题

1. 销售数据的特点是什么？
2. 销售数据的作用是什么？
3. 客单价的计算公式是什么？
4. 客单价的分析指标有哪几点？
5. 计算购买率的公式是什么？

第8章

库存数据分析

案例导入

库存数据引起的"思考"

王经理最近比较开心，因为他管理的店铺最近生意不错，销售额很高，大大超出了他的预料。老板看到销售数据后很开心，同时也提醒他要密切留意这些商品的销售与库存情况，避免断货。

王经理表示自己每天都在关注，以便及时补货。不仅如此，他还尝试对当月商品的库存与出库状态、各类商品库存占比等进行分析，试图找出一些潜在的规律，以便提前完成备货与补货工作，方便提供稳定且充足的货源。

老板觉得王经理的运营能力有了很大提高，已经能够主动进行库存数据分析，运用数据进行准确的备货，说明他已成长为一名优秀的电子商务运营者。

学习目标

1. 了解电子商务库存的概念和特点。
2. 掌握电子商务库存管理的方法与类型。
3. 掌握电子商务库存数据解读方法。
4. 理解商品库存统计与分析方法。

重难点分析

1. 掌握商品库存统计与分析的方法。
2. 理解损坏商品库存统计和商品库存预测分析方法。

思政导学

库存数据是最为庞大的数据，所以要求分析者建立平衡性、相关性等科学辩证数据分析思维，培养严谨细致、精益求精的行业基本素养。

8.1　库存数据概述

信息技术的发展促进了电子商务时代的到来。电子商务作为现代服务业中的重要产业，有"朝阳产业""绿色产业"之称，具有"三高""三新"的特点。"三高"，即高人力资本含量、高技术含量和高附加价值；"三新"，即新技术、新业态、新方式。人流、物流、资金流、信息流"四流合一"是对电子商务核心价值链的概括。电子商务的出现不仅改变了传统企业的销售方式和服务方式，而且改变了企业业务运作模式和企业竞争策略。在电子商务领域，库存管理已经成为企业经营管理的重中之重。在满足和保证企业正常运营需求的前提下，使库存量保持在合理的水平上；掌握库存量动态，适时、适量地提出订货，避免超储或缺货，减少库存空间占用，降低库存总费用；控制库存资金占用，加速资金周转。这些库存管理要点对电子商务企业的生存和发展至关重要。

8.1.1　电子商务库存的概念与特点

1. 电子商务库存的概念

库存是指处于储存状态的物品或商品，具有整合需求和供给、维持各项活动顺畅进行的功能。从一般意义上来说，库存是为了满足未来需要而暂时闲置的资源。资源的闲置就是库存，与这种资源是否存放在仓库中没有关系，与资源是否处于运动状态也没有关系。汽车运输的货物处于运动状态，但这些货物是为了未来需要而暂时闲置的，因此也是库存，是一种在途库存。这里所说的资源，不仅包括工厂里的各种原材料、毛坯、工具、半成品和成品，还包括银行里的现金，医院里的药品、病床，运输部门的车辆，等等。

2. 电子商务库存的相关概念

库存是为了满足未来需求而暂时闲置的有价值的资源。库存可以是企业在生产经营过程中为了现在和将来耗用或销售而储备的资源，包括原材料、燃料、在制品、半成品等，也可以是准备出售的产成品或商品。

下面给出库存管理中一些常用的概念，如表 8-1 所示。

表 8-1　库存管理的相关概念

相 关 概 念	具 体 概 念
需求量	某时间段内的市场需求量（demand），一般用 D 表示。单位时间内的市场需求量称为市场需求率
订（补）货量	企业向供应商一次订（补）货或采购的数量（quantity），一般用 Q 表示
补货周期	两次补货之间的时间间隔，一般用 T 表示
补货提前期	从发出订单到货物补充到位所经历的时间，又称前置时间（leading time），一般用 LT 表示
订货点	又称补货点（ordering point），是指经销商向供应商订货时的库存量，一般用 r 表示。订货点内的库存主要用来应付补货提前期内的市场需求

3．电子商务库存的作用

库存是企业流动资金运作情况的晴雨表，也是企业盈利的调节器。它在企业营运资本中占很大比重。库存以原材料、在制品、半成品和成品的形式存在于企业的采购、生产和销售的各个环节。库存可以调节这些环节之间在供求品种和数量不尽一致时产生的矛盾，它将这些环节连接起来，起润滑剂的作用。具体来说，库存有以下作用。

1）缩短订货提前期

如果制造厂维持一定的成品库存，顾客就可以很快地采购到他们所需的物品。这样就缩短了顾客的订货提前期，也使供应厂商争取到了顾客。

2）分摊订货费用

需要一件就采购一件，可以不需要库存，但不一定经济。订货需要一笔费用，这笔费用若摊在一件物品上，价格是很高的。如果一次采购一批，分摊在每件物品上的订货费就较少，但这样会使一些物品一时用不上，产生库存。对生产过程来说，批量加工可以分摊准备费用，但批量生产也会造成库存。

3）防止短缺

维持一定量库存可以防止短缺。

4）防止中断

在生产过程中维持适量的在制品库存，可以防止生产中断。显然，当某道工序的加工设备发生故障时，如果工序间有在制品库存，其后续工序就不会中断。同样，在运输途中维持一定量的库存，可以保证供应，使生产正常进行。

但并不是库存越多越好，应该保持适当的库存，并尽量降低库存，原因是大量库存造成成本升高，同时掩盖了许多生产过程中的缺陷，使问题不能及时解决。

4．电子商务库存的分类

根据不同的标准，库存有以下几种分类方法。

（1）按在生产和配送过程中所处的状态分类，如表 8-2 所示。

表 8-2　按在生产和配送过程中所处的状态分类

类　　型	概　　念
原材料库存	原材料库存（production inventory）是指企业通过采购和其他方式取得的用于制造产成品的货物，一般用于企业生产耗用，存在于企业的供应物流阶段。构成产品实体的辅助材料、修理备用件、燃料、外购半成品不在其内
在制品库存	在制品库存（in-process inventory）是指经过一定生产过程，但尚未全部完工，销售以前还要进一步加工的半成品和加工中的产品
产成品库存	产成品库存（finished goods inventory）是指准备运送给销售商或消费者的完整产品，这种库存通常由企业的销售部门或物流部门控制

（2）按经营过程分类，如表 8-3 所示。

表 8-3　按经营过程分类

类　型	概　念
周期性库存	由于批量采购或批量生产成本较低，所以几乎所有的企业在运行过程中都会批量采购或批量生产。这种由于周期性地批量采购和批量生产而形成的库存就称为周期性库存。该库存随时间的推移而逐渐减少，在减至一定程度后再补充库存，如此按照一定的规律重复进行。其中订货周期越长，也就是两次订货之间的间隔时间越长，每次的订货量就越大，周期性库存量也就越大
安全库存	为了应付补货提前期内市场需求陡升、供应商供货的突然延迟及补货提前期的突然变化而设置的缓冲库存，称为安全库存
季节性库存	季节性库存又称调节库存，主要是为了调节需求或供应的不均衡、各生产阶段的产出不均衡而设置的库存，如对季节性需求产品，为了使生产能力均衡，一般将淡季生产的产品置于调节库存，以满足旺季需求
促销库存	促销库存是指为了应付企业的促销活动而建立的库存
投机库存	投机库存是指为了避免物价上涨大量购置货物而建立的库存
沉淀库存	沉淀库存又称积压库存，是指因物品变质不再有应用价值的库存或没有市场销路的滞销库存

（3）按经济用途分类，如表 8-4 所示。

表 8-4　按经济用途分类

类　型	概　念
商品库存	商品库存是指企业补（进）货后供销售的货物，其特点是在销售之前保持原有实物的形态
制造业库存	制造业库存是指企业购置后用于生产制造的货物，如原材料、在制品、半成品，其特点是在出售前需要进行某种加工，使原有货物的形态或使用功能发生变化并使附加值有所增加
其他库存	其他库存是指供企业耗用的包装用品和为生产经营服务的辅助性用品，主要特点是满足企业的各种消耗性需要，而不是为了直接将其销售或经过某种生产加工后再销售，如包装盒、燃料等

（4）按存放地点分类，如表 8-5 所示。

表 8-5　按存放地点分类

类　型	概　念
在库库存	在库库存是指已经运送到企业并已验收入库的各种原材料、半成品、制成品和商品，该库存长期或暂时处于储存状态
在途库存	在途库存是指正处于运输状态或存放在企业中转站的货物。在途库存包括运入在途货物和运出在途货物。运入在途货物是货款已付或虽未付货款但已取得货物所有权并正在运输途中的各种外购货物；运出在途货物是按照合同规定已经发出或送出但尚未转移所有权的货物
委托加工库存	委托加工库存是指委托外单位加工但尚未加工完成或提交的各种原材料、在制品或半成品等
委托代销库存	委托代销库存是指企业委托外单位代销，但按合同规定尚未办理代销合同结算的货物

5．电子商务环境下库存管理的特点

1）订单的未知性

主要表现在订单无计划、下单客户未知、下单时间未知、下单数量未知等。

2）订单的波动性

主要指大规模促销活动或者各种电子商务活动期间的订单波动性。此时订单往往呈几何级数增长。

3）人员的灵活性

订单量的波动性会导致电子商务仓储的人员需求产生波动，尤其大促期间需要的人员较多，这就要求商家能够更灵活地调整人员，借助临时人员缓解促销压力。

4）仓储的地域化

商品的库存越来越靠近消费者，最典型的案例就是京东等平台商，它们可以根据大数据预测哪些商品、哪个地区的消费者最集中，然后将仓储提前调配至对应地区的仓库。

5）平台的多样化

电子商务平台包括行业垂直的电子商务平台，如京东、苏宁这类网上商城的电子商务平台，品牌商或贸易商自发的电子商务平台等，不同的平台意味着不同的业务需求，因此要求仓储具备更加灵活的业务流程管理。

8.1.2　电子商务库存管理的方法与类型

1．电子商务环境下库存管理的方法

在传统零售中，每个实体店都有自己的库存；在不同电子平台上的店铺，也需要库存，这个库存既是电子平台的要求，也是防止超卖的管理要求。每个店铺都有库存，不表示每个店铺都需要有自己独立的仓库。不同电子平台上的店铺库存需要集中管理，以保证每个店铺既不缺货又不超卖。库存集中管理后，要存放在实体仓库中，而实体仓库的管理有两种模式，即集中式库存和分布式库存管理。这两种模式各有优缺点。

1）集中式库存管理

集中式库存管理方法指的是统一管理库存。集中式库存具有更高的商品可得性，在管理上，集中式库存也更容易被总部所控制，数据的透明性更高。但由于集中式库存管理距离市场远，因此会影响分销商对市场的反应速度。

集中式库存就是所有库存都放在一个实体仓库中，这种方式非常简单，也是广大中小电子商务企业最常采用的库存管理策略。不同平台上的店铺共同使用一个仓库中的库存时，就涉及库存分配问题，否则就容易出现缺货或超卖。在操作过程中可以通过库存发布来解决。

2）分布式库存管理

与集中式库存管理相对应，一般出现以下情形时，需要采用分布式库存管理。各个区域需求量都足够大，可以支持一个配送中心的运营成本的情形，对大型电子商务（如京东商城、1号店等）而言是非常常见的。

分布式库存管理系统是由多个仓库组成的基于协调中心的库存系统，各个仓库可以位于同一个地点，也可以分布在不同地点，但大多数仓库建在地区市场附近，以便对市场需求变化做出快速反应。协调中心根据需求和各仓库库存情况，指定相应的仓库为其供货。分布式库存管理系统具有以下几个优点。首先，可以提高市场反应速度，这种方式能够快速地对市场需求及消费者的喜好做出反应，给企业的生产决策提供较有价值的信息，减少牛鞭效应对需求信息造成的扭曲。其次，可以有效地降低库存成本，不要求所有仓库的库存均在安全库存以上，只要总库存量保持在系统的安全库存以上，允许个别仓库的库存量降至订货点，从而减少订货次数。这种策略能有效地降低库存的保持成本和订货成本，以及因订货引起的采购费用等成本，从而使整个库存系统管理成本降低。最后，可以整体优化供应链，由于各仓库之间可在协调中心的协调控制下进行调拨，因此能降低供应商与生产商之间的协调及配送成本；同时，由于分布式库存系统的仓库大多靠近市场，向分销商配送的成本也会相应降低，从而能够使整个供应链的配送成本降低，达到多级优化的效果。

但是，这种方式也造成了控制管理难度提高。由于分布式库存管理系统基于虚拟的协调中心，协调中心需要做出何时联合订货、订货量大小及何时进行仓库之间的调拨、如何调拨等决策，这在整个系统中具有举足轻重的地位。协调中心的作用一旦不能正常发挥，可能导致部分仓库断货，降低商品的可得性，造成成本升高的局面。分布式库存管理的复杂性远远超过集中式库存管理，其管理的核心在于如何协同使用处于不同区域的库存，常用的方法如下。

不同区域订单归属不同仓库管理，这也是最常用的一种模式。若自建官方商城，可以在客户下订单时，就指定到不同区域的仓库。若店铺在第三方平台上，则没有办法指定区域，这时需要后台系统在处理订单时，根据送货地址自动将订单处理到对应区域的仓库。

不同店铺归属不同仓库管理的模式并不常见。但如果一个企业有多个品牌，同时这些品牌的制造或配送仓库不在一起，就会出现这种需求。由于品牌定位不同，所以不同品牌在第三方平台上会开设不同的店铺。但后台系统还是一套，所以需要将不同店铺与对应品牌的仓库建立对应关系，在处理订单时，根据这个对应关系扣减相应的库存。

在分布式库存管理中，另外一个常见的难点是成本核算。比较常见的方式是每个仓库单独核算，仓库之间的调拨是成本价或加价调拨，或者所有仓库统一核算，仓库之间调拨仅仅是数量上的变化，不涉及成本上的变化。比较复杂的是某几个仓库统一核算，这些仓库内部调拨是按成本价调拨，而与其他仓库之间是加价或成本价调拨。这样将使成本核算很难统一，需要一定的财务核算制度来进行规范和约束。

3）虚拟库存管理

所谓虚拟库存，是指商品在仓库中并没有实际的库存，但在销售平台上显示有库存。由于电子商务企业是先有订单后发货，从销售成立到商品发出有个时间差，这个时间差就让虚拟库存在电子商务企业中得到非常灵活和普遍的使用。在虚拟库存管理中，根据配送方式的不同，有两类处理方法。

（1）集中配送。集中配送即供应商送货到自己的仓库中，统一分货打包后，与其他在库商品一同配送给客户，这种模式的最大好处是供应商接触不到最终客户。同时，由于是统一配送，客户的服务质量能得到保证，其处理流程如图 8-1 所示。

（2）供应商配送。供应商配送即订单发送给供应商，由供应商直送给客户。这种方法缺少了二次分拣，可以降低配送成本，缺点是客户的资料被供应商拿走，且每个供应商的服务质量差异较大，很难统一，其处理流程如图 8-2 所示。

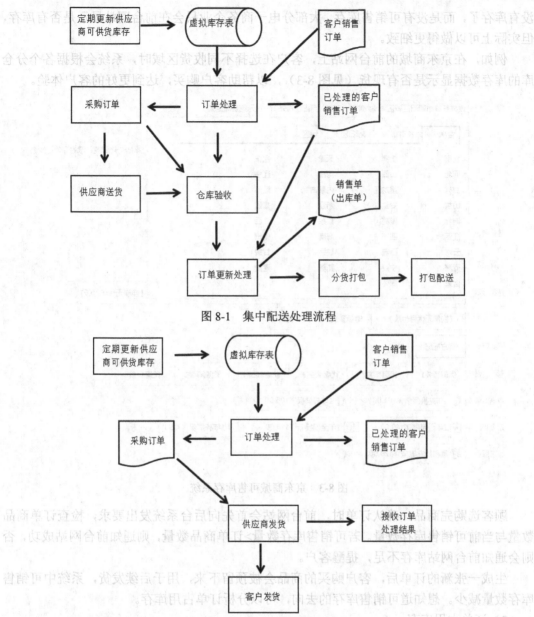

图 8-1　集中配送处理流程

图 8-2　供应商配送处理流程

2. 电子商务企业的库存类型

在电子商务操作中，由于购买和发货在时间、空间上都是异步进行的，从客户下订单到发货的过程中存在时间间隔，因此必须将库存结构区分开来。为了适应这种异步销售过程，电子商务企业的库存在系统结构中一般会分为如下几部分。

1）可销售库存

可销售库存，即网站前台显示的库存，也是库存的最大组成部分。大部分电子商务企业前台网站会与后台仓库管理系统（warehouse management system，WMS）保持数据同步，并做出判断。当"可销售库存>0"时，这一商品可供购买，前台网站会显示产品可销售；而一旦"可销售库存<0"，前台网站则会显示商品缺货。一般所说的缺货并不等于库房中

没有库存了，而是没有可销售库存。大部分电子商务企业只会在前台网站显示是否有库存，但实际上可以做得更细致。

例如，在京东商城的前台网站上，客户在选择不同收货区域时，系统会根据各个分仓库的库存数据显示是否有现货（见图8-3），以帮助客户购买，达到更好的客户体验。

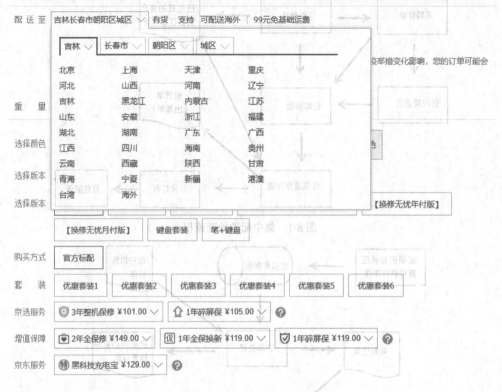

图8-3 京东商城可售库存系统

顾客选购完商品，确认订单时，前台网站会首先向后台系统发出要求，检查订单商品数量与当前可销售库存数量。若可销售库存数量>订单商品数量，则通知前台网站成功，否则会通知前台网站库存不足，提醒客户。

生成一张新的订单后，客户购买的商品会被预留下来，用于后续发货，系统中可销售库存数量减少。想知道可销售库存的去向，可以分析订单占用库存。

2）订单占用库存

当生成订单时，可销售库存数量减少，订单占用库存数量增多，变化的数量即订单中的商品数量。

设立订单占用库存的原因是订单的生成和库房的发货在时间上是异步的。这样做能够保证已经成功下订单的这部分顾客可以顺利收货。若不设立订单占用库存，则会产生顾客下订单后无货可发的尴尬情况。

处理订单时，针对的只是已经被订单所占用的库存，与前台网站的销售无关。货物出库后，系统中扣减的也只是订单占用库存中商品的数量。

3）不可销售库存

"理论符合实际"，这句话用到库存管理上，就是库存的系统记录要与库存实物相对应。

当货物由于破损而无法销售时，在系统中必须有相应的状态。在实际操作中，无法进行正常销售的原因很多，如包装破损、性能故障、型号标错等。为了"理论"符合实际，在系统中会定义出这部分库存为不可销售状态。

不可销售库存在系统中的标注方式有两种。一种方式是使用不同的SKU（库存量单位）代码来区别，如某一正常商品的SKU编码是998301，它所对应的不可销售库存的SKU编码则是998301U；另一种方式是使用同一种SKU代码，但是专门开辟一个不可销售库存区，所有不可销售的库存统一管理。

4）锁定库存

在销售中，经常使用的一种促销方式是降价，这种方式的效果非常好，成功的降价促销可以在很短的时间内将商品销售一空，使可销售库存直接转化为订单占用库存。但是在有些情况下，销售方并不希望这么快就将所有的库存都售出。有的时候是因为所有库存全部进行降价促销的成本很高，有的时候是防止竞争对手的恶意采购，更多的情况下，则是希望将这一产品的降价作为引子，带动网站的流量和商品整体销售，这就需要将促销分批次进行。

为达到以上目的，会采用锁定库存的方式。库存被锁定后，无法直接销售。促销进行一段时间后，可销售库存为0，无法继续销售，必须在解除锁定后才能转化为可销售库存，继续进行销售。其库存计算公式为

$$I(总库存)=S(可销售库存)+O(订单占用库存)+U(不可销售库存)+L(锁定库存)$$

5）虚库存

以上所述都是指实物在库房中的库存。但库房的总容量是一定的，不可能无限制地扩展。依据长尾理论，电子商务的最大优势是几乎无限的商品展示和销售能力。如何将有限的库房处理能力和无限的可销售商品联系起来呢？那就是虚库存。

有些商品，虽然库房中没有，或者没有很多，但是供应渠道非常通畅，可以在很短的时间内送到库房，变为库存；另外一些商品，销售量少，库存的管理难度大，只有产生订单后，才向供应商采购。这部分不在实际的库存中，但是可以很快采购到的商品就叫作虚库存。

小贴士

虚库存的存在，是为了使前台网站的可销售数量＞实际可销售数量。当存在虚库存时，可销售库存公式会变为$S=I-O-U-L+V$（虚库存）。

6）调拨占用库存

很多电子商务企业有着超过一个以上的库房。多个库房的设置，主要是因为规模发展到一定程度后，库存量很大，很难在一个单独的库房中储存。另外，也经常会在客户聚集地附近设立库房，以满足当地客户的需求。

各个库房之间必然存在库存的分派和调拨。当产生调拨计划后，调出地库房的某一部分库存就会被占用，这部分库存被称为调拨占用库存。调拨占用库存和订单占用库存的性质相似。当存在调拨占用库存后，可销售库存公式为

$$S=I-O-U-L+V-T（调拨占用库存）$$

7）调拨中库存

库存的调拨，必然会存在一段时间，库存既不存在于调拨出的库房，也不存在于调拨入的库房，这部分库存就像漂在空中一样，称为调拨中库存。设1号库房为调拨出库房，2号库房为调拨入库房，在调拨发货前，这两个库房的库存结构为

$$I_1=S_1+O_1+U_1+L_1-V_1+T_1$$
$$I_2=S_2+O_2+U_2+L_2-V_2+T_2$$
$$I=S+O+U+L-V+T$$

若从1号库房调拨出量为 a 的库存到2号库房，在1号库房调拨发出后，2号库房收到调拨前，两库房的库存结构为

$$I_1=S_1+O_1+U_1+L_1-V_1+T_1-a$$
$$I_2=S_2+O_2+U_1+L_2-V_2+T_2$$
$$I=S+O+U+L-V+T-a$$

可以看到，两个库房的总库存减少了。调拨中库存在路上，只能计在财务库存中，而并不能计入实物库存。只有当调拨完成后，库存进入2号库房，总库存才会恢复。公式为

$$I_1=S_1+O_1+U_1+L_1-V_1+T_1-a$$
$$I_2=S_2+O_2+U_2+L_2-V_2+T_2+a$$
$$I=S+O+U+L-V+T$$

以上是通用的库存结构综述。各家公司不同的商业模式和运营流程有着各自的特殊性，会使用到更加复杂的库存结构方式，以适应本公司的实际情况，这里不再做深入的探讨。

8.1.3 电子商务库存数据解读

电子商务库存直接关系着网店能否正常运营，如果库存少但商品销售火爆，就会因来不及补货而浪费销售时机。相反，如果库存多但商品滞销，过多的库存又会浪费资源，导致流动资金流转紧张。因此，对商家而言，有必要利用数据对电子商务库存进行分析和管理。

1. 库存结构分析

就店铺而言，商家只需要控制好有效库存和无效库存即可。其中，有效库存指的是可以出售的商品库存。无效库存则包含两种情况：一种是滞销商品、过季商品等对销售无太大帮助的库存，这类库存形同虚设，又被称为假库存；另一种是由于残损、过期、下架等原因导致的无法继续销售的库存，也被称为死库存。

要想控制好有效库存和无效库存，可以利用"总量-结构-SKU"体系，从宏观到微观层次逐步分解店铺的库存构成。图 8-4 所示为某女装店铺的库存构成体系，利用这张图可以了解该店铺库存的现状。从总量来看，该店铺的无效库存占据了总量的 25%，有效库存占据了总量的 75%。

2. 量化库存

通过图 8-4 只能看到店铺库存的整体结构，但不能确定这些库存是否能够满足销售需要，也无法判断库存数量是否安全，因此还需要借助库存天数和库存周转率来量化库存。

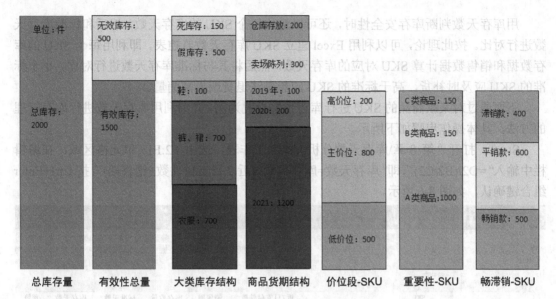

图 8-4 店铺库存结构体系

1）库存天数

库存天数（day of stock，DOS）可以有效衡量库存动态变化的情况，是衡量库存在可持续销售期的追踪指标。库存天数这个指标的优势在于既考虑了销售变动对库存的影响，又可以将"总量-结构-SKU"这个体系的安全库存标准统一化管理。

库存天数的计算公式为

库存天数=期末库存数量÷(某销售期的销售数量÷该销售期天数)

图 8-5 所示为某店铺的库存天数与标准库存天数的对比情况，其中柱形图为计算出的对应指标当天的库存天数，折线图为对应指标当天的标准库存天数。通过这样的对比，可以量化库存，从而知道哪些指标的库存天数过低，哪些指标的库存天数过高。

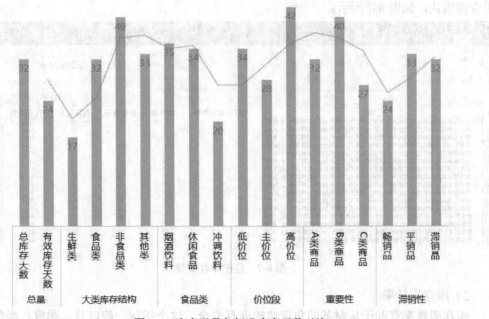

图 8-5 库存天数与标准库存天数对比

用库存天数判断库存安全性时，还可以量化每个 SKU 的库存天数，然后和标准库存天数进行对比。按此理论，可以利用 Excel 建立 SKU 库存天数监控表，即利用每个 SKU 的库存数据和销售数据计算 SKU 对应的库存天数，然后将其与标准库存天数进行对比，小于标准的 SKU 应及时补货，高于标准的 SKU 应想办法退货或提高销量。

下面通过对某款商品的 SKU 进行库存预警设置为例，介绍利用库存天数进行库存管理的方法，具体操作步骤如下所示。

Step1：打开"第 8 章\库存天数分析.xlsx"工作表，选中 F2:F17 单元格区域，在编辑栏中输入"=D2/(B2/C2)"，即"库存天数=库存数量÷(近 7 日支付件数÷销售期)"，按 Ctrl+Enter 组合键确认，如图 8-6 所示。

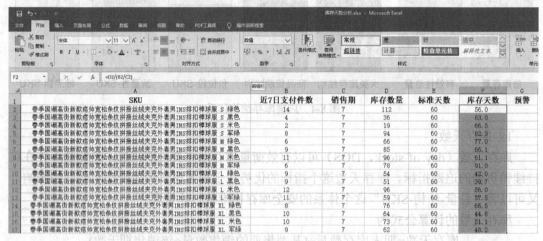

图 8-6　计算库存天数

Step2：选择 G2:G17 单元格区域，在编辑栏中输入 "=IF(F2-E2<=-15,"亟待补货",IF(F2-E2<-7,"有待补货",IF(F2-E2<=7,"正常",IF(F2-E2<15,"加速销售","亟待销售"))))"，按 Ctrl+Enter 组合键确认，如图 8-7 所示。

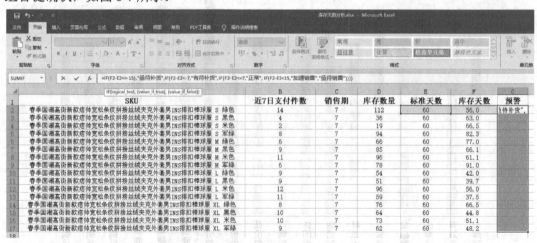

图 8-7　监控库存数量

2）库存周转率

库存周转率有助于从财务的角度监控库存安全，这个指标一般以月、季度、半年或年

为周期，计算公式为

$$库存周转率=销售数量÷[(期初库存数量+期末库存数量)÷2]$$

分析库存周转率时，首先利用公式计算各商品或 SKU 的库存周转率，然后建立四象限图进行分析。图 8-8 所示为建立的库存周转率四象限图，其中横坐标轴代表库存天数，纵坐标轴代表库存周转率。假设标准库存为 30 天，标准库存周转率为 3 次，那么该图中位于坐标轴交叉点附近的商品或 SKU 的库存都比较安全。位于第 2 象限内的商品的库存天数低、库存周转率高，容易出现断货情况，应及时补货。位于第 4 象限内的商品库存天数高、库存周转率低，容易形成死库存，应特别重视。

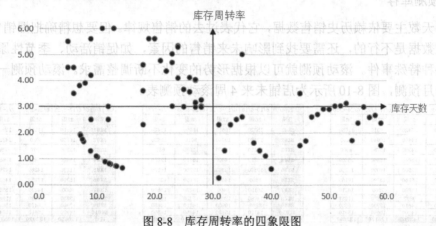

图 8-8　库存周转率的四象限图

小贴士

标准库存天数

每个行业的标准库存天数都不同，运营能力、供应商等因素都会影响这个指标。如大型超市的标准库存天数一般是 30 天左右，快消品渠道商的标准库存天数大概在 45 天，服装零售店铺的标准库存天数一般为 60 天左右。实际操作时，可以通过研究历史库存数据和历史销售数据来确定标准库存天数。

3．管理库存

管理库存时可以借助动销率和广度、宽度、深度等指标对库存进行量化控制。以下为这些指标的具体含义。

动销率：动销率指的是在一定时间段内支付的商品数与店铺在线商品数之比。动销率越高，权重越高，店铺不仅会获得更多系统展示的机会，还会加大参加官方活动的通过概率。商品的动销率越高，搜索排名权重就越高，获取更多流量的概率也就越大。动销率非常低的商品要及时下架或删除，避免影响店铺权重。

通过广度、宽度、深度这三个维度商家可以综合管理库存。通常情况下，如果这三个指标合理，商品的库存结构就较为合理。广度即涉及的商品类目；宽度即商品各类目下的子类目；深度即商品的 SKU 数量。将这三个维度的数据和计划值进行对比，找出差异就能确定库存结构哪里出现了问题。图 8-9 所示为某文化坑具类商品的三度（广度、深度、宽度）分析图，标红的数据表示实际与计划差异较大，负数表示实际大于计划，正数表示实际小于计划。通过这样的方式监控商品的库存结构，可以轻松对库存进行调整，保证库存结构合理。

三度分析	项目	体育用品	照器材	钟表类	书写用具	学生用品	纸张	玩具类	音像制品	通讯器材	电脑原件	合计
广度	计划	有	有	有	有	有	有	有	有	有	有	10
	实际	有	有	有	有	有	有	有	有	有	有	10
	差异	无	无	无	无	无	无	无	无	无	无	0
宽度	计划	140	78	60	129	78	168	86	76	37	105	957
	实际	150	78	67	110	78	154	88	80	37	115	957
	差异	-10	0	-7	19	0	14	-4	-4	0	-10	0
深度	计划	85.0	49.0	130.0	130.00	70.00	170.00	130.00	170.00	130.00	95.00	1159.00
	实际	80.3	41.3	143.8	145.30	65.00	146.00	90.00	210.10	119.90	94.00	1135.70
	差异	4.7	7.7	-13.8	-15.3	5.0	24.0	40.0	-40.1	10.1	1.0	23.3

图 8-9 库存结构的三度分析

4. 预测库存

库存天数主要依赖历史销售数据，它代表过去的销售规律。但要想精确把握销售走势，仅靠历史数据是不行的，还需要找到影响未来销售的因素，如促销活动、季节性原因、节假日等各种特殊事件。滚动预测就可以根据形势的变化不断调整需求。滚动预测一般分为周预测和月预测，图 8-10 所示为店铺未来 4 周滚动预测表。

2021/6/2	6/3-6-9	6/10-6/16	6/17-6/23	6/24-6/30
预测	35周	36周	37周	38周
SKU1	11350	17420	10810	11050
SKU2	11630	14400	10040	9200
SKU3	12940	14390	13750	8960
SKU4	11920	13840	15840	15800
SKU5	15840	13500	10990	13250
SKU6	12440	15160	15790	16150
SKU7	9850	15880	7500	14210
SKU8	11250	9862	12870	11037
SKU9	12060	14610	12900	16530
SKU10	14600	14200	15680	15910
合计	123880	143262	126170	132097

2021/6/9	6/10-6/16	6/17-6/23	6/24-6/30	7/1-7/7
预测	36周	37周	38周	39周
SKU1	15320	10610	11050	12420
SKU2	12430	10040	8010	15820
SKU3	13110	12650	11080	8850
SKU4	13210	14800	15710	12850
SKU5	10530	12380	13260	16520
SKU6	8860	14690	16150	13700
SKU7	15150	8400	10270	16500
SKU8	14980	12650	15320	10050
SKU9	8860	10900	14810	14650
SKU10	14130	15430	14850	14590
合计	126580	122950	130510	135950

2021/6/16	6/17-6/23	6/24-6/30	7/1-7/7	7/8-7/14
预测	37周	38周	39周	40周
SKU1	10810	11150	12510	11690
SKU2	10130	9020	14810	12410
SKU3	12850	9870	8850	12760
SKU4	15820	15830	12650	10840
SKU5	11880	14260	14290	12850
SKU6	15790	17150	14620	16540
SKU7	9800	14230	15550	15320
SKU8	13750	10380	11060	14850
SKU9	12900	16420	15640	9650
SKU10	16920	15610	15840	10020
合计	130650	133920	135820	126930

图 8-10 周滚动预测表

每周都对未来 4 周的每个 SKU 做一次预测，根据业务状况不断地、正确地进行预测。

8.2 商品库存统计与分析

库存是电子商务运营中采购与销售的中转站，用于商品存取、周转和调度。它能保证商品的及时供应，防止供货短缺或中断。如果做不好库存管理工作，可能会出现占用大量资金、加大库存成本等情况，所以卖家需要定期对库存数据进行认真分析，制定合理的库存管理策略，以保证商品供应的平衡。

8.2.1 ABC 库存管理法

1. ABC 库存管理法的基本原理

ABC 分析法源于帕累托曲线。意大利经济学家帕累托在 1879 年研究米兰城市财富的社会分配时得出一个重要结论：80%的财富掌握在 20%的人手中，即"关键的少数和次要的多数"规律。这一普遍规律存在于社会的各个领域，称为帕累托现象。一般来说，企业的库存物资种类繁多，每个品种的价格不同，库存数量也不等。有的物资品种不多但价值很高，而有的物资品种很多但价值不高。由于企业的资源有限，因此在进行存货控制时，要求将注意力集中在比较重要的库存物资上，依据库存物资的重要程度分别管理，这就是 ABC 分类管理的思想。

ABC 库存管理法将企业的全部存货分为 A、B、C 三类。管理时,将金额高的 A 类物资(这类存货出库的金额大约占到全部存货出库总金额的 70%)作为重点加强管理与控制对象;B 类物资按照通常的方法进行管理和控制(这类存货出库的金额大约占到全部存货出库总金额的 20%);C 类物资品种数量繁多(这类存货出库的金额大约占到全部存货出库总金额的 10%),但价值不大,可以采用最简便的方法加以管理和控制。

2. ABC 库存管理法的基本方法

下面以"仓储分析"工作簿中的"ABC 库存管理法"工作表为例,演示如何应用 ABC 库存管理法对库存进行科学管理,其具体操作步骤如下所示。

Step1:打开"第 8 章\ABC 库存管理法.xlsx"工作表,在第一行输入表头信息,如图 8-11 所示。

A	B	C	D	E	F	G	H	I
编号	产品	单价	数量	金额	累计金额	比例	累计比例	ABC分类

图 8-11 输入表头

Step2:单击快速访问工具栏中的下拉按钮,选择"其他命令"选项,打开"Excel 选项"对话框,单击"从下列位置选择命令"下拉按钮,在下拉列表中选择"不在功能区中的命令"选项,选择"记录单"选项,单击"添加"按钮将其添加到右侧的快速访问工具栏列表框中,单击"确定"按钮,如图 8-12 所示。

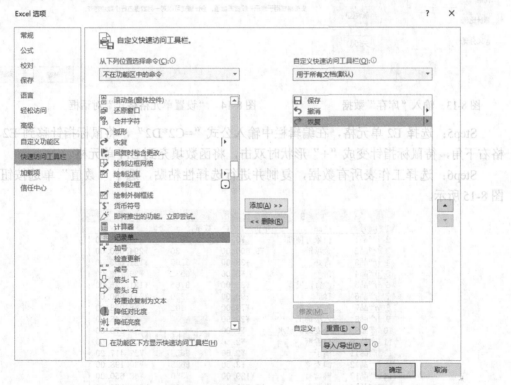

图 8-12 添加记录单功能

Step3:返回工作表中,选择任意单元格,在快速访问工具栏中单击添加的"记录单"按钮,打开记录单对话框,单击"新建"按钮,在对应文本框中输入相应的库存资料数据,输入完成后再次单击"新建"按钮便可继续添加下一条供应商信息，如图 8-13 所示。完成后返回工作表中，即可查看所添加的库存资料信息。

Step4：右击 C 列，在弹出的快捷菜单中选择"设置单元格格式"命令，打开"设置单元格格式"对话框。设置"分类"为"货币"，"小数位数"为"2"，单击"确定"按钮，如图 8-14 所示。

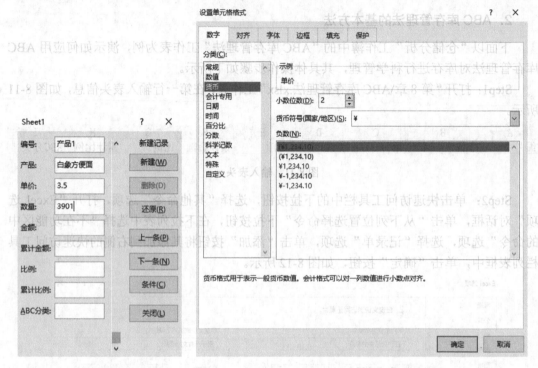

图 8-13　输入"库存"数据　　　　　图 8-14　"设置单元格格式"对话框

Step5：选择 E2 单元格，在编辑栏中输入公式"=C2*D2"，将鼠标指针移到 E2 单元格右下角，待鼠标指针变成"+"形状时双击，将函数填充到 E17 单元格。

Step6：选择工作表所有数据，复制并进行选择性粘贴，选中"数值"单选按钮，如图 8-15 所示。

	A	B	C	D	E
1	编号	产品	单价	数量	金额
2	产品1	白象方便面	¥3.50	3901	¥13,653.50
3	产品2	金项链	¥9,800.00	30	¥294,000.00
4	产品3	青虾	¥38.00	3200	¥121,600.00
5	产品4	饼干	¥6.00	6532	¥39,192.00
6	产品5	沙宣洗发露	¥35.00	3765	¥131,775.00
7	产品6	T恤	¥99.00	3350	¥331,650.00
8	产品7	蓝牙音箱	¥79.00	102	¥8,058.00
9	产品8	六级词汇	¥29.90		548.00
10	产品9	今麦郎矿泉水	¥2.00		570.00
11	产品10	口香糖	¥2.50		¥15,220.00
12	产品11	橘子	¥2.60	8622	¥22,417.20
13	产品12	油麦菜	¥3.50	8628	¥30,198.00
14	产品13	键盘	¥139.00	350	¥48,650.00
15	产品14	电瓶车	¥2,800.00	105	¥294,000.00
16	产品15	滑板	¥289.00	300	¥86,700.00
17	产品16	华为mate40	¥6,099.00	510	¥3,110,490.00
18					

图 8-15　选择性粘贴

Step7：右击 E1 单元格，在弹出的快捷菜单中选择"排序"→"降序"命令，如图 8-16 所示。

图 8-16　设置"排序"

Step8：选择 F2 单元格，在编辑栏中输入公式"=E2"。选择 F3 单元格，在编辑栏中输入公式"=F2+E3"，将鼠标指针移到 F3 单元格右下角，待鼠标指针变成"+"形状时双击，将函数填充到 F17 单元格。

Step9：选择 G2 单元格，在编辑栏中输入公式"=E2/$F$17"。将鼠标指针移到 G2 单元格右下角，待鼠标指针变成"+"形状时双击，将函数填充到 G17 单元格。

Step10：选择 H2 单元格，在编辑栏中输入公式"=G2"。选择 H3 单元格，在编辑栏中输入公式"=H2+G3"，将鼠标指针移到 H3 单元格右下角，待鼠标指针变成"+"形状时双击，将函数填充到 H17 单元格。

Step11：根据累计比例对库存商品进行 ABC 分类，如图 8-17 所示。

	A	B	C	D	E	F	G	H	I
1	编号	产品	单价	数量	金额	累计金额	比例	累计比例	ABC分类
2	产品16	华为mate40	¥6,099.00	510	¥3,110,490.00	¥3,110,490.00	0.678447	0.678447	A
3	产品6	T恤	¥99.00	3350	¥331,650.00	¥3,442,140.00	0.072338	0.750785	A
4	产品2	金项链	¥9,800.00	30	¥294,000.00	¥3,736,140.00	0.064126	0.814911	A
5	产品14	电瓶车	¥2,800.00	105	¥294,000.00	¥4,030,140.00	0.064126	0.879037	A
6	产品5	沙宣洗发露	¥35.00	3765	¥131,775.00	¥4,161,915.00	0.028742	0.907779	B
7	产品3	青虾	¥38.00	3200	¥121,600.00	¥4,283,515.00	0.026523	0.934302	B
8	产品15	滑板	¥289.00	300	¥86,700.00	¥4,370,215.00	0.018911	0.953213	B
9	产品13	键盘	¥139.00	350	¥48,650.00	¥4,418,865.00	0.010611	0.963824	B
10	产品4	饼干	¥6.00	6532	¥39,192.00	¥4,458,057.00	0.008548	0.972372	B
11	产品12	油麦菜	¥3.50	8628	¥30,198.00	¥4,488,255.00	0.006587	0.978959	C
12	产品11	橘子	¥2.60	8622	¥22,417.20	¥4,510,672.20	0.00489	0.983849	C
13	产品10	口香糖	¥2.50	7688	¥19,220.00	¥4,529,892.20	0.004192	0.988041	C
14	产品9	今麦郎矿泉水	¥2.00	8785	¥17,570.00	¥4,547,462.20	0.003832	0.991873	C
15	产品8	六级词汇	¥29.90	520	¥15,548.00	¥4,563,010.20	0.003391	0.995264	C
16	产品1	白象方便面	¥3.50	3901	¥13,653.50	¥4,576,663.70	0.002978	0.998242	C
17	产品7	蓝牙音箱	¥79.00	102	¥8,058.00	¥4,584,721.70	0.001758	1	C

图 8-17　ABC 分类结果

Step12：选择 L2:M6 单元格区域，单击"插入"选项卡中的"饼图"下拉按钮，在下拉列表中选择"二维饼图"中的"饼图"选项。将图表移到合适位置，并输入图表标题"库存金额比例饼状图"，在"图表布局"功能组中选择"布局 6"选项，结果如图 8-18 所示。

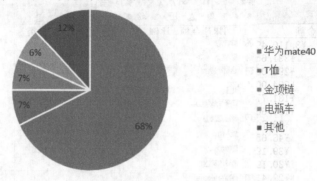

图 8-18　库存金额比例饼状图

8.2.2　统计当月库存与出库状态

库存是采购与销售的中转站，用于商品存取、周转和调度。所以，保证库存适当，就是让现有库存量与标准库存量在保持适度、保障商品够用的同时，不能有太多积存。怎样做到这一点呢？我们可以从最近的库存情况（或需要的时间段）着手，对库存数据信息进行直观的分析，从而得出结果，为后面的入库情况提供数据支持和经验总结。

下面以"仓储分析"工作簿中的"商品库存 1"工作表为例，筛选当月最新商品库存数据，然后通过簇状柱形图对现有库房结存量和库存标准量进行直观对比，具体操作步骤如下所示。

Step1：打开"第 8 章\商品库存 1.xlsx"工作表，单击"数据"选项卡中的"筛选"按钮，工作表进入自动筛选状态。单击"入库时间"下拉按钮，在下拉列表中选中"七月"复选框，如图 8-19 所示。

Step2：选择 F41 单元格，在编辑栏中输入公式"=A32&"（"&D32&"）""，使用填充柄功能填充公式到 F48 单元格，将六月库存商品的名称与颜色字符串合并在一起，如图 8-20 所示。

Step3：选择 K1:L39 单元格区域，单击"插入"选项卡中的"柱形图"下拉按钮，选择"二维柱形图"→"簇状柱形图"选项。然后单击"设计"选项卡，选择"布局 1"。将图表移到合适位置，在图表标题文本框中输入"六月份店铺采购入库与标准库存关系"。

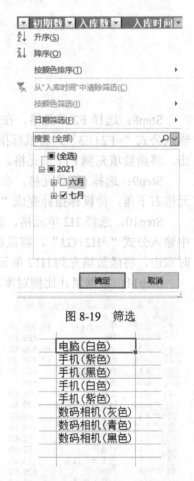

图 8-19　筛选

| 电脑（白色） |
| 手机（紫色） |
| 手机（黑色） |
| 手机（白色） |
| 手机（紫色） |
| 数码相机（灰色） |
| 数码相机（青色） |
| 数码相机（黑色） |

图 8-20　合并颜色和名称

Step4： 在图表空白处右击，在弹出的快捷菜单中选择"选择数据"命令，打开"选择数据源"对话框。单击"水平（分类）轴标签"选项区中的"编辑"按钮，打开"轴标签"对话框，在表格中选择 F41:F48 单元格区域，单击"确定"按钮，如图 8-21 所示。

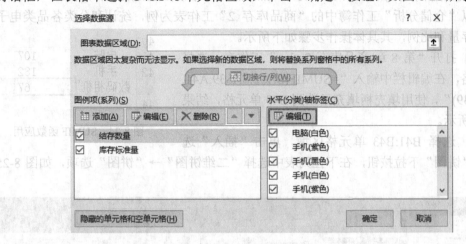

图 8-21　选择"轴标签"

　　Step5： 在"结存数量"数据系列上右击，在弹出的快捷菜单中选择"设置数据系列格式"命令，打开"设置数据系列格式"窗格。单击"系列选项"选项卡，设置"间隙深度"为"53%"，如图 8-22 所示。

　　从图表中可明显看出每一类型商品的结存数量与库存标准量的差距，如图 8-23 所示。

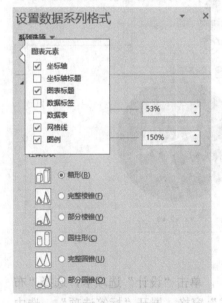

图 8-22　"设置数据系列格式"窗格

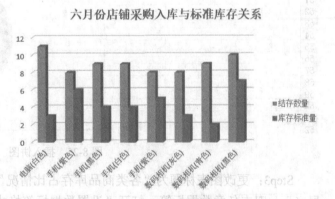

图 8-23　最终效果图

8.2.3　各类产品库存占比统计

　　在较多库存数据中，我们不仅要知道各种商品当前的库存情况，而且应知道各类商品在整个库存中所占的比例，从而从整体上对库存商品的比例结构进行科学调整（将过多的商品库存比例调小，将过少的商品库存比例调大），使其更好地适应采购和销售的需要，发挥其应有的作用和功能。要实现各类商品库存比例展示和分析，首先需要借助 SUMIF 函数对各类商品的库存数据进行计算、统计，然后使用二维饼图进行展示和分析。

下面以"仓储分析"工作簿中的"商品库存 2"工作表为例，统计和分类各品类电子产品的库存量和比例，其具体操作步骤如下所示。

Step1：打开"第 8 章\商品库存 2.xlsx"工作表，选择 B41 单元格，在编辑栏中输入"=SUMIF(SA$2:$A$39,A41,SK$2:SK$39)"，使用填充柄填充函数到 B43 单元格，结果如图 8-24 所示。

40		
41	电脑	107
42	手机	182
43	数码相机	67
44		

图 8-24　SUMIF 函数应用

Step2：选择 B41:B43 单元格区域，单击"插入"选项卡中的"饼图"下拉按钮，在下拉列表中选择"二维饼图"→"饼图"选项，如图 8-25 所示。

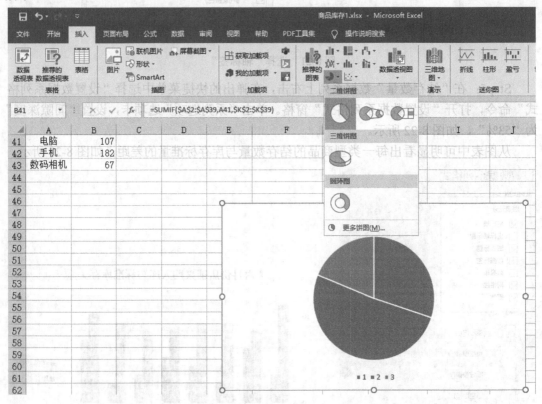

图 8-25　插入饼图

Step3：更改图表标题为"各类商品库存占比情况"，单击"设计"选项卡，选择"布局 6"。双击任意数据标签，打开"设置数据标签格式"窗格，展开"标签选项"，选中"值"复选框和"百分比"复选框，单击"分隔符"下拉按钮，在下拉列表中选择"新文本行"选项，如图 8-26 所示。

在图表中即可查看各类商品库存数据的比例情况，可以看出各类商品的占比情况较为均衡，如图 8-27 所示。

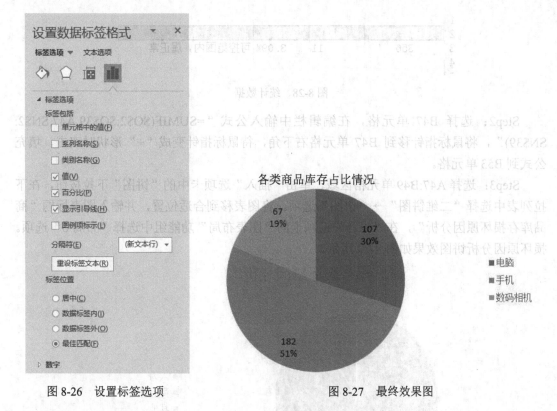

各类商品库存占比情况

■电脑
■手机
■数码相机

| 图 8-26　设置标签选项 | 图 8-27　最终效果图 |

8.3　统计库存商品状态

电子商务卖家一定要了解清楚仓库中有多少商品，不仅要进行信息的准确登记和管理，使其井井有条，而且应对各类商品数据进行统计和分析，如现有的库存是否需要及时补货，从而保证商品供应的平衡。

8.3.1　损坏商品库存统计

库存商品损坏是不可避免的，但这种损坏必须在可控范围内，也就是我们能够接受或承担的范围，否则就必须加强商品的管理，减少损坏。同时，必须统计、分析出造成损坏的各种因素的比例，从而找到更好的管控和减少损坏的入手点。其中，要统计出库存商品损坏率，必须先统计出损坏的商品数量和总库存数量，然后进行除法计算，并使用饼图直观展示造成各种商品损坏的占比情况。

Step1：打开"第 8 章\商品库存 3.xlsx"工作表，选择 A43 单元格，在编辑栏中输入公式"=SUM(K2:K39)"。选择 B43 单元格，在编辑栏中输入公式"=SUM(N2:N39)"。选择 C45 单元格，在编辑栏中输入公式"=B43/A43"。单击"开始"选项卡中"数字"功能组中的"数据类型"下拉按钮，在下拉列表中选择"百分比"选项。选择 D45 单元格，在编辑栏中输入公式"=IF(C43<10%,"可控范围内，属正常","超出可控范围，须加强管理")"，如图 8-28 所示。

	总库存数量	破损	破损率	备注
3	356	11	3.09%	可控范围内，属正常

图 8-28　统计数据

Step2：选择 B47 单元格，在编辑栏中输入公式"=SUMIF($O$2:$O$39,A47,SN$2:SN$39)"，将鼠标指针移到 B47 单元格右下角，待鼠标指针变成"+"形状时双击，填充公式到 B53 单元格。

Step3：选择 A47:B49 单元格区域，单击"插入"选项卡中的"饼图"下拉按钮，在下拉列表中选择"二维饼图"→"饼图"选项。将图表移到合适位置，并输入图表标题"商品库存损坏原因分析"，在"设计"选项卡的"图表布局"功能组中选择"布局 6"选项。损坏原因分析饼图效果如图 8-29 所示。

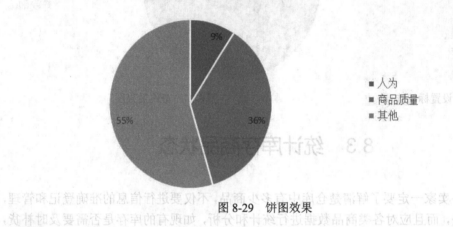

图 8-29　饼图效果

8.3.2　商品库存状态的分析与预测

由于入库和出库的不均衡，仓库中的商品会处于供不应求，或刚好合适，或入库大于出库（积压）的状态。我们可以对商品的这种库存状态进行直观展示，并对未来的情况进行预测，从而对该商品的入库和出库进行调整。要达到这种库存状态的直观展示，必须获取当前的库存数据（当然它是需要动态计算获得的，因为入库数据和出库数据在不断变化），然后用带有次要坐标轴的组合图表就能进行轻松展示和分析。

下面以"仓储分析"工作簿中的"商品库存 4"工作表为例，展示和分析 2016 年 6 月上半月的库存状态，同时预测该商品未来是否会成为积压商品，其具体操作步骤如下所示。

Step1：打开"仓储分析"工作簿中的"商品库存 4"工作表。选择 C2 单元格，在编辑栏中输入公式"=B2+B3-B4"，使用填充柄横向填充公式到 P2 单元格，自动计算出当前库存数据，结果如图 8-30 所示。

Step2：选择 A1:P3 单元格区域，单击"插入"选项卡中的"柱形图"下拉按钮，在下拉列表中选择"二维柱形图"→"簇状柱形图"选项。将图表移到合适位置，并输入图表标题"商品库存状态分析"，在"设计"选项卡的"图表布局"功能组中选择"布局 1"

选项，如图 8-31 所示。

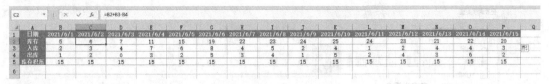

图 8-30　计算当前库存数据

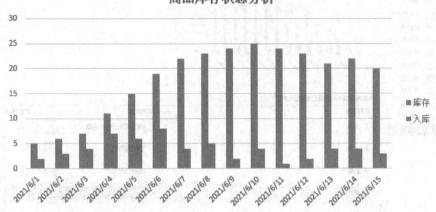

图 8-31　制作柱状图

Step3：在图表的任意位置右击，在弹出的快捷菜单中选择"选择数据"命令，打开"选择数据源"对话框。单击"添加"按钮，打开"编辑数据系列"对话框。在"系列名称"文本框中输入"=Sheet1!$A$4"，在"系列值"文本框中输入"=Sheet1!$B$4:$P$4"，单击"确定"按钮，如图 8-32 所示。

Step4：返回"选择数据源"对话框，再次单击"添加"按钮，打开"编辑数据系列"对话框。在"系列名称"文本框中输入"=Sheet1!$A$5"，在"系列值"文本框中输入"=Sheet1!$B$5:$P$5"，单击"确定"按钮，如图 8-33 所示。

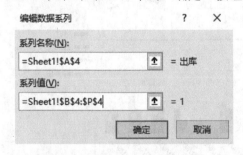

图 8-32　添加"出库"数据系列

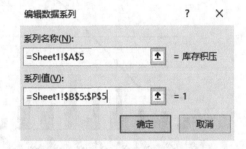

图 8-33　添加"库存积压"数据系列

Step5：右击"库存"数据系列，在弹出的快捷菜单中选择"更改系列图表类型"命令，在打开的"更改图表类型"对话框中选择"组合图"选项，更改"库存"和"库存积压"的"图表类型"，如图 8-34 所示。

在表格中即可查看图表的最终形态样式，如图 8-35 所示。在图表中可以明显看出 2021/6/5 以后库存量越过"库存积压值"数据系列，进入 10 天的积压期，虽有下行的趋势，但未越过"库存积压值"数据系列线，未来一段时间商品库存可能还会处于积压状态。

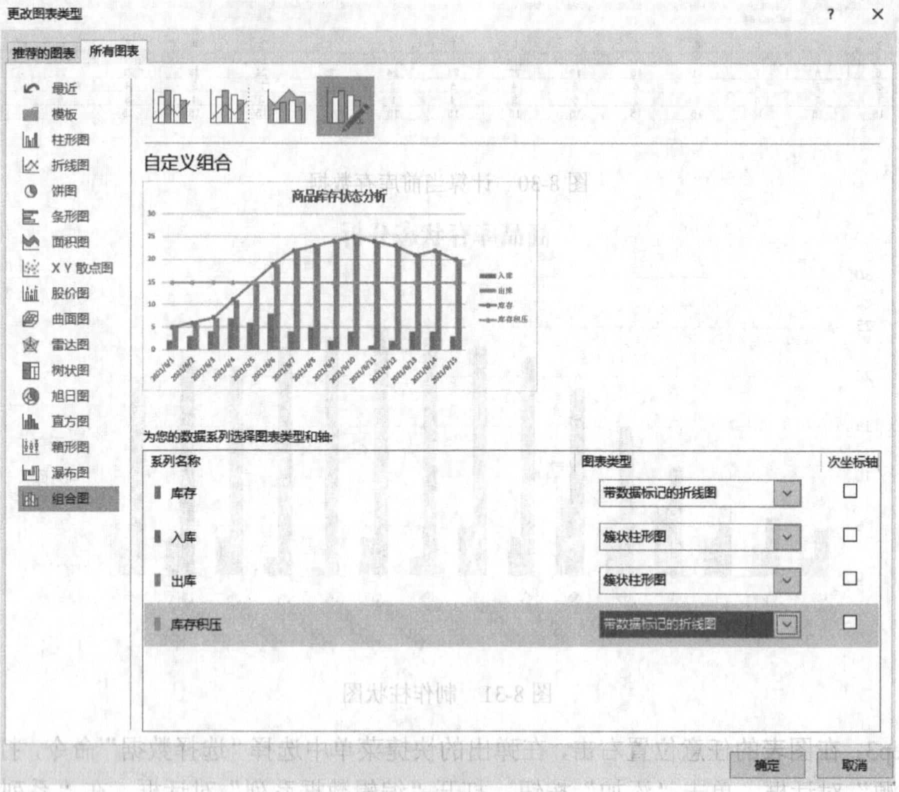

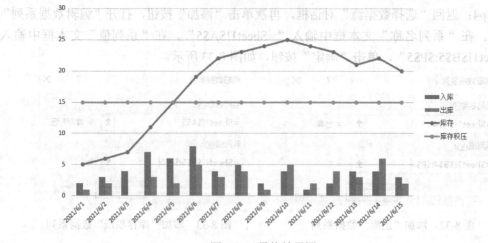

图 8-34　更改图表类型

图 8-35　最终效果图

拓展实训

【实训目标】

通过实训，使学生初步了解商品库存统计与分析的相关知识点，包括统计当月库存与出库状态分析。

【实训内容】

针对"商品库存1"工作表，筛选6月最新商品库存数据，如图8-36所示。了解并掌握统计当月库存与出库状态方案，并对当月库存与出库状态方案进行分析。

宝贝	品牌	类型/尺	颜色	单位	单价	初期数	入库数量	入库时间	出库数	结存数量	库存标准量	库存差异
电脑	联想	6英寸	白色	台	1802	8	10	2021/6/1	6	8	5	3
电脑	联想	7英寸	灰色	台	1802	10	8	2021/6/1	6	10	8	2
电脑	联想	11英寸	红色	台	1802	9	9	2021/6/1	4	10	5	5
电脑	联想	7英寸	紫色	台	6500	8	10	2021/6/1	3	11	5	6
电脑	联想	7英寸	粉色	台	6500	8	11	2021/6/1	4	11	4	7
手机	联想	6.0英寸	金色	台	2802	7	8	2021/6/2	2	9	6	3
手机	联想	5.6英寸	黑色	台	2802	8	12	2021/6/2	5	11	7	4
手机	华为	5.6英寸	青色	台	4500	7	11	2021/6/2	7	7	6	1
手机	华为	5.4英寸	白色	台	3800	9	8	2021/6/2	6	7	5	2
手机	华为	5.5英寸	红色	台	4200	12	7	2021/6/2	4	11	4	7
手机	华为	6.0英寸	青色	台	5200	5	7	2021/6/2	5	7	6	1
手机	华为	5.4英寸	黑色	台	3800	9	11	2021/6/2	6	8	6	2
数码相机	三星	高端	青色	台	6500	12	10	2021/6/12	4	7	6	1
数码相机	三星	高端	灰色	台	5500	10	10	2021/6/12	3	11	4	7
数码相机	三星	入门	青色	台	5300	7	8	2021/6/12	5	11	9	2
数码相机	三星	入门	黑色	台	5200	6	9	2021/6/12	4	12	8	3
手机	OPPO	5.9英寸	灰色	台	2900	7	9	2021/6/15	4	12	5	8
手机	OPPO	5.4英寸	白色	台	3300	8	10	2021/6/15	3	9	5	4
手机	OPPO	5.5英寸	青色	台	4200	4	7	2021/6/15	2	9	4	5
手机	OPPO	6.0英寸	黑色	台	4800	7	5	2021/6/15	5	7	3	4
电脑	华硕	6英寸	白色	台	2800	6	8	2021/6/20	5	8	6	2
电脑	华硕	7英寸	灰色	台	3300	5	7	2021/6/20	3	8	6	2
电脑	华硕	11英寸	红色	台	6500	4	9	2021/6/20	3	11	8	3
电脑	华硕	7英寸	紫色	台	3200	8	9	2021/6/20	6	11	8	3
电脑	华硕	7英寸	粉色	台	3300	9	10	2021/6/25	2	8	3	5
手机	vivo	6.0英寸	黑色	台	2500	8	9	2021/6/25	5	8	3	5
手机	vivo	5.6英寸	青色	台	2300	9	11	2021/6/30	2	9	6	3
手机	vivo	5.6英寸	白色	台	2800	6	6	2021/6/30	4	10	5	5
手机	vivo	5.4英寸	紫色	台	2800	4	4	2021/6/30	5	12	4	8
手机	vivo	5.5英寸	紫色	台	2900	3	7	2021/6/30	5	11	3	8
电脑	戴尔	7英寸	白色	台	4200	6	8	2021/7/1	3	11	3	8
数码相机	佳能	高端	灰色	台	5500	12	10	2021/7/1	2	8	6	2
数码相机	佳能	入门	白色	台	4900	10	8	2021/7/1	3	8	5	3
数码相机	佳能	入门	黑色	台	4900	9	7	2021/7/10	1	9	4	5
手机	小米	5.4英寸	紫色	台	2800	7	9	2021/7/10	2	8	5	3
手机	小米	5.5英寸	黑色	台	2900	8	12	2021/7/10	3	8	5	3
手机	小米	6.0英寸	白色	台	5400	6	8	2021/7/15	2	9	2	7
手机	小米	5.6英寸	紫色	台	5400	9	11	2021/7/15	2	10	7	3

图 8-36　商品库存数据表

【实训步骤】

（1）制作簇状柱形图。
（2）将现有库房结存数量与库存标准量数据进行直观对比。

【实训要求】

（1）考虑到课堂时间有限，实训可以"课外+课内"的方式进行，即团队分组、分工、讨论和方案形成在课外完成，成果展示安排在课内。

（2）每个团队方案展示时间为10分钟左右，教师和学生提问时间为5分钟左右。

课后习题

1．电子商务库存的特点有哪几个？
2．电子商务库存管理的方法有哪几种？
3．电子商务库存管理的类型有哪些？
4．库存周转率公式是什么？
5．库存天数的计算公式是什么？

第 9 章

客户与客服数据分析

客户至上的经营理念

在莉莉的努力经营下，店铺的生意越来越好，店铺拥有了越来越多的老客户。为了让这些老客户感觉到在这里购物无论是优惠还是服务都是最好的，莉莉准备发起促销活动和客服管理机制。

莉莉清楚客户不仅是店铺利润的长期贡献者，也是店铺口碑最好的传播者，对店铺的重要性不言而喻，而且维护老客户比吸引新客户的成本低很多。

莉莉认为要了解这些老客户的需求，必须进行数据的管理和分析。只有做好数据分析，才能在运营过程中游刃有余，做到精准营销。

除此之外，莉莉还到朋友的公司进行学习交流，学习客服的管理办法和建立 KPI 考核系统。不仅要让客户体验到优惠，还要让客户体会到极致的服务。

学习目标

1. 了解客户数据的作用。
2. 掌握客户总体消费情况分析。
3. 熟悉客户需求情况分析。
4. 理解 RFM 模型分析方法。

重难点分析

1. 熟练掌握客户数据分析方法。
2. 理解客服的工作职责和考核标准。

思政导学

客户与客服数据大部分涉及个人隐私，所以应理解数据安全、尊重客户隐私、公平竞争及诚信的重要性，能运用诚信、敬业的价值观念引领学生解决数据分析中出现的理念和方法偏差的问题，规范行为。

9.1　会员数据概述

许多商家已经意识到收集会员数据的重要性，却不知道收集会员数据的途径，而且即使收集到了会员数据，也不知如何利用。因此，在介绍会员数据分析方法之前，有必要对会员数据的作用和获取途径进行适当介绍。

9.1.1　会员数据的作用与获取

1. 会员数据的作用

会员数据之所以越来越受商家重视，是因为会员的转化率和客单价都比较高。总的来看，会员数据具有提高店铺交易额和精准推广两个方面的作用。

1）提高店铺交易额

在影响店铺成交额的因素中，流量、转化率、客单价都与会员数据紧密相关，所以分析会员数据对店铺交易额有很大影响。善于维护会员关系，将新客户转化成会员，会大大降低流量成本。同时，老客户流量带来的转化率远大于新客户的转化率，因此这类流量的质量非常高。另外，老客户已经有过在店铺中购物的经历，再次进店购买，说明其认可店铺的商品和服务，因此购买多件商品的概率比新客户更高，从而能够提高客单价。

综上所述，合理进行会员管理、重视会员数据、将新客户变为会员等，可以减少店铺的销售成本，提高交易额。

2）精准推广

很多商家会利用收集到的会员数据向会员发送限时优惠等推广信息，效果有好有坏。区别在于，在发送推广信息之前，有没有对会员数据进行分析，如果没有，不仅无法起到推广作用，甚至还会弄巧成拙。如未经人群筛选就将某商品降价的信息发送给会员，部分刚购买了该商品的会员会认为自己吃了亏。

> **小贴士**
>
> 会员维护不仅依赖商品和客服，还需要物流配合，配送速度快、无破损、快递态度好等，这些影响物流的元素都会影响会员的维护。因此店铺应该与物流方多进行沟通，加强物流管理和服务。

2. 会员数据的获取途径

会员在店铺购买了商品后会留下一定的数据，如昵称、姓名、地址等，商家可以通过淘宝客户运营平台或专门的客户关系管理系统获取会员数据。下面分别介绍两种会员数据的获取途径。

1）淘宝客户运营平台

在淘宝千牛卖家工作台左侧导航栏的"营销中心"功能中找到"客户运营平台"工具，单击该工具即可进入客户运营平台。在该平台上不仅可以查看所有成交客户、未成交客户和询单客户的信息，还可以进行客户分群和客户分析。

2）CRM

客户关系管理系统是 CRM 软件。相比淘宝客户运营平台，CRM 软件在某些功能上更加完善和强大，但需要付费使用。目前，市场上的 CRM 软件有很多，图 9-1 所示为其中一款。不同的 CRM 软件提供的功能也有所不同，商家应根据自身需求进行选择。

图 9-1　CRM 软件

9.1.2　客户总体消费情况分析

商家获取客户信息后，可以充分利用这些信息对客户的情况进行分析，包括客户的分布情况，如年龄分布、性别分布、地区分布，各地区客户的增长、流失情况，以及挖掘每一位客户的价值潜力，等等。

1. 客户分布情况

客户分布情况主要是指客户级别构成、性别比例、年龄层次、所在地区等，也就是对客户进行人群画像分析。首先需要借助淘宝客户运营平台或其他 CRM 软件将会员数据复制到 Excel 中进行整理。图 9-2 所示为整理好的客户数据，主要包含客户信息（即名称，一般为昵称）、会员级别、性别、年龄、地区/城市、交易总额、交易笔数、平均交易金额、上次交易时间等项目。利用这些数据能够快捷查阅任何一位会员的基本情况和交易情况。

如果想查看某个项目的整体分布情况，如性别构成，可首先按"性别"项目进行排序，接着利用 Excel 的"分类汇总"功能计算出男性客户、女性客户及所有客户的人数情况。图 9-3 所示为"分类汇总"对话框，其中的"分类字段"指的是排序的字段，这里选择"性别"选项，"汇总方式"设置为"计数"，"选定汇总项"设置为"性别"字段，单击"确定"按钮即可进行分类汇总。

客户信息	客户级别	性别	年龄	地区	交易总额	交易笔数	平均交易金额	上次交易时间
***	一级客户	男	25	上海	5189.3	5	1037.86	2021/10/1
***	二级客户	男	36	成都	6520.2	7	931.46	2021/10/22
***	三级客户	男	22	海口	6599.3	5	1319.86	2021/10/1
***	一级客户	男	21	广州	6500.2	7	928.60	2021/11/11
***	一级客户	男	32	厦门	4500.6	6	750.10	2021/10/1
***	二级客户	男	30	沈阳	6548.0	7	935.43	2021/10/22
***	一级客户	男	23	上海	4855.0	9	539.44	2021/10/22
***	一级客户	男	27	西安	4119.6	5	823.92	2021/10/1
***	二级客户	男	29	北京	6189.3	6	1031.55	2021/11/2
***	一级客户	女	22	合肥	8238.5	9	915.39	2021/11/2
***	一级客户	女	23	甘肃	8236.5	11	748.77	2021/11/2
***	二级客户	女	25	上海	2049.3	2	1024.65	2021/12/5
***	三级客户	女	22	北京	25226.5	13	1940.50	2021/12/5
***	一级客户	女	21	深圳	8157.6	9	906.40	2021/11/11
***	一级客户	女	29	深圳	4119.6	5	823.92	2021/11/11
***	一级客户	女	32	广州	6189.3	6	1031.55	2021/11/11
***	二级客户	女	30	南京	8238.9	8	1029.86	2021/11/11
***	一级客户	女	26	南京	6189.3	7	884.19	2021/12/24
***	一级客户	女	28	西安	7617.6	7	1088.23	2021/12/24
***	二级客户	女	29	苏州	2607.3	5	521.46	2021/12/20
***	一级客户	女	27	杭州	5206.5	5	1041.30	2021/11/15
***	二级客户	女	25	北京	2049.6	9	227.73	2021/11/15
***	三级客户	女	26	上海	2067.3	4	516.83	2021/11/15
***	一级客户	女	26	成都	8238.5	5	1647.72	2021/11/18
***	三级客户	女	24	西安	8238.6	6	1373.10	2021/11/18
***	三级客户	女	22	北京	4118.6	7	588.37	2021/11/13
***	三级客户	女	21	上海	4118.6	7	588.51	2021/11/13

图 9-2　收集客户数据

	A	B	C	D	E	F	G	H	I
1	客户信息	客户级别	性别	年龄	地区	交易总额	交易笔数	平均交易金额	上次交易时间
2	***	一级客户	女			9.6	9	227.73	2021/11/15
3	***	三级客户	女			7.3	4	516.83	2021/11/15
4	***	二级客户	女			7.3	5	521.46	2021/12/20
5	***	一级客户	男			5.0	9	539.44	2021/10/22
6	***	三级客户	女			8.6	7	588.37	2021/11/13
7	***	三级客户	女			9.6	7	588.51	2021/11/13
8	***	一级客户	女			6.5	11	748.77	2021/11/2
9	***	一级客户	男			0.6	6	750.10	2021/10/1
10	***	一级客户	男			9.6	5	823.92	2021/11/11
11	***	一级客户	男			9.6	5	823.92	2021/10/1
12	***	一级客户	女			9.3	7	884.19	2021/12/24
13	***	一级客户	女			7.6	9	906.40	2021/11/11
14	***	一级客户	女			8.5	9	915.39	2021/11/2
15	***	一级客户	男			0.2	7	928.60	2021/11/11
16	***	二级客户	男			0.2	7	931.46	2021/10/22
17	***	二级客户	男	30	沈阳	6548.0	7	935.43	2021/10/22
18	***	二级客户	女	25	上海	2049.3	2	1024.65	2021/12/5
19	***	二级客户	女	30	南京	8238.9	8	1029.86	2021/11/11
20	***	一级客户	女	32	广州	6189.3	6	1031.55	2021/11/11
21	***	二级客户	男	29	北京	6189.3	6	1031.55	2021/11/2
22	***	一级客户	男	25	上海	5189.3	5	1037.86	2021/10/1
23	***	一级客户	女	27	杭州	5206.5	5	1041.30	2021/11/15
24	***	一级客户	女	28	西安	7617.6	7	1088.23	2021/12/24
25	***	三级客户	男	22	海口	6599.3	5	1319.86	2021/10/1
26	***	三级客户	女	24	西安	8238.6	6	1373.10	2021/11/18
27	***	一级客户	女	26	成都	8238.6	5	1647.72	2021/11/18
28	***	三级客户	女	22	北京	25226.5	13	1940.50	2021/12/5

分类汇总　? ×

分类字段(A):
性别

汇总方式(U):
计数

选定汇总项(D):
☐ 客户信息
☐ 客户级别
☑ 性别
☐ 年龄
☐ 地区
☐ 交易总额

☑ 替换当前分类汇总(C)
☐ 每组数据分页(P)
☑ 汇总结果显示在数据下方(S)

全部删除(R)　确定　取消

图 9-3　分类汇总数据

2. 客户增长与流失情况

　　每个店铺的客户数量都不是固定不变的，根据店铺的营销效果和消费者的购物习惯，客户数量会一直变化。对于店铺，正常情况下在不同阶段都会流失客户，但也会新增一些客户。如果将所有客户按不同地区或不同年龄来划分（也可按其他属性划分），就可以分析不同范围内客户的增长与流失情况，这样可以更有针对性地做出营销策划。例如，按城市分布划分并收集客户数据，如图 9-4 所示，其中包含了不同城市的会员在 8 月的数量，以及 9 月新进的客户数量和流失数量。

	A	B	C	D	E	F	G
1	所在地区	8月客户数	9月新增客户数	9月流失客户数			
2	上海	2052	25	56			
3	成都	1890	125	96			
4	海口	1320	89	562			
5	杭州	1120	284	80			
6	厦门	952	87	99			
7	沈阳	981	82	145			
8	长春	752	85	91			
9	哈尔滨	685	181	65			
10	长沙	1020	299	54			
11	合肥	1311	99	194			
12	甘肃	546	55	90			
13	兰州	621	65	60			
14	北京	2950	174	130			
15	福建	3052	61	286			
16	深圳	2010	69	180			
17	广州	1541	65	162			
18	青岛	698	151	112			
19	南京	1329	132	146			
20	西安	1106	74	35			
21	苏州	1624	36	95			

图 9-4　整理客户数据

通过这些基础数据，可以计算 9 月各城市的客户增长率和流失率。其中，客户增长率=12月新进客户数÷11 月客户数，客户流失率=12 月流失客户数÷11 月客户数，结果如图 9-5所示。

	A	B	C	D	E	F
1	所在地区	8月客户数	9月新增客户数	9月流失客户数	客户增长率	客户流失率
2	上海	2052	25	56	1.22%	2.73%
3	成都	1890	125	96	6.61%	5.08%
4	海口	1320	89	562	6.74%	42.58%
5	杭州	1120	284	80	25.36%	7.14%
6	厦门	952	87	99	9.14%	10.40%
7	沈阳	981	82	145	8.36%	14.78%
8	长春	752	85	91	11.30%	12.10%
9	哈尔滨	685	181	65	26.42%	9.49%
10	长沙	1020	299	54	29.31%	5.29%
11	合肥	1311	99	194	7.55%	14.80%
12	甘肃	546	55	90	10.07%	16.48%
13	兰州	621	65	60	10.47%	9.66%
14	北京	2950	174	130	5.90%	4.41%
15	福建	3052	61	286	2.00%	9.37%
16	深圳	2010	69	180	3.43%	8.96%
17	广州	1541	65	162	4.22%	10.51%
18	青岛	698	151	112	21.63%	16.05%
19	南京	1329	132	146	9.93%	10.99%
20	西安	1106	74	35	6.69%	3.16%
21	苏州	1624	36	95	2.22%	5.85%

图 9-5　计算客户增长率和流失率

以客户所在城市、客户增长率和客户流失率为数据源，创建柱形图并适当美化，最终效果如图 9-6 所示。通过图表反映的情况，我们可以很明显地看到长沙、哈尔滨和杭州 3座城市的客户增长率高、流失率低；反之，海口、甘肃、青岛、合肥、沈阳等城市的客户增长率低、流失率高，说明这几座城市的客户数量在大量减少，应该针对这几座城市的人群特征，重点采取相应措施进行推广，改变流失率过高的状况。

3. 新老客户人数变化走势分析

店铺经营一段时间后，可以对客户数量的走势情况进行分析，从而判断店铺生意的好坏，以及对客户的吸引力。当然，其中最为简单的分析方法就是对客户人数的变化进行分析：如新客户人数不断增加，则表示店铺经营不错，受到人们的欢迎；老客户人数不断增加，则表示店铺的商品、服务得到了老客户的肯定。在分析过程中要更加直观地展示这些信息，使用折线图是最佳选择。

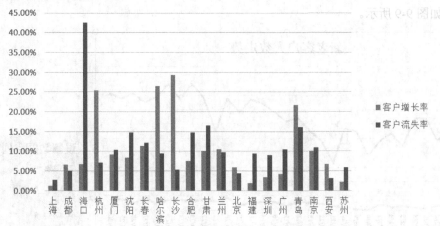

图 9-6　对比各个城市客户增长率和流失率

Step1：打开"第 9 章\新老客户数量统计.xlsx"工作表，选择 A2:C32 单元格区域，单击"插入"选项卡中的"折线图"下拉按钮，在下拉列表中选择"二维折线图"→"折线图"选项，如图 9-7 所示。

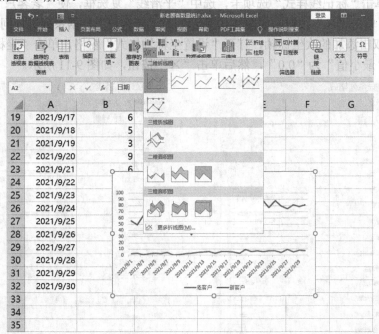

图 9-7　插入折线图

Step2：将图表移到合适位置，在图表标题文本框中输入"新老客户人数走势"。将鼠标指针移到图表的右侧控制柄上，待鼠标指针变成水平双向箭头时，按住鼠标左键不放进行拖动以调整宽度，将水平坐标轴上的所有日期显示出来，如图 9-8 所示。

Step3：选择整个图表，单击"设计"选项卡，在"图表布局"功能组中选择"布局 1"选项，在"图表样式"功能组框中选择"样式 5"选项。

Step4：右击"老客户"数据系列，在弹出的快捷菜单中选择"设置数据系列格式"命令，打开"设置数据系列格式"窗格。单击"系列选项"选项卡，选中"次坐标轴"单选按钮，如图9-9所示。

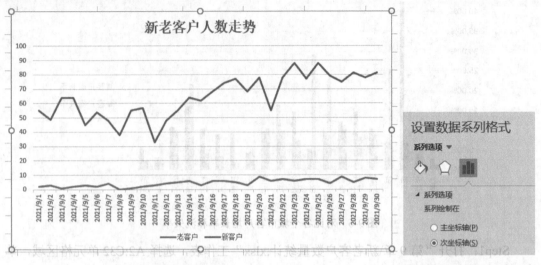

图9-8 调整折线图　　　　　　　　　　　　图9-9 选择"次坐标轴"

Step5：单击"标记线样式"选项卡，选中"平滑线"复选框，使"老客户"数据系列线条平滑显示，单击"×"按钮，如图9-10所示。对"新客户"数据系列进行同样的操作。

Step6：双击添加的次坐标轴，打开"设置坐标轴格式"窗格，单击"坐标轴选项"选项卡，设置"最小值"为"0.0"，然后单击"×"按钮，如图9-11所示。

图9-10 设置"标记线样式"　　　　　　　图9-11 设置"坐标轴格式"

Step7：在图表中查看新老客户的人数走势（同步走高），如图9-12所示。

4．老客户销量和销售额所占比例分析

新客户和老客户都是店铺的重要资源，是店铺得以生存发展的保证，同时，新客户和老客户的存在也并不冲突，而且我们希望更多的新客户能变成老客户，最终变成忠实客户。

在经营过程中，老客户的维护不是一个必选项，而是要根据老客户对店铺的销量和销售额的重要性来选择。若其占有比例较大，则必须维护；若其占有比例太小，则顺其自然。在统计过程中，销售记录较多，新老客户的数据可用条件规则和筛选功能进行归类，用SUBTOTAL 函数进行统计，最后用饼图进行比例展示和分析。

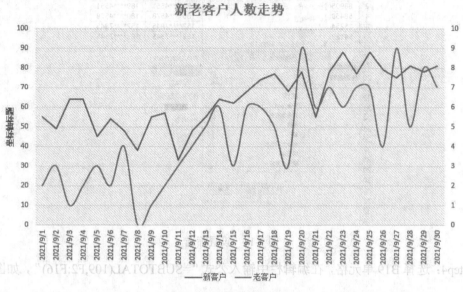

图 9-12　最终效果图

Step1：打开"第 9 章\店铺销售记录.xlsx"工作表，选择 B2:B16 单元格区域，单击"开始"选项卡中的"条件格式"下拉按钮，在下拉列表中选择"突出显示单元格规则"→"重复值"选项，如图 9-13 所示。

图 9-13　设置"条件格式"

Step2：打开"重复值"对话框，保持默认设置不变，单击"确定"按钮。

Step3：选择 B2 单元格，单击"数据"选项卡中的"筛选"按钮，工作表进入自动筛选状态。单击"买家会员名"下拉按钮，在下拉列表中选择"按颜色排序"选项，选择浅红色，如图9-14所示。

图9-14 设置筛选

Step4：选择B19单元格，在编辑栏中输入公式"=SUBTOTAL(109,F2:F16)"，如图9-15所示。

Step5：按Ctrl+C组合键复制B19单元格中的函数，复制完右击，在弹出的快捷菜单中选择"选择性粘贴"命令，打开"选择性粘贴"对话框。在"粘贴"选项组中选中"数值"单选按钮，将函数转换为数值（避免随着筛选的切换，数据发生变化），单击"确定"按钮，如图9-16所示。

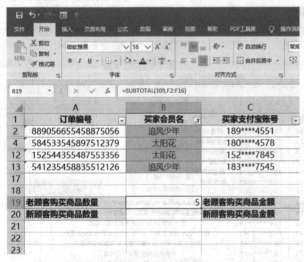

图9-15 应用SUBTOTAL函数

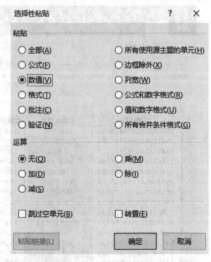

图9-16 粘贴成"数值"形式

Step6：选择D19单元格，在编辑栏中输入公式"=SUBTOTAL(109,G2:G16)"，按照Step5的方法复制、粘贴成"数值"形式。

Step7：单击"买家会员名"下拉按钮，在下拉列表中选择"按颜色筛选"→"无填充"选项，如图9-17所示。

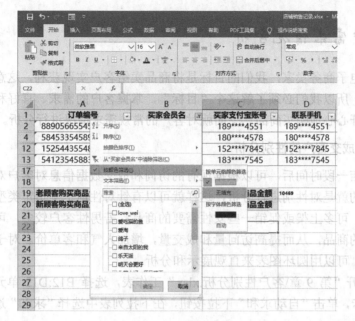

图 9-17 设置筛选

Step8：选择 B20 单元格，在编辑栏中输入公式"=SUBTOTAL(109,F3:F16)"，并复制、粘贴成"数值"形式。选择 D20 单元格，在编辑栏中输入公式"=SUBTOTAL(109,G3:G16)"，并复制、粘贴成"数值"形式，统计结果如图 9-18 所示。

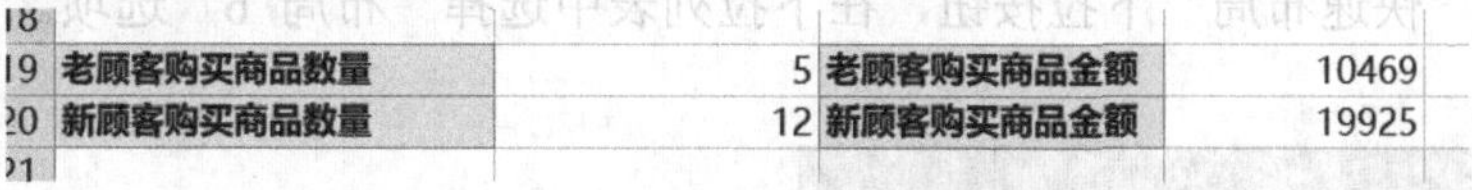

19	老顾客购买商品数量	5	老顾客购买商品金额	10469
20	新顾客购买商品数量	12	新顾客购买商品金额	19925
21				

图 9-18 统计结果

Step9：选择 A19:B20 单元格区域，单击"插入"选项卡中的"饼图"下拉按钮，在下拉列表中选择"二维饼图"→"饼图"选项，移动图表位置，更改图表标题为"新老客户销量占比分析"，应用"样式 1"图表样式和"布局 6"图表布局，如图 9-19 所示。

Step10：选择 C19:D20 单元格区域，单击"插入"选项卡中的"饼图"下拉按钮，在下拉列表中选择"二维饼图"→"饼图"选项，移动图表位置，更改图表标题为"新老客户销售金额占比分析"，应用"样式 1"图表样式和"布局 6"图表布局，如图 9-20 所示。

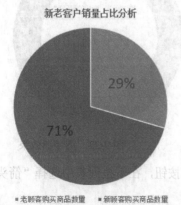

图 9-19 销量饼图

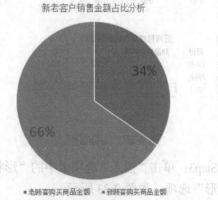

图 9-20 销售金额饼图

9.1.3 客户需求情况分析

作为一名电子商务卖家，我们的目标是将商品卖给客户实现获利，这意味着客户是我们的"目标"，所以我们必须了解这个"目标"，掌握客户的需求、喜好和习惯，进行迎合，让他们开开心心地购买商品。下面就对客户的常规需求情况进行分析。

1. 访问和成交客户的性别分析

在经营网店一段时间后，可以根据现有的访问和成交数据信息对客户对象进行分析。其中，最直接的就是对性别进行分析，这样就可以有针对性地上架指定类型的商品。如果女性客户较多，可多上架或促销一些女性需要的商品；若男性客户较多，可多上架或促销一些男性需要的商品，从而提高访问量和成交量，增加人气和客单价。对于访问和成交的客户性别占比，可以用圆环图表来直观展示和分析。

Step1：打开"第 9 章\客户性别分析.xlsx"工作表，选择 B12:D12 单元格区域，选择"公式"选项卡，单击"自动求和"下拉按钮，在下拉列表中选择"求和"选项，如图 9-21 所示。

Step2：按住 Ctrl 键，选择 C9:D9 和 C12:D12 单元格区域，在"插入"选项卡的"图表"组中单击"插入饼图或圆环图"下拉按钮，在下拉列表中选择"圆环图"选项。移动图表到合适位置并更改图表标题为"成交客户性别占比"。单击"设计"选项卡，在"图表布局"组中单击"快速布局"下拉按钮，在下拉列表中选择"布局 6"选项。圆环图效果如图 9-22 所示。

图 9-21　自动求和

图 9-22　圆环图效果

Step3：单击"插入"选项卡中的"形状"下拉按钮，在下拉列表中选择"箭头总汇"→"V 形"选项，如图 9-23 所示。

Step4：按住鼠标左键不放，在图表上绘制"燕尾形"形状，将鼠标指针移到形状的旋转控制柄上，按住鼠标左键不放进行方向和角度的调整，调整到合适的位置后释放鼠标左键，如图 9-24 所示。

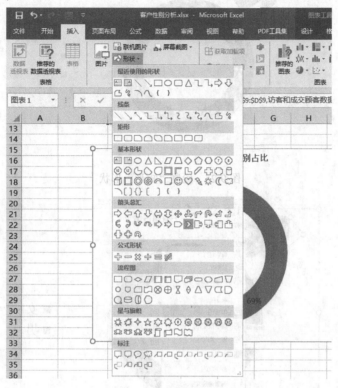

图 9-23　选择"V 形"

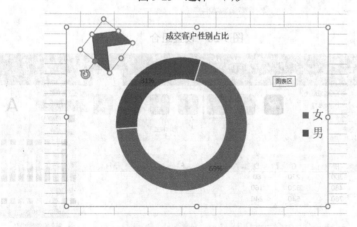

图 9-24　绘制"V 形"形状

Step5：单击"形状"下拉按钮，在下拉列表中选择"矩形"→"矩形"选项，在"燕尾形"形状的右下侧绘制矩形并进行旋转，如图 9-25 所示。

Step6：按住 Ctrl 键，选择绘制的"燕尾形"形状和"矩形"形状并右击，在弹出的快捷菜单中选择"组合"命令，如图 9-26 所示。

Step7：右击组合图形，在"格式"选项卡的"形状样式"选项组中选择"样式 3"。单击"形状轮廓"下拉按钮，在下拉列表中选择"无轮廓"选项，如图 9-27 所示。

转控制柄上，按住鼠标左键不放调整组合形状的方向和角度，如图9-24所示。

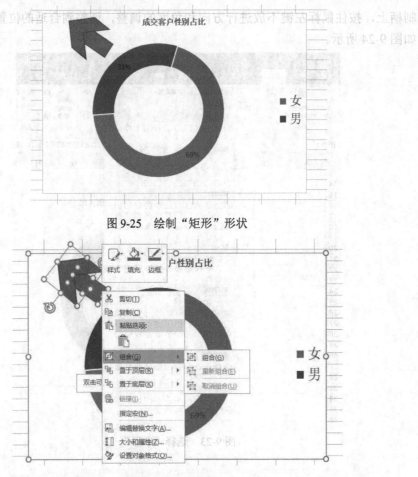

图 9-25　绘制"矩形"形状

图 9-26　设置组合

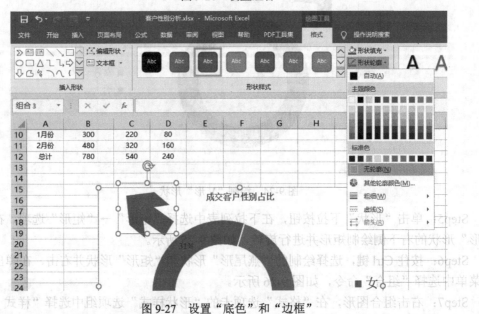

图 9-27　设置"底色"和"边框"

Step8：将鼠标指针移到旋转控制柄上，按住鼠标左键不放调整组合形状的方向和角度。

将鼠标指针移到组合形状上，按住鼠标左键不放进行移动，将其移到圆环的外环边上，如图 9-28 所示。

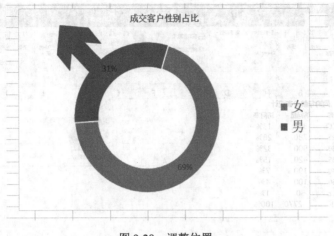

图 9-28　调整位置

Step9：以同样的方法绘制和设置女性的标识（它由两个矩形组成），并将其移到合适位置，如图 9-29 所示。我们发现男性客户的成交占比较大，因此可针对男性客户上架一些商品。

图 9-29　最终效果图

2．访客和成交客户的年龄分析

要对线上店铺访客和成交客户进行分析，不仅要对性别进行分析，而且需要对其年龄进行分析，从而更好地定位店铺的主要客户人群，做到"对症下药"，增加访问量和成交量，吸引回头客和增加收益。对电子商务客户的年龄分布进行分析，可使用气泡图。

Step1：打开"第 9 章\顾客年龄统计.xlsx"工作表，单击"插入"选项卡中的"插入散点图（X,Y）或气泡图"下拉按钮，在下拉列表中选择"气泡图"→"三维气泡图"选项，如图 9-30 所示。

Step2：在插入的空白图表上右击，在弹出的快捷菜单中选择"选择数据"命令，打开"选择数据源"对话框。单击"添加"按钮，打开"编辑数据系列"对话框，设置系列名称为"=年龄分布!\$A\$2"。单击"X 轴系列值"文本框后的折叠按钮，在表格中选择数据区域"=年龄分布!\$A\$3:\$A\$9"。单击"Y 轴系列值"文本框后的折叠按钮，在表格中选择数据区域"年=年龄分布!$B$3:$B$9"。单击"系列气泡大小"文本框后的折叠按钮，在表格中选择数据区域"=年龄分布!$C$3:$C$9"。然后单击"确定"按钮，如图 9-31 所示。

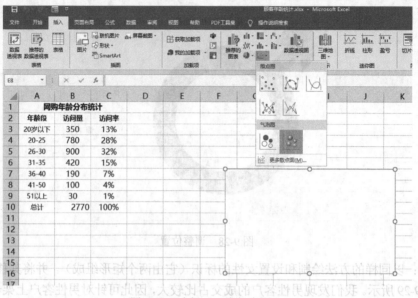

图 9-30　选择"三维气泡图"

Step3：将图表移到合适位置，选择图表标题文本框，输入标题"访问人群年龄段分布"，在"字体"下拉列表框中选择"黑体"选项，单击"加粗"按钮。

Step4：右击数据系列，在弹出的快捷菜单中选择"设置数据系列格式"命令，打开"设置数据系列格式"窗格。单击"填充"选项卡，选中"依数据点着色"复选框，如图 9-32 所示。

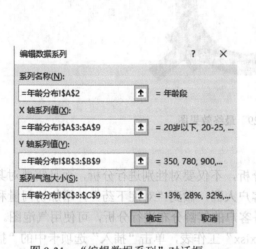

图 9-31　"编辑数据系列"对话框　　　　图 9-32　设置填充

Step5：单击"三维格式"选项卡，单击"顶端"下拉按钮，在下拉列表中选择"棱台"→"圆"选项。设置"宽度"为"13 磅"，"高度"为"11 磅"，单击"×"按钮，如图 9-33 所示。

Step6：在任意气泡上右击，在弹出的快捷菜单中选择"设置数据标签格式"命令，打开"设置数据标签格式"窗格。单击"标签选项"选项卡，选中"X 值"复选框和"气泡大小"复选框，取消选中"Y 值"复选框。单击"分隔符"下拉按钮，在下拉列表中选择"（新文本行）"选项，在"标签位置"选项组中选中"居中"单选按钮，单击"×"按钮，如图 9-34 所示。

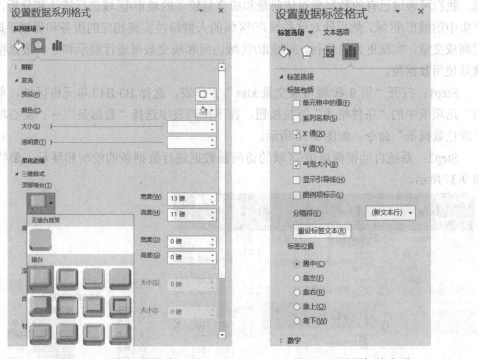

图 9-33　设置三维格式　　　　　　　　　图 9-34　设置标签选项

Step7：在图表最右边的两个数据标签上双击，进行单一选择，并将其拖动到合适位置，最终效果如图 9-35 所示。

访问人群年龄段分布

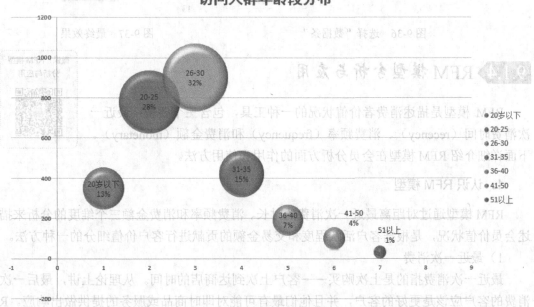

图 9-35　最终效果

3. 不同城市/区域访问和成交数据分析

虽然网上店铺面向的区域是全国，但不是每个城市/区域的用户都知道和接受网上店铺，我们可通过已有的数据来对访问量和成交量较多的城市/区域进行统计和分析，找到客户集中的城市/区域，然后针对这些城市/区域的人群特性实施相应的服务和促销手段，从而提高成交量，实现更大的获利。对城市/区域访问和成交数据进行展示和分析最直接的方法就是使用数据条。

Step1：打开"第9章\城市成交量.xlsx"工作表，选择 B3:B12 单元格区域，单击"开始"选项卡中的"条件格式"下拉按钮，在下拉列表中选择"数据条"→"实心填充"→"绿色数据条"命令，如图 9-36 所示。

Step2：系统自动根据城市/区域的访问量数据进行数据条的绘制和展示，最终效果如图 9-37 所示。

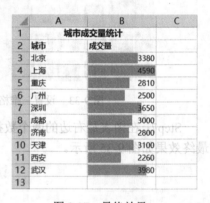

图 9-36　选择"数据条"　　　　　　　　　图 9-37　最终效果

9.1.4 ▶ RFM 模型分析与应用

RFM 模型是描述消费者价值状况的一种工具，包含三个要素：最近一次消费时间（recency）、消费频率（frequency）和消费金额（monetary）。下面详细介绍 RFM 模型在会员分析方面的作用和使用方法。

1. 认识 RFM 模型

RFM 模型通过对距离最近一次消费的时长、消费频率和消费金额三个维度的分析来描述会员价值状况，是根据客户活跃程度和交易金额的贡献进行客户价值细分的一种方法。

1）最近一次消费

最近一次消费指的是上次购买——客户上次到达商店的时间。从理论上讲，最后一次消费的客户应该是更好的客户，并且他们最有可能对即时商品或服务的提供做出响应。R

值越小表示客户在该店消费的时间越近，即最近有购买行为的客户是复购可能性越高的有价值客户。

2）消费频率

消费频率是指客户在一定时间内进行的购买次数。可以说，购买次数最多的顾客也是满意度最高的顾客。如果相信品牌和商店的忠诚度，那么可以说购买次数最多的消费者的忠诚度最高。客户购买数量的增加意味着从竞争对手那里抢夺了市场份额，并从他人那里获得了营业额。

3）消费金额

消费金额代表总购买金额，指的是某一期间内购买商品的金额。M 值越大表示该类客户对店铺（产品）的购买意愿转化为购买行为的可能性越大，消费越多的用户价值越高，该类客户的价值也应受到关注，反之亦然。它还可以验证帕雷托定律，即公司收入的 80%来自 20%的客户，也就是我们常说的二八定律。

RFM 模型可以识别优质客户，有助于商家提供个性化的沟通和营销服务，为更多的营销决策提供有力支持。此外，还可以衡量会员价值和会员利润创收能力。

2．RFM 模型的应用

RFM 模型是衡量客户价值和客户创利能力的重要工具和手段，广泛应用于各类客户关系管理系统。该模型通过一个客户的近期购买行为、购买的总体频率以及花费三项指标描述该客户的价值状况。

RFM 适用于生产多种商品的企业，而且这些商品单价相对不高，如消费品、化妆品、小家电、录像带店、超市等。它也适合只有少数耐用商品，但是这些商品中有一部分属于消耗品，如复印机、打印机、汽车维修等消耗品的企业。RFM 对于加油站、旅行保险、运输、快递、快餐店、KTV、行动电话信用卡、证券公司等也很适合。RFM 模型确定各因素比后可以开展精准营销，具体应用如下。

1）客户价值识别（用户特征）——用户交易历史数据收集

进行 RFM 分析，定位于最具价值用户群及潜在用户群。最具价值用户群应提高品牌忠诚度；潜在用户群要求主动营销，促使产生实际购买行为。客户价值低的用户群在营销预算少的情况下考虑不实行营销推广。

通过因子分析，研究影响用户重复购买的主要因素，从价格、口碑、评论等信息中识别主要因素及影响权重，调整产品或市场定位。查明促使顾客购买的原因，调整宣传重点或组合营销方式。

2）用户行为指标跟踪——用户行为数据收集

通过用户行为渠道来源的自动追踪：系统可自动跟踪并对访客来源进行分类，根据三大营销过程（采集和处理数据、建模分析数据、解读数据）对付费搜索、自然搜索、合作渠道、横幅广告、邮件营销等营销渠道进行营销跟踪和效果分析。

营销效用方面：知道具体的用户易受哪种媒体营销的影响，他们怎样进入特定网站，跨屏、浏览某个网站时他们会做什么。

根据地理位置分别设定目标，比如大多数中上层人士居住位置比较集中，不再是笼统的客户群。

3）个性化关联分析——用户行为属性数据收集

通过对用户购买了什么产品、浏览了什么产品、如何浏览网站等行为进行数据收集，主要分析客户群需求相似程度、产品相似度，以及个性化推荐引擎向用户推荐哪些产品或服务是哪些用户感兴趣的，他们在多大程度上被促销活动、其他买家对产品的评论所影响。

知 识 链 接 ⌄

RFM 模型的局限性

3．使用 RFM 模型分析客户数据

使用 RFM 模型分析客户数据，首先需要在客户运营平台或其他 CRM 软件中获取客户数据，主要获取客户信息、上次交易时间、交易总额和交易笔数，如图 9-38 所示。

	A	B	C	D
1	客户信息	上次交易时间	交易笔数	交易金额
2	***	2021/4/4	5	5189.30
3	***	2021/4/4	7	6520.20
4	***	2021/4/4	5	6599.30
5	***	2021/4/3	7	6500.20
6	***	2021/4/3	6	4500.60
7	***	2021/4/1	7	6548.00
8	***	2021/4/1	9	4855.00
9	***	2021/4/1	5	4119.60
10	***	2021/4/1	6	6189.30
11	***	2021/4/20	9	8238.50
12	***	2021/4/20	11	8236.50
13	***	2021/4/20	2	2049.30
14	***	2021/4/20	13	25226.50
15	***	2021/4/20	9	8157.60
16	***	2021/4/18	5	4119.60
17	***	2021/4/18	6	6189.30
18	***	2021/4/17	8	8238.90
19	***	2021/4/16	7	6189.30
20	***	2021/4/15	7	7617.60
21	***	2021/4/14	5	2607.30
22	***	2021/4/13	5	5206.50
23	***	2021/4/12	9	2049.60
24	***	2021/4/11	4	2067.30
25	***	2021/4/10	5	8238.60

图 9-38　客户数据

下面利用图 9-38 中的数据进行 RFM 模型分析，具体操作步骤如下所示。

Step1：打开"第 9 章\RFM 模型分析.xlsx"工作表，在"上次交易时间"项目右侧插入"时间间隔"项目，利用公式"=TODAY()-上次交易时间"计算该项目数据，计算结果如图 9-39 所示。

Step2：此处时间间隔对应"最近一次消费时间"，即 R 指标；交易笔数对应"消费频率"，即 F 指标；交易总额对应"消费金额"，即 M 指标。完成数据整理后就需要对 RFM 这三个指标分别划分等级，如消费金额可以依据店铺自身的价格划分，消费频率可以按平均频率划分，最近一次消费时间可以按行业淡旺季的情况划分。这里简化处理，将三个指标都按平均值划分，利用 AVERAGE 函数计算出各自的平均值，计算结果如图 9-40 所示。

图 9-39　计算时间间隔

	A	B	C	D	E
1	客户信息	上次交易时间	时间间隔	交易笔数	交易金额
2	***	2022/1/4	75	5	5189.30
3	***	2022/1/4	75	7	6520.20
4	***	2022/1/4	75	5	6599.30
5	***	2022/1/3	76	7	6500.20
6	***	2022/1/3	76	6	4500.60
7	***	2022/1/1	78	7	6548.00
8	***	2022/1/1	78	9	4855.00
9	***	2022/1/1	78	5	4119.60
10	***	2022/1/1	78	6	6189.30
11	***	2022/1/20	59	9	8238.50
12	***	2022/1/20	59	11	8236.50
13	***	2022/1/20	59	2	2049.30
14	***	2022/1/20	59	13	25226.50
15	***	2022/1/20	59	9	8157.60
16	***	2022/1/18	61	5	4119.60
17	***	2022/1/18	61	6	6189.30
18	***	2022/1/17	62	8	8238.90
19	***	2022/1/16	63	7	6189.30
20	***	2022/1/15	64	7	7617.60
21	***	2022/1/14	65	5	2607.30
22	***	2022/1/13	66	5	5206.50
23	***	2022/1/12	67	9	2049.60
24	***	2022/1/11	68	4	2067.30
25	***	2022/1/10	69	5	8238.60
26	***	2022/1/10	69	6	8238.60
27	***	2022/1/10	69	7	4118.60
28	***	2022/1/7	72	7	4119.60

图 9-39　计算时间间隔

	A	B	C	D	E
1	客户信息	上次交易时间	时间间隔	交易笔数	交易金额
17	***	2022/1/18	61	6	6189.30
18	***	2022/1/17	62	8	8238.90
19	***	2022/1/16	63	7	6189.30
20	***	2022/1/15	64	7	7617.60
21	***	2022/1/14	65	5	2607.30
22	***	2022/1/13	66	5	5206.50
23	***	2022/1/12	67	9	2049.60
24	***	2022/1/11	68	4	2067.30
25	***	2022/1/10	69	5	8238.60
26	***	2022/1/10	69	6	8238.60
27	***	2022/1/10	69	7	4118.60
28	***	2022/1/7	72	7	4119.60
29	***	2022/1/8	71	7	8238.60
30	***	2022/1/9	70	4	7617.60
31		均值	68.31	6.66	6475.41

图 9-40　计算各维度平均值

Step3：利用 IF 函数将每个会员的各指标数据与对应的平均值比较。其中：R 值如果小于平均值，则评价为"高"；如果大于或等于平均值，则评价为"低"。另外两个指标数据如果大于或等于平均值，则评价为"高"；低于平均值则评价为"低"。图 9-41 为评价结果。

	A	B	C	D	E	F	G	H
1	客户信息	上次交易时间	时间间隔	交易笔数	交易金额	R	F	M
2	***	2022/1/4	75	5	5189.30	高	低	低
3	***	2022/1/4	75	7	6520.20	高	高	高
4	***	2022/1/4	75	5	6599.30	高	高	高
5	***	2022/1/3	76	7	6500.20	高	高	高
6	***	2022/1/3	76	6	4500.60	高	低	低
7	***	2022/1/1	78	7	6548.00	高	高	高
8	***	2022/1/1	78	9	4855.00	高	高	低
9	***	2022/1/1	78	5	4119.60	高	低	低
10	***	2022/1/1	78	6	6189.30	高	低	低
11	***	2022/1/20	59	9	8238.50	低	高	高
12	***	2022/1/20	59	11	8236.50	低	高	高
13	***	2022/1/20	59	2	2049.30	低	低	低
14	***	2022/1/20	59	13	25226.50	低	高	高
15	***	2022/1/20	59	9	8157.60	低	高	高
16	***	2022/1/18	61	5	4119.60	低	低	低
17	***	2022/1/18	61	6	6189.30	低	低	低
18	***	2022/1/17	62	8	8238.90	低	高	高
19	***	2022/1/16	63	7	6189.30	低	高	低
20	***	2022/1/15	64	7	7617.60	低	高	高
21	***	2022/1/14	65	5	2607.30	低	低	低
22	***	2022/1/13	66	5	5206.50	低	低	低
23	***	2022/1/12	67	9	2049.60	高	高	低
24	***	2022/1/11	68	4	2067.30	高	低	低
25	***	2022/1/10	69	5	8238.60	高	低	高
26	***	2022/1/10	69	6	8238.60	高	低	高
27	***	2022/1/10	69	7	4118.60	高	高	低
28	***	2022/1/7	72	7	4119.60	高	高	低

图 9-41　三个指标数据的评价结果

9.2　客服数据概述

随着店铺流量的增长，咨询的消费者也会越来越多，这就对店铺客服人员提出了严峻的考验。客服人员是连接消费者与店铺的纽带，好的客户服务能有效提高商品的转化率，起到维护消费者群体、掌控和主导评论动向、帮助提升消费者体验等作用。因此，对于店铺而言，有必要做好客服管理，并利用数据进行客服分析。

9.2.1 店铺 DSR 评分分析

1. DSR 的概念

卖家服务评级系统（detail seller rating，DSR）反映了店铺的服务质量，更体现了店铺的信用度。很明显，管理好 DSR 能提升店铺的竞争力，使店铺在发展、竞争的过程中处于更为有利的地位。

当前，淘宝网的 DSR 主要指的是动态评分系统，以半年为评分周期，主要涉及"宝贝与描述相符""卖家的服务态度""物流服务的质量"三个指标。当指标等于或高于同行业平均水平时，会以红色显示数据；当指标低于同行业平均水平时，则以绿色显示数据，如图 9-42 所示。

店铺动态评分　　　与同行业相比
描述相符：**4.8**　　—　持平　————
服务态度：**4.8**　　—　持平　————
物流服务：**4.8**　　↑　高于 3.96%

店铺服务
掌　　柜：太平鸟男装旗舰店
客　　服：
开店时长：**14** 天猫14年店
所 在 地：浙江，宁波
企业资质：

进店逛逛　　　★收藏本店

图 9-42　动态评分指标的显示状态

2. DSR 的作用

就淘宝网来说，电子商务平台越来越重视消费者的购物体验，逐渐将 DSR 这一指标作为衡量店铺服务水平最重要的指标，其在自然搜索中所占权重不断提升。DSR 评分高可以让店铺排名靠前，给店铺带来更多流量，提高店铺商品的销量。总的来说，DSR 对店铺的影响主要体现在商品排名、商品转化率和官方活动的参加资格上。

1）对商品排名的影响

在淘宝网上架新品时，每个商品都会有一个基础的权重，该基础权重由店铺权重和商品权重构成。其中，DSR 在店铺权重中占据着非常重要的位置，所以 DSR 评分越高，店铺权重越大，相应的商品的基础权重就越大，商品的搜索排名也就越靠前。

2）对商品转化率的影响

DSR 评分高，给消费者的印象就是店铺的信用好，店铺的商品质量值得信赖，能提高消费者购买商品的概率，进而提高店铺商品的转化率。相反，对于 DSR 评分较低的店铺，即便消费者访问了其中的商品，也有可能因 DSR 评分太低而产生顾虑，从而放弃购买。因此，DSR 评分与商品转化率有直接的关系。一旦 DSR 评分下降，商家就应该马上想办法阻止其继续下降。

3）对官方活动参加资格的影响

淘宝网、天猫商城上的多数官方活动都对店铺的 DSR 评分有明确要求。如果店铺 DSR 评分未达标，那么即便商品再好，也不能参加活动。

3．DSR 评分的计算方法

掌握 DSR 评分的计算方法，可以让商家明确 DSR 评分变化的原因，有助于商家找到解决店铺 DSR 评分偏低的方法。

DSR 评分指标包括"宝贝与描述相符""卖家的服务态度""物流服务的质量"。消费者评分生效后，这几项指标的评分结果就会被计入店铺的动态评分系统中。具体计算方法为，将该店铺连续 6 个月内消费者给予的评分总和与该时期内的评分次数相除，得到最终的评价结果。例如，"宝贝与描述相符"这个指标最近半年内一共有 100 个消费者参与评分，每个消费者只参与了 1 次，其中，评 5 分的有 92 人，评 4 分的有 5 人，评 3 分的有 1 人，评 2 分的有 1 人，评 1 分的有 1 人，因此该指标的平均分为(92×5+5×4+1×3+1×2+1×1)÷100=4.86（分），该店铺 DSR 动态评分中"宝贝与描述相符"指标的最终得分就是 4.8 分。

小贴士

评分规则

交易成功后的 15 天内，消费者可本着自愿的原则对商家进行评分，评分一旦做出便无法修改。每个自然月中，相同的买卖双方之间进行的交易，在计算 DSR 评分时仅取双方前 3 次交易成功后消费者的评分数据。

4．提高 DSR 评分

要想提高 DSR 评分，最直接的方法是提高 DSR 的三大指标的评分，即"宝贝与描述相符""卖家的服务态度""物流服务的质量"。

1）提高"宝贝与描述相符"的指标评分

"宝贝与描述相符"这个 DSR 评分指标反映消费者拿到商品后的实际感受，这个指标的评分高能提升消费者网购的安全感。而要想提高"宝贝与描述相符"指标的 DSR 评分，重点应该从商品质量、图片内容等方面入手。

商品质量：商品质量决定了店铺的竞争力，高质量的商品在交易后都能得到消费者的好评，而劣质的商品无论价格如何低廉，店铺装修如何精美，都会让消费者感觉受到了欺骗，商品得到差评的概率会大大提高。像淘宝网、天猫商城，为了更好地体现店铺商品的质量和其他情况，都会在商品评论区以标签的形式总结出该商品的特点，图 9-43 为某零食的评论情况。从图中可以看出，高达几万条的评论中，绝大部分都是好评。标签内容直接反映了商品的特点，如正品、优惠力度大、适合孕妇、硬度最明显、效果好等，当消费者查看评论时，会感觉这款商品的质量非常好，自然会提高商品的转化率。因此，商家的首要责任就是严把质量关，只有这样才有可能获得消费者好评。

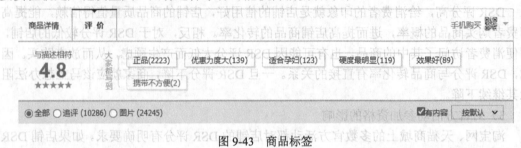

图 9-43　商品标签

图片内容：商品的主图、商品详情页中的商品细节图等都是消费者非常重视的信息，如果消费者收到商品后发现实物与图片的差距很大，如有色差或外观差异，就会产生心理落差，从而给出差评。对于商家而言，图片精美固然重要，但要保证图片能如实反映商品情况，这样才能提高"宝贝与描述相符"指标的 DSR 评分。图 9-44 即因外套图片与实物完全不符而收到的差评。

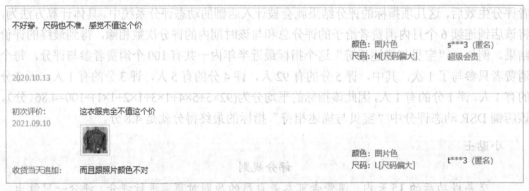

图 9-44　图片与实物不符导致差评

2）提高"卖家的服务态度"的指标评分

在市场竞争越来越激烈的今天，做好客户服务，企业就有可能在竞争中脱颖而出，获得发展壮大的机会。对于电子商务平台来说，做好客户服务更是商家提高转化率的重中之重，越来越多的商家开始重视客服环节，对客服态度、客服响应时间、客服专业程度进行严格考核，目的就在于通过改善客服的服务态度提升店铺的口碑，增强消费者的黏性，从而提高商品的转化率。

3）提高"物流服务的质量"的指标评分

有一部分商家认为"物流服务的质量"这个指标只能由物流公司掌控，将其强加到自己店铺的 DSR 评分系统中不太合理。这种看法是比较片面的。事实上，如卖家的发货速度、发货检查、商品包装等与物流环节相关的工作，是与店铺直接相关的。做好这些工作，也有助于"物流服务的质量"指标评分的提高。

发货速度：发货速度是以消费者拍下商品到卖家发货之间的时间来衡量的。正常情况下，店铺应设置在 48 小时内发货，最好当天发货，缩短消费者等待的时间。一些经营特殊商品的店铺可能会因交通或货流问题延迟发货，店铺对此应提前说明，否则会影响消费者的购物体验。

发货检查：虽然商家要抓紧时间发货，但在发货前应该仔细检查，确保商品没有质量问题。即便该商家通过售后服务为消费者解决了问题，但这个差评其实是完全可以避免的。图 9-45 为由于商家发货前没有仔细检查，发出了有问题的商品而收到的差评。

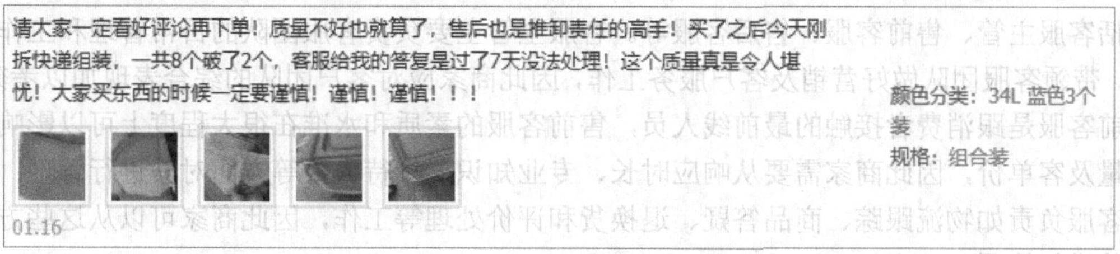

请大家一定看好评论再下单！质量不好也就算了，售后也是推卸责任的高手！买了之后今天刚拆快递组装，一共8个破了2个，客服给我的答复是过了7天没法处理！这个质量真是令人堪忧！大家买东西的时候一定要谨慎！谨慎！谨慎！！！

颜色分类：34L 蓝色3个装
规格：组合装

01.16

图 9-45　收到有问题的货物后给出差评

商品包装：好的商品包装不但能保证商品的运输安全而且会让消费者在拆开包裹时感到心情愉悦。例如，商家在发出裤子时进行了细致的检查，并且将其放在一个专用的袋子里，并装上店铺贺卡，这样的包装自然会增加消费者的好感。

9.2.2 客服人员考核与评价

1. 客服人员绩效分析的目的

我们可以将客服人员的绩效考核理解为一份合同，由客服主管制定，客服团队执行，并且根据客服人员的完成情况，管理者给予相应的激励，从而达到更好地提供服务的目的。

考核客服人员绩效，不仅仅是为了管理，也是为了帮助客服人员获利，进而为店铺赚取更多的利润，实现双赢。因此，客服人员绩效考核，应该是受客服人员欢迎的，而不是束缚。

店铺要发展，客服人员少不了。如何留住客服人员、用好客服人员，是一门非常大的学问。不少店铺已经做到了 3 皇冠、4 皇冠，乃至更高。但随着店铺规模越来越大，客服人员数量逐渐增多，对客服绩效考核这一环节如果拿捏不准，所有的客服人员都给予同样的待遇，考核就失去了意义。做得好的客服人员心理不平衡，做得不好的客服人员会毫无压力，从而形成一个恶性循环，店铺及公司发展情况便可想而知。

对于管理者来说，客服绩效考核有以下几个作用。

（1）节约店铺成本。

（2）明确定位与目标。

（3）提升客服工作效率。

（4）体现公司激励文化。

（5）为公司带来实质性收益提升。

2. 客服日常管理

客服日常管理主要是对客服人员的工作、行为、岗位、薪资方面的管理。

1）工作管理

主要是对客服人员的工作安排进行管理，如出勤时间和工作内容等。在工作管理中要求客服人员具备很强的责任心、事业心，具有敬业精神和奉献精神，讲究工作方法和追求工作效率等。

2）行为管理

主要指通过管理客服人员的言谈举止来提高其工作效率，提升其自我修养。如遵守公司制度、服从领导安排、尽职尽责、爱岗敬业、积极进取、保守公司机密等。

3）岗位管理

主要是根据设置的客服岗位对客服人员提出各种职业要求。常见的电子商务客服岗位包括客服主管、售前客服、售后客服等。客服主管主要负责客服团队的日常管理和工作调配，带领客服团队做好营销及客户服务工作，因此商家应对客户团队的综合表现加以考察。售前客服是跟消费者接触的最前线人员，售前客服的素质和水准在很大程度上可以影响成交量及客单价，因此商家需要从响应时长、专业知识、接待人数等方面对其进行管理；售后客服负责如物流跟踪、商品答疑、退换货和评价处理等工作，因此商家可以从这些方面对其进行管理。

4）薪资管理

主要是指管理客服人员的各种薪资福利，如底薪、绩效、奖金，以及股权分配等福利。薪资管理的目的主要是最大限度地调动客服人员的工作积极性。

3. 客服 KPI 数据分析

建立客服 KPI 考核系统可以更系统地把控客服人员的工作情况，及时发现潜在的问题，提高客服质量，最终提高店铺商品的转化率。

店铺由于经营商品和经营理念的不同，在建立客服 KPI 考核系统时也会使用不同的考核指标。下面以某店铺为例，介绍建立客服 KPI 考核系统的方法。在考察和分析后，该店铺使用了表 9-1 所示的指标来建立客服 KPI 考核系统。

表 9-1　某店铺客服 KPI 考核指标

指　标		权　重	计　算　公　式
响应时间	首次响应时间	10%	—
	平均响应时间	5%	—
月退货率		10%	月退货率=月退货量/月成交量
成交客单价率		20%	成交客单价率=客服落实客单价/咨询人数
咨询转化率		30%	咨询转化率=成交人数/咨询人数
订单支付率		25%	订单支付率=成交量/下单量

1）响应时间

响应时间指的是从消费者询问到客服人员回复的时间间隔。一般情况下，客服人员的响应时间在 15 秒以内属于正常水平，超过 15 秒的响应时间又可以分为首次响应时间和平均响应时间。首次响应时间应严格控制在 15 秒以下，否则消费者极有可能流失到竞店。某店铺根据自己的实际情况，对客服人员的首次响应时间和平均响应时间建立了评分标准，如表 9-2 所示。

表 9-2　响应时间的评分标准

指　标	权　重	评分标准	分值/分
首次响应时间（FT）	10%	FT≤10 秒	100
		10 秒<FT≤15 秒	80
		15 秒<FT≤20 秒	60
首次响应时间（FT）	10%	20 秒<FT≤25 秒	40
		25 秒<FT≤30 秒	20
		FT≥30 秒	0
平均响应时间（AT）	5%	AT≤15 秒	100
		15 秒<AT≤25 秒	80
		25 秒<AT≤35 秒	60
		35 秒<AT≤45 秒	40
		45 秒<AT≤50 秒	20
		AT>50 秒	0

以表 9-2 为客服人员响应时间的评分标准，在采集到各客服人员的相应指标数据后，就能计算出对应的 KPI 考核结果。

2）月退货率

月退货率可以反映出客服人员在售后环节的沟通水平，在商品并未出现严重质量问题的前提下，月退货率越低，客服人员的工作能力越强。某店铺根据自身的实际情况为月退货率建立了评分标准，如表 9-3 所示。

表 9-3　月退货率评分标准

指　标	权　重	评分标准	分值/分
月退货率（RG）	10%	RG≤2%	100
		2%<RG≤3%	80
		3%<RG≤4%	60
月退货率（RG）	10%	4%<RG≤5%	40
		3%<RG≤6%	20
		RG>6%	0

以表 9-3 为客服人员月退货率的评分标准，在采集到各客服人员对应的月退货量和月成交量的数据后，就能计算出相应的 KPI 考核结果。

3）成交客单价率

成交客单价率这个指标反映了客服人员与消费者"讨价还价"的水平。一般来说，店铺会告知客服人员最低客单价，客服人员谈妥的客单价不能低于这个标准。某店铺根据自身的实际情况建立评分标准，如表 9-4 所示。

表 9-4　成交客单价率评分标准

指　标	权　重	评分标准	分值/分
成交客单价率（DP）	20%	DP≥1.5%	100
		1.4%≤DP<1.5%	80
		1.3%≤DP<1.4%	60

续表

指　　标	权　　重	评分标准	分值/分
成交客单价率（DP）	20%	1.2%≤DP<1.3%	40
		1.1%≤DP<1.2%	20
		DP<1.1%	0

以表 9-4 中数据为客服人员成交客单价率的评分标准，在采集到各客服人员落实的客单价和店铺最低客单价数据后，就能计算出相应的 KPI 考核结果。

4）咨询转化率

咨询转化率是客服人员最重要的考核指标之一，直接反映客服人员与消费者沟通的效果。某店铺根据自身实际情况建立了这个指标的评分标准，如表 9-5 所示。

表9-5　咨询转化率评分标准

指　　标	权　　重	评分标准	分值/分
咨询转化率（CC）	30%	CC≥50%	100
		45%≤CC<50%	80
		40%≤CC<45%	60
		35%≤CC<40%	40
		30%≤CC<35%	20
		CC<30%	0

按表 9-5 的评分标准，在采集到各客服人员对应的成交人数与咨询人数的数据后，就能计算出相应的 KPI 考核结果。

5）订单支付率

订单支付率反映的是下单量与最终成交量之间的比例，它能够体现消费者的支付意愿，也能在一定程度上体现客服人员的工作效果。某店铺根据自身实际情况建立了订单支付率指标的评分标准，如表 9-6 所示。

表9-6　订单支付率评分标准

指　　标	权　　重	评分标准	分值/分
订单支付率（CP）	25%	CP≥90%	100
		90%≤CP<85%	80
		85%≤CP<80%	60
		80%≤CP<75%	40
		75%≤CP<70%	20
		CP<70%	0

按表 9-6 的评分标准，在采集到各客服人员对应的成交量与下单量后，就能计算出相应的 KPI 考核结果。

🛠 拓展实训

【实训目标】

通过实训，使学生初步了解淘宝客户运营平台中的客户数据，分析店铺会员年龄构成与地域分布情况。

【实训内容】

针对"客户分布分析"工作表，如图 9-46 所示，分析年龄构成比例。

客户信息	客户级别	性别	年龄	地区	交易总额	交易笔数
***	一级客户	男	25	上海	5189.3	5
***	二级客户	男	36	成都	6520.2	7
***	三级客户	男	22	海口	6599.3	5
***	一级客户	男	21	广州	6500.2	7
***	一级客户	男	32	厦门	4500.6	6
***	二级客户	男	36	沈阳	6548.0	7
***	一级客户	男	23	上海	4855.0	9
***	一级客户	男	27	西安	4119.6	5
***	二级客户	男	29	北京	6189.3	6
***	一级客户	女	22	合肥	8238.5	9
***	一级客户	女	37	甘肃	8236.5	11
***	二级客户	女	25	上海	2049.3	2
***	三级客户	女	38	北京	25226.5	13
***	三级客户	女	21	深圳	8157.6	9
***	二级客户	女	29	深圳	4119.6	5
***	一级客户	女	32	广州	6189.3	6
***	二级客户	女	30	南京	8238.9	8
***	一级客户	女	26	南京	6189.3	7
***	一级客户	女	28	西安	7617.6	7
***	二级客户	女	29	苏州	2607.3	5
***	一级客户	女	27	杭州	5206.5	5
***	一级客户	女	32	北京	2049.6	9
***	三级客户	女	26	上海	2067.3	4
***	一级客户	女	26	成都	8238.6	8
***	三级客户	女	32	西安	8238.6	6
***	三级客户	女	22	北京	4118.6	7
***	二级客户	女	33	上海	4119.6	7

图 9-46 客户分布表

【实训步骤】

（1）创建饼图。

（2）分析各个年龄段客户人数的占比情况。

【实训要求】

（1）考虑到课堂时间有限，实训可采取"课外+课内"的方式进行，即团队分组、分工、讨论和方案形成在课外完成，成果展示安排在课内。

（2）每个团队方案展示时间为 10 分钟左右，教师和学生提问时间为 5 分钟左右。

课后习题

1．会员数据的作用是什么？

2．会员数据的获取途径都有什么？

3．RFM 模型的三要素是什么？

4．淘宝网的 DSR 主要指的是哪几个指标？

5．客服绩效考核的作用是什么？

第 10 章

数据可视化与报告

案例导入

可视化的武器——Excel

在生活和工作中，一张图片所传递的信息往往比很多文字所传递的信息更直观、更清楚。所谓"字不如表，表不如图"，图表的重要性可见一斑。统计分析产品、客户画像等方面都需要从业者具备优秀的数据可视化能力。现在常见的如"一图看懂××"等信息交流方式就是用图表来传递信息的，是典型的数据可视化成果。

莉莉为了让网店一年的运营数据更好地呈现出来，方便对数据的掌握和诊断，使用 Excel 工具将销售、库存等不同的数据进行整理和汇总，并且以不同的图形呈现出来，从而可以更加直观地看出哪些产品的销售额不理想，采取及时的补救措施，提高未来预测额。

学习目标

1. 了解数据可视化。
2. 理解特殊图表实现数据可视化。
3. 掌握数据报告撰写流程。
4. 熟悉数据分析报告实例。

重难点分析

1. 正确认识并掌握数据报告的撰写流程和技巧。
2. 让学生对数据可视化和数据报告撰写有正确的认识。

思政导学

本章主要目的是提高学生学习主动性与创造性，增强职业幸福感与认同感，实现价值观内化为学生的精神涵养和价值追求，呈现"数据之美"。

10.1　数据可视化

电子商务数据可视化可以借助人脑的视觉思维能力，帮助人们理解大量的数据信息，并深入了解其细节层面的内容，发现数据中隐含的规律，查找、分析及揭示数据背后的信息，从而提高数据的使用效率和决策的正确性。

10.1.1　可视化的认知

1．数据可视化的概念

数据可视化是以图表和图形的形式呈现数据，多个可视化和信息位的组合仍然被称为信息图表。而数据可视化工具就是生成这种呈现形式的软件。数据可视化为用户提供了交互式探索和分析数据的直观手段，使他们能够有效地识别有趣的模式、推断相关性和因果关系，并支持意义构建活动。

数据可视化可以分为两个主要的子领域：信息可视化和科学可视化。信息可视化用于可视化表示抽象数据，如商业数据；而科学可视化表示基于物理的科学数据，如人体、环境或大气。

微课：数据可视化的作用

2．数据可视化的作用

数据，尤其是大量数据，会让人一头雾水。人脑处理信息的方式的特点使使用图表或图形来可视化大量复杂数据比仔细研究电子表格或报告更容易。

数据可视化是向最终用户传达概念的一种快速简便的方法，可以通过稍做更改来对不同的场景进行实验。数据可视化主要有以下作用。

（1）使数据引人入胜且易于消化。

（2）识别一组数据中的趋势和异常值。

（3）讲述在数据中发现的故事。

（4）加强论点或意见。

（5）突出显示一组数据的重要部分。

3．数据可视化的展现形式

数据可视化有众多展现方式，不同的数据类型要选择适合的展现方法。除常用的柱状图、线状图、条形图、面积图、饼图、点图、仪表盘、走势图，还有和弦图、圈饼图、金字塔、漏斗图、K线图、关系图、网络图、玫瑰图、帕累托图、数学公式图、预测曲线图、正态分布图、迷你图、行政地图、GIS地图等各种展现形式。

4．商务数据可视化的一般步骤

对商务数据进行可视化处理，一般可以按照以下四个步骤进行。

1）明确商务数据可视化需求

开始进行商务数据可视化时，首先需要明确数据可视化的需求是什么。可以先试着回答一个问题：这个可视化项目能够怎样帮助用户？这个问题可以避免数据可视化设计中经常出现的一个问题：把一些不相干的数据放在一起进行比较。

2）为数据选择正确的商务数据可视化类型

在确定了需求之后，就可以为数据选择合适的可视化类型。数据可视化的效率很高，前提是必须准确运用，并能够精确地传达数据。不同类型的数据有其适合的图表类型，如果设计人员选用一个错误的类型去展现，就很容易造成误解。

3）确定最关键的信息指标

高效的数据可视化不仅取决于信息可视化的类型，还取决于一种平衡：既要保证总体信息的通俗易懂，又要在某些关键点上有所突出；既能提供深刻的信息解读，又能提供合适场景进行上下文的联系，从而更加合理地架构数据。所以，在进行数据可视化时，需要选取关键数据指标，对关键信息进行表达，以引导用户通过可视化得到相应的结论，最大程度彰显数据的价值。

4）优化展现形式

数据可视化的展现形式除了要有精美的外观，更需要根据其功能和用途而设计，不要为了表面的美观把简单的问题复杂化。

10.1.2 特殊图表实现数据可视化

1. 反映发展趋势的可视化图表

反映发展趋势的可视化图表通过图表反映事物的发展趋势，让人们一眼就能看清趋势或走向。常见的表现随时间变化趋势的图表类型有柱形图、折线图和面积图等。

柱形图又称条形图、直方图，是以宽度相等的条形高度或长度的差异显示统计指标数值大小的一种图形，如图10-1所示。用户可以按照时间绘制柱形图，反映事物的变化趋势，如某个指标最近一年的变化趋势；也可以按照其他维度，如区域、机型、版本等反映事物的分布情况。

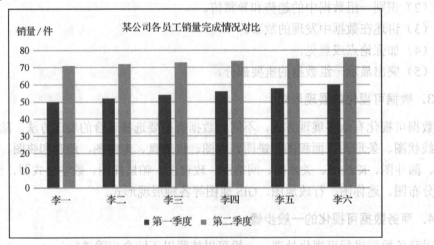

图10-1　柱状图示例

折线图是点和线连在一起的图表，可以反映事物的发展趋势和分布情况，如图10-2所示。与柱形图相比，折线图更适合展现增幅、增长值，但不适合展现绝对值。

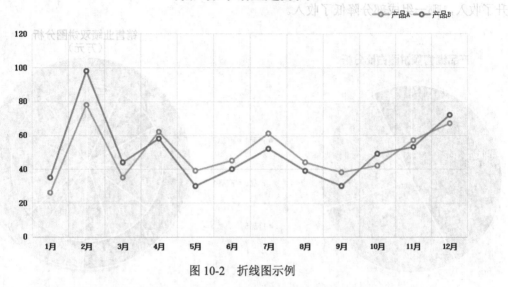

图 10-2　折线图示例

面积图通过在折线图下加上阴影反映事物的发展趋势和分布情况，如图 10-3 所示。

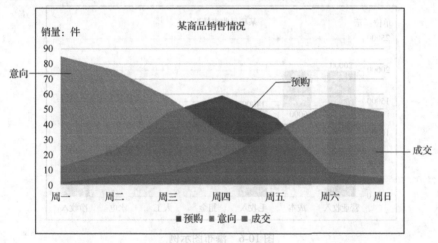

图 10-3　面积图示例

2. 反映比例关系的可视化图表

反映比例关系的可视化图表通过大小、长短等反映事物的结构和组成，从而让人们知道什么是主要的、什么是次要的。常见的反映比例关系的图表类型有饼图、旭日图、瀑布图等。

饼图是将一个圆饼分为几份，用于反映事物的构成情况，显示各个项目的大小/比例，如图 10-4 所示。饼图适合展现简单的占比比例，在不要求数据精确度的情况下可以使用。

旭日图有多个圆环，可以直观地展示事物组成部分下一层次的构成情况，如图 10-5 所示。

瀑布图采用绝对值与相对值相结合的方式，用于表达特定数值之间的数量变化关系，最终展示一个累计值，如图 10-6 所示，瀑布图能够反映事务从开始到结束经历了什么过程，用于分解问题的原因或者事物的构成因素。例如，要表现本月收入是怎样在上月收入的基础上变化的，就可以通过瀑布图分解每个收入组成部分所做的贡献，找出哪一组成部分提升了收入，哪一组成部分降低了收入。

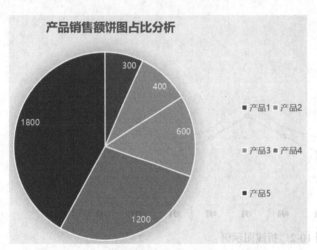

图 10-4　饼图示例　　　　　　　图 10-5　旭日图示例

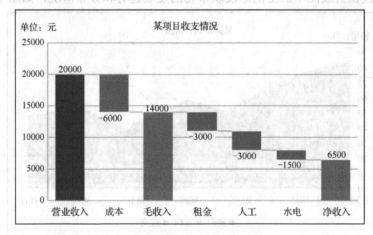

图 10-6　瀑布图示例

3．反映相关性的可视化图表

反映相关性的可视化图表通过图表反映事物的分布或占比情况，从而展示事物的分布特征、不同维度间的关系等。常见的反映相关性的图表类型有散点图、气泡图、热力图、词云图等。

散点图主要显示若干数据系列中各个数值之间的关系，类似 X、Y 轴，判断两个变量之间是否存在某种关联，如图 10-7 所示。此外，用户通过散点图还可以看出极值的分布情况。

气泡图是用气泡面积大小表示数值大小的，相对于散点图多了一个维度，如图 10-8 所示。

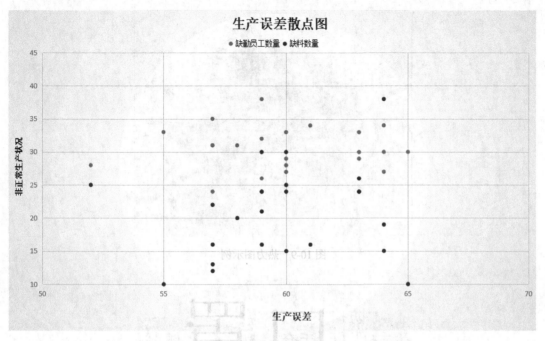

图 10-7　散点图示例

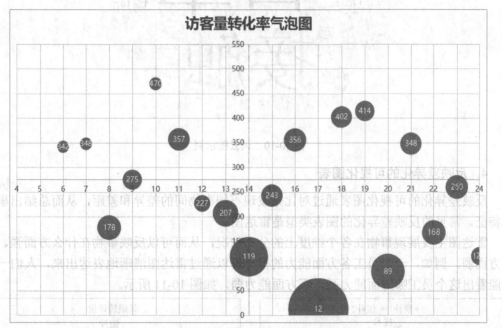

图 10-8　气泡图示例

　　热力图是以特殊高亮的形式显示访客热衷的页面区域和访客所在地理区域的图示，如图 10-9 所示。

　　词云图可描述事物的主要特征，要求能够让人一眼看出一个事物的主要特征，越明显的特征越要突出显示，如图 10-10 所示。同时，象形的词云图（如轮廓是一个人、一只鸟等）用于反映事物的主题，会更形象更生动。此外，词云图还可以显示词汇出现的频率，可以用于做用户画像、用户标签等。

图 10-9 热力图示例

图 10-10 词云图示例

4．反映差异化的可视化图表

反映差异化的可视化图表通过对比来发现不同事物间的差异和差距，从而总结出事物的特征。常见的反映差异化的图表类型是雷达图。

雷达图主要展现事物在各个维度上的分布情况，从而可以反映事物在什么方面强、什么方面弱。例如，一个员工各方面能力的得分可以通过雷达图清晰地表达出来，人们一眼就能看出这个员工哪方面能力强，哪方面能力弱，如图 10-11 所示。

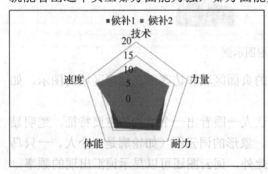

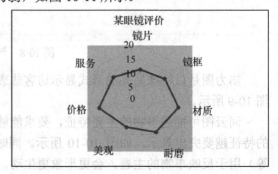

图 10-11 雷达图示例

5．反映空间关系的可视化图表

反映空间关系的可视化图表通过地图反映事物的地理分布情况或者用户的出行轨迹。常见的反映空间关系的图表类型有全球地图、国家地图、省市地图、街道地图、地理热力图等。地图可以形象地反映事物在地理上的分布情况及人群迁徙情况，主要包括地理分布图（全球、全国、各省市等）、迁徙图、热力地图等。热力地图主要反映地理、点击热力分布情况，从而显示哪里人群最多、哪里用户点击最多等，还可以反映用户出行习惯、使用习惯等。

6．反映工作流程的可视化图表

反映工作流程的可视化图表可反映工作流程中各个环节的关系，用以帮助管理者了解实际工作活动，消除工作过程中多余的工作环节，合并同类活动，使工作过程更加经济、合理和简便，从而提高工作效率。比较常见的反映工作流程的图表类型是漏斗图。

漏斗图主要用于反映关键流程各个环节的转化情况，人们通过分析各个环节的转化情况，发现问题之所在，从而找准改进的方向。

在电子商务数据分析过程中，漏斗图不仅能够展示用户从进入网站到实现购买的转化率，还可以展示每个销售环节的转化率，帮助卖家直观地发现问题，如图 10-12 所示。

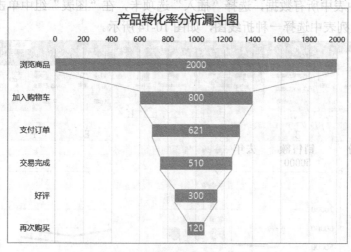

图 10-12　漏斗图示例

10.1.3　使用 Excel 制作跨境电子商务图表

图表是利用几何图形或具体形象表现数据的一种形式。它的特点是形象直观、富有表现力、便于理解。使用 Excel 制作图表来表明总体的规模、水平、结构、对比关系、依存关系、发展趋势和分布状况等，更有利于数据的分析与研究。下面我们将使用 Excel 进行跨境电子商务常规图表的制作。

1．折线图

折线图用于显示数据在某个时期内的变化趋势。例如，数据在一段时间内呈增长趋势，在另一段时间内呈下降趋势。通过折线图，我们可以对数据在未来一段时间内的变化情况做出预测。图 10-13 为某跨境电子商务企业各月份销售额数据表，可以用折线图进行分析，以下为具体操作步骤。

	A	B	C	D
1	月份	销售额	去年同期销售额	
2	1月	50000	45000	
3	2月	51500	47500	
4	3月	54020	50010	
5	4月	60100	52000	
6	5月	55600	51500	
7	6月	59500	55000	
8				
9				
10				
11				

图 10-13 各月份销售额数据表

Step1：选中表中所有数据，选择"插入"选项卡，在"图表"组中单击"折线图"下拉按钮，在下拉列表中选择一种折线图，如图 10-14 所示。

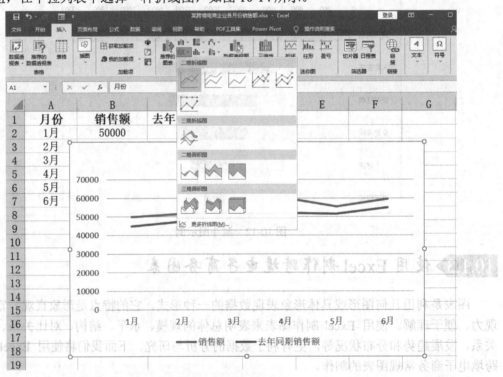

图 10-14 插入折线图

Step2：拖动图表可调整图表的位置，拖曳图表边框可调整图表的大小；单击图表右上角的"图表元素"按钮，即可添加、删除或更改图表元素，如添加坐标轴标题、去除网格线等；在页面右侧窗格中可对图表区格式进行设置，如更改填充方式、边框线条等，如图 10-15

所示。

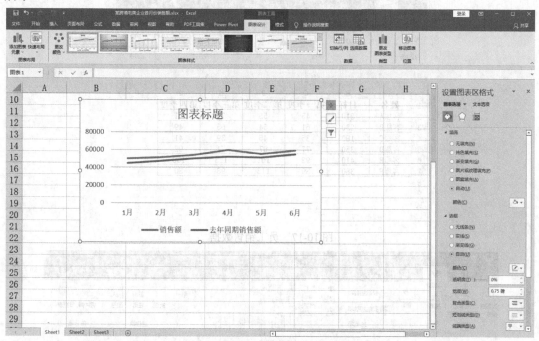

图 10-15　设置图表元素

Step3：更改图表标题，各岗位性别分布折线图的效果如图 10-16 所示。

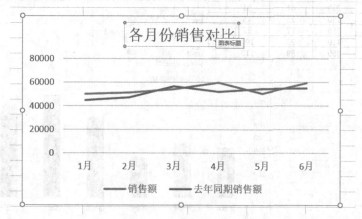

图 10-16　各岗位性别分布

2．柱形图

　　柱形图可以有效地对一系列甚至几个系列的数据直观地进行对比，簇状柱形图则适用于对比多个系列的数据。图 10-17 所示为某电子商务企业客服部门各员工的全年销售目标及每个季度的详细销售数据。使用柱形图可以形象地展示该电子商务企业销售部门全年销售目标的完成情况，能清晰地展示每位员工的计划达成情况、销售业绩分布情况及每个季度在全年的业绩占比，具体操作步骤如下所示。

　　Step1：选中表中所有数据，选择"插入"选项卡，在"图表"组中单击"柱形图"下拉按钮，在下拉列表中选择"堆积柱形图"选项，如图 10-18 所示。

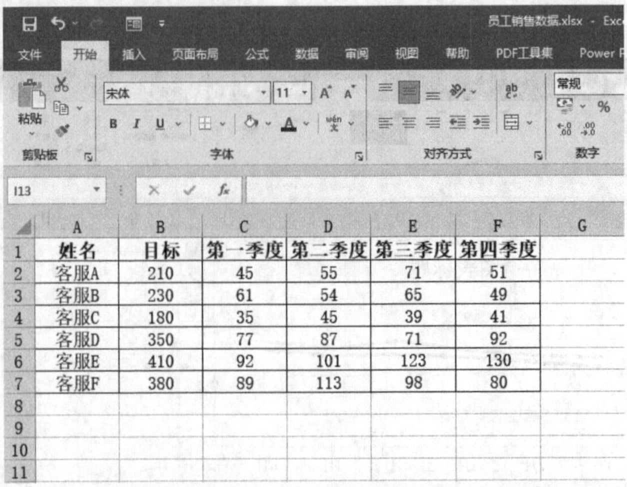

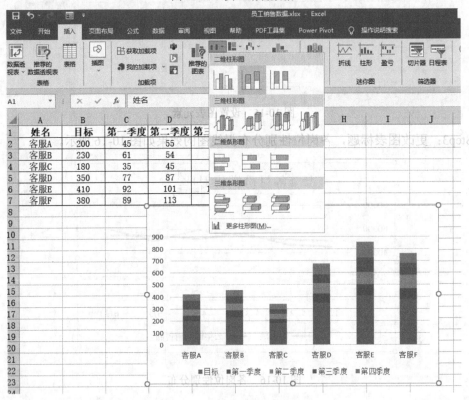

图 10-17　员工销售数据

图 10-18　插入堆积柱形图

Step2：在所插入的堆积柱形图中选择某一数据系列并右击，在弹出的快捷菜单中选择"更改系列图表类型"命令；在弹出的"更改图表类型"对话框中，单击系列名称对应的图标类型下拉按钮，设置"销售目标"数据系列的图表类型为"簇状柱形图"，设置"第一季度""第二季度""第三季度""第四季度"数据系列的图表类型为"堆积柱形图"。各季度数据绘制在"次坐标轴"上，如图 10-19 所示。

Step3：更改图表标题为"销售目标完成情况"；选中"销售目标"数据系列，右击，在弹出的快捷菜单中选择"设置数据系列格式"命令，修改"系列重叠度"为"100%"，

"间隙宽度"为"40%"，设置实线边框、无填充，删除次坐标轴及网格线，最终效果如图 10-20 所示。

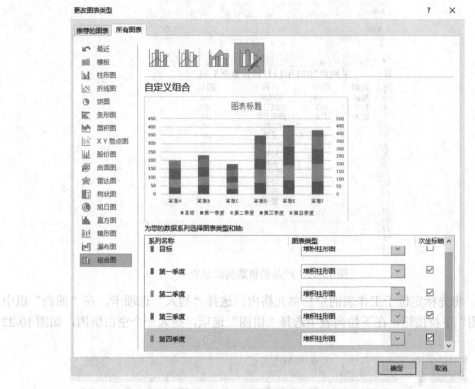

图 10-19 "更改图表类型"对话框

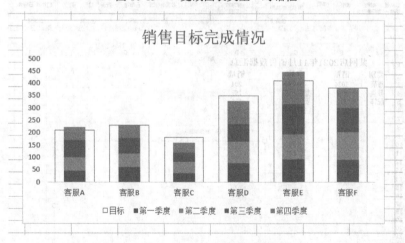

图 10-20 销售目标完成情况

3. 饼图

饼图用于对比几个数据在其形成的总和中所占的百分比。整个饼图代表总和，每一个数据用一个薄片表示。如果在同一个饼图中显示两组数据，就需要用双层饼图展示。图 10-21 为某店铺 2021 年 11 月销售数据汇总表，现需要用饼图展示各类别产品的销量及每一具体产品的销量情况，以下为具体操作步骤。

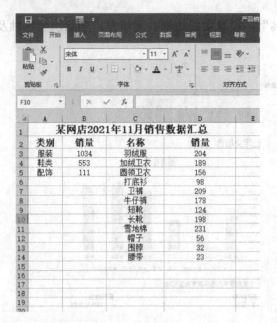

图 10-21　产品销售数据汇总表

Step1：将光标定位于工作表的空白单元格内，选择"插入"选项卡，在"图表"组中单击"饼图"下拉按钮，在下拉列表中选择"饼图"选项，插入一个空白饼图，如图 10-22 所示。

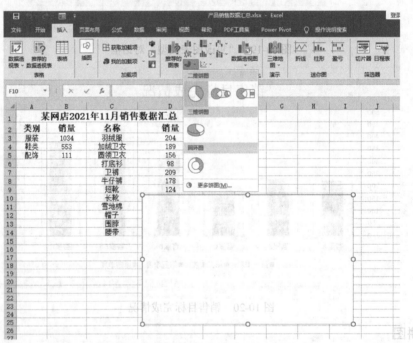

图 10-22　插入饼图

Step2：在图表的空白区域右击，在弹出的快捷菜单中选择"选择数据"命令，在弹出的"选择数据源"对话框中分别添加类别名称（见图 10-23）和系列名称，将"水平（分类）轴标签"设置为名称区域。设置完成后，两个饼图是完全重合在一起的。

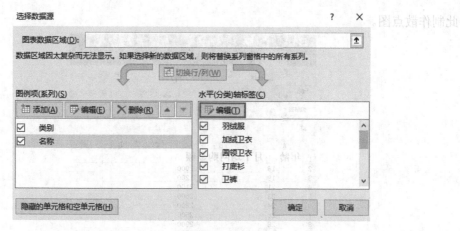

图 10-23　"选择数据源"对话框

Step3：选择类别饼图中某个数据系列，右击，在弹出的快捷菜单中选择"设置数据系列格式"命令，设置数据系列绘制在"次坐标轴"上，设置饼图程度为"50%"；移动 3 块分离的类别饼图（需要注意的是，要逐块分别移动，不能一次性全选移动），同时添加数据标签，即可形成图 10-24 所示的双层饼图。

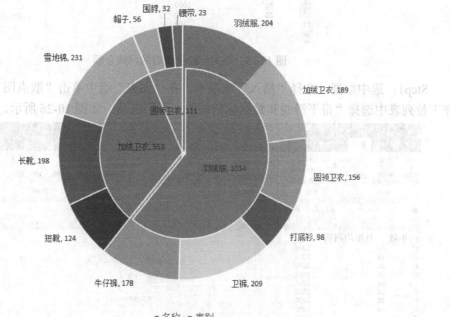

图 10-24　产品销售情况双层饼图展示

为了让图表层次更分明，在进行颜色调整时要将每类产品的颜色设置为同一色系但深浅不同，如上装全部是蓝色系，配饰全部为灰色系。

4. 散点图

散点图通常用于显示和比较数值，能够表示因变量随自变量变化而变化的大致趋势，据此可以选择合适的函数对数据点进行拟合。在不考虑时间的情况下比较大量数据时，可以使用散点图。图 10-25 为某平台统计的不同年龄消费者的月均网购金额数据，下面基于此制作散点图。

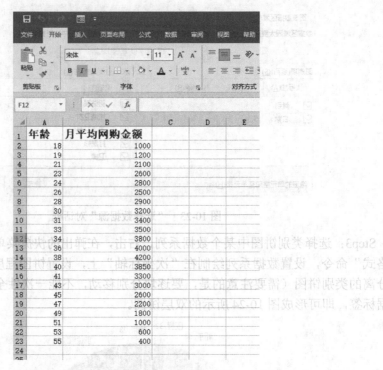

图 10-25　不同年龄消费者的网购金额

Step1：选中数据，选择"插入"选项卡，在"图表"组中单击"散点图"下拉按钮，在下拉列表中选择"带平滑线和数据标记的散点图"选项，如图 10-26 所示。

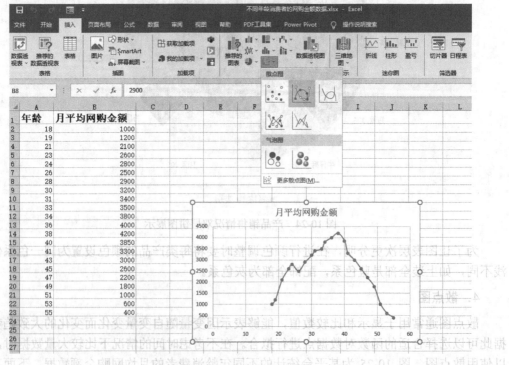

图 10-26　选择图表类型

Step2：此时即可插入散点图，调整图表的大小和位置，删除图例，设置图表标题，如图 10-27 所示；还可以进一步设置图表元素、坐标轴选项等，使图表更加清晰、明了。

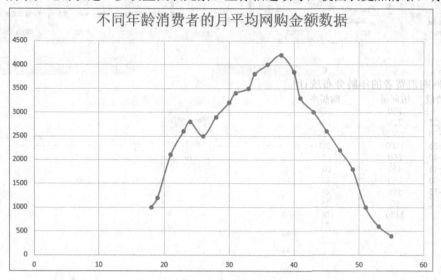

图 10-27　最终散点图

5. 气泡图

气泡图与散点图相似，可用于展示 3 个变量之间的关系。在绘制气泡图时将第一个变量放在横轴，第二个变量放在纵轴，第三个变量则用气泡的大小来表示。图 10-28 为某电子商务平台统计的网购消费者的年龄分布数据，下面将基于此数据制作气泡图来展示消费者的年龄分布情况，具体操作步骤如下所示。

网购消费者的年龄分布统计		
年龄段	访问量	购买率
20岁一下	750	12%
20-25	720	16%
26-30	1050	18%
31-35	1100	22%
36-40	560	11%
41-45	450	10%
46-50	250	6%
51-55	180	4%
55以上	90	1%
总计	5150	100%

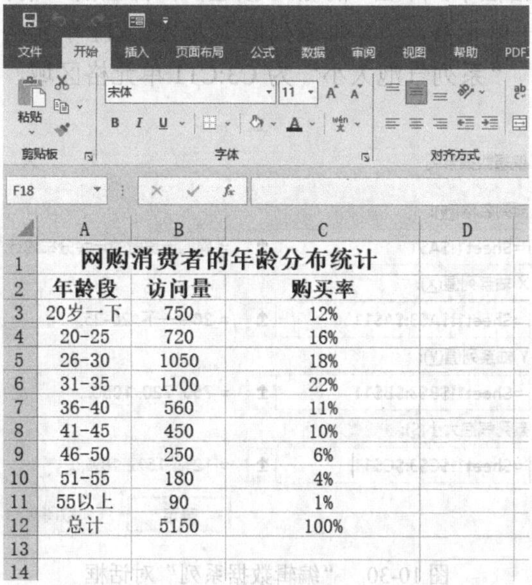

图 10-28　网购消费者的年龄分布数据

Step1：选择任一空白单元格，选择“插入”选项卡，在“图表”组中单击“散点图或气泡图”下拉按钮，在下拉列表中选择“三维气泡图”选项，如图 10-29 所示。

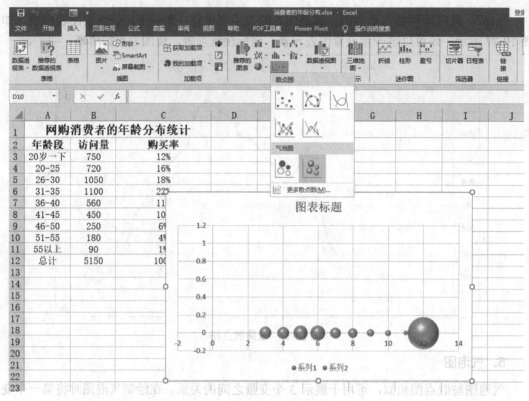

图 10-29　选择三维气泡图

Step2： 在插入的空白图标上右击，在弹出的快捷菜单中选择"选择数据"命令，在弹出的"选择数据源"对话框中，单击"添加"按钮；在弹出的"编辑数据系列"对话框中，设置"系列名称"为 A1 单元格，"X 轴系列值"为 A3:A11 单元格区域，"Y 轴系列值"为 B3:B11 单元格区域，"系列气泡大小"为 C3:C11 单元格区域，如图 10-30 所示，然后依次单击"确定"按钮。

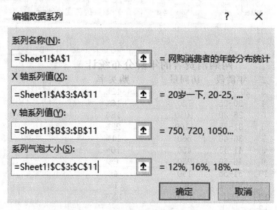

图 10-30　"编辑数据系列"对话框

Step3： 调整图表大小，在数据系列上右击，在弹出的快捷菜单中选择"设置数据系列格式"命令，在弹出的"设置数据系列格式"窗格中选择"填充"选项，选中"依数据点着色"复选框，最终效果如图 10-31 所示。

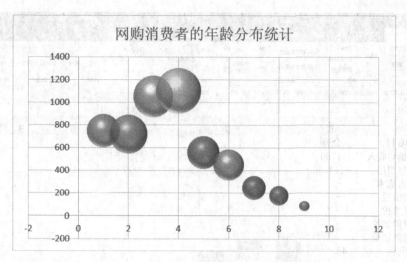

图 10-31 最终效果图

6．瀑布图

瀑布图因形似瀑布而得名，具有像瀑布一样自上而下的流畅的视觉效果。这类图表采用绝对值与相对值相结合的方式，很好地阐释了单个系列数据从一个值到另一个值的变化过程，形象地说明了数据的流动情况。

如果图表中个别数据点的数值同其他数据点相差较大，坐标轴刻度就会自动适应最大数值的数据点，而其他数值较小的数据点就无法在图表中直观体现。柱形断层图则可以忽略中间的数据，使所有数据都能在同一个图表中表现出来。图 10-32 为某电子商务企业最近一个季度的收支数据，下面将基于此进行瀑布图的制作，具体操作步骤如下所示。

图 10-32 企业收支数据统计

Step1：选择数据单元格，选择"插入"选项卡，在"图表"组中单击"瀑布图"下拉按钮，在下拉列表中选择"瀑布图"选项，如图 10-33 所示。

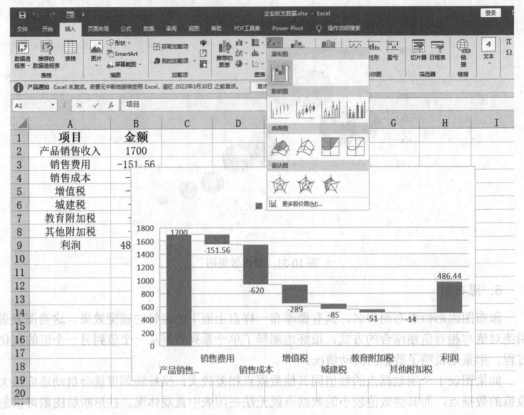

图 10-33 选择瀑布图

Step2：更改图表标题为"某电商企业近一季度的收支数据"；在图表中选中"利润"数据系列，右击，在弹出的快捷菜单中选择"设置为汇总"命令，设置后的瀑布图将更便于理解，如图 10-34 所示。

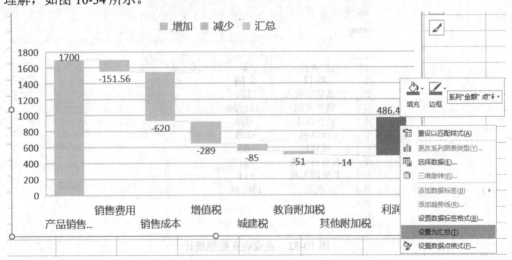

图 10-34 汇总毛收入

Step3：最终效果如图 10-35 所示。

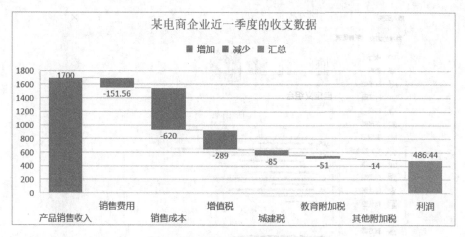

图 10-35　某企业收支情况瀑布图

7. 旋风图

旋风图能够直观地展示两组数据的对比情况。图 10-36 为某电子商务企业两个销售小组的数据,本例利用旋风图清楚地展示两组在各个月份销售情况对比,具体操作步骤如下所示。

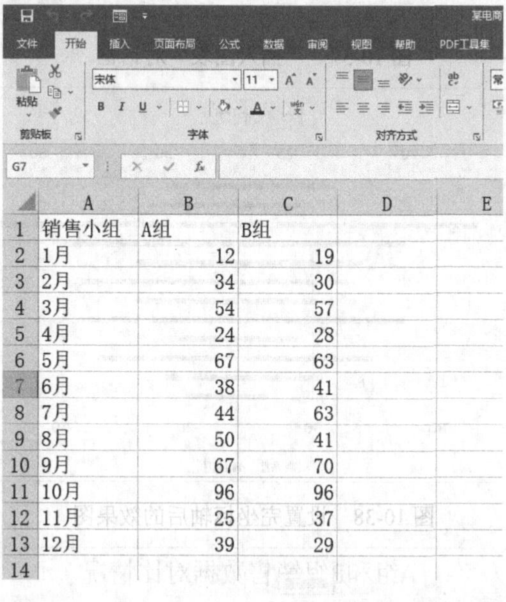

图 10-36　某电子商务企业两个销售小组的数据

Step1:选中 A1:C13 单元格区域,选择"插入"选项卡,在"图表"组中单击"推荐的图表"下拉按钮,在下拉列表中选择"组合图"选项,将图表类型设置为"簇状条形图",其中将"B 组"设置为显示在"次坐标轴"上,如图 10-37 所示。

Step2:双击上面的坐标轴,设置最小值和最大值分别为−120 和 120,并选中"逆序刻度值"复选框;同理设置下面坐标轴的最大值和最小值;另外,单击坐标轴标签,在"坐标轴选项"中将标签位置设置为"高",完成后的效果如图 10-38 所示。

Step3:更改图表标题;单击水平坐标轴,按 Delete 键将其删除,同理删除网格线等多余元素;设置数据系列的间隙宽度为 60%;添加数据标签,并设置图表的颜色、文字格式等,完成后的效果如图 10-39 所示。

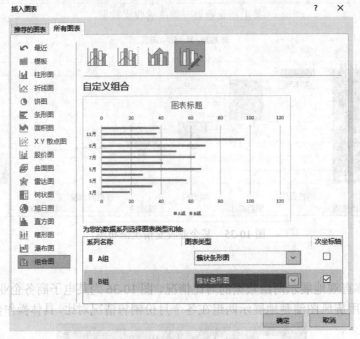

图 10-37 "插入图表"对话框

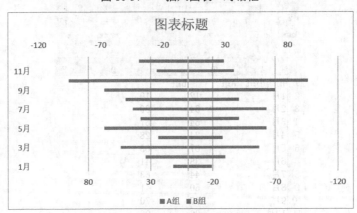

图 10-38 设置完坐标轴后的效果图

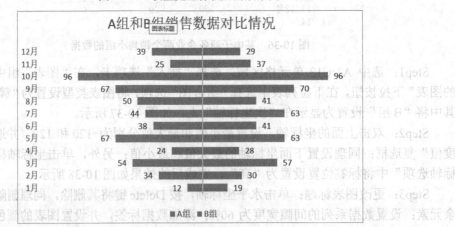

图 10-39 最终效果

10.2　撰写数据报告

向上级汇报是职场工作者的基本能力，其中撰写报告是非常重要的环节，也是数据分析师的基本能力。

10.2.1　数据报告类型

报告按场景类型可分为以下两种场景。

第一种类型是以"演讲+报告"的形式向企业或者老板汇报，这种报告的内容要精炼，文字描述要少，有简单直观的图表即可。

第二种类型是以"报告"的形式给企业或者老板汇报，这种报告的文字描述要清楚，字数相较多一些。

报告按内容可分为市场分析报告、店铺诊断报告、消费者舆情报告、竞品分析报告等。

报告按汇报周期可分为日报、周报、月报、季报、年报。

10.2.2　数据报告撰写流程

如图 10-40 所示，报告撰写流程也是数据分析的流程，数据分析师收到企业需求或者任务时，先要对需求进行分析，应用拆分法拆解出若干个子问题，再进一步思考每个子问题的解决方法。每个子问题的观察视角便是数据报告的框架。

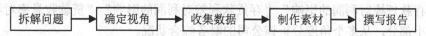

图 10-40　撰写数据报告流程

确定了报告的框架后就可以根据每个视角收集数据，将数据制作成报告的素材，如饼图、柱状图等。

最终将素材放到 PPT 或 Word 中，配上文字阐述即可。撰写的文字阐述分为客观描述和主观建议两种类型。

10.2.3　网站运营数据分析报告

网站运营数据分析报告分为业务经营分析报告、网站运营分析报告、网站改版分析报告、单品分析报告等。

1. 业务经营分析报告

业务经营分析报告由标题、前言、主体和结尾四个部分组成。

1）标题

业务经营分析报告的标题应当高度概括分析报告的主要内容、对象及作者的基本观点，以指导读者正确理解分析报告。业务经营分析报告的标题有单标题和双标题两种。

单标题一般将分析的对象、内容及时间写在标题中，如《××公司××××年度完成经济计划情况分析》；有的单标题直接在标题中揭示问题、提出建议、展望未来等。双标题的正题往往标出业务经营分析报告的主旨，点出作者的基本观点；副题则说明分析的对象、内容及时间范围等。

2）前言

前言即分析报告的开头，其写法多种多样，视具体情况而定。有的业务经营分析报告在前言部分简要说明调查分析的时间、地点、对象、内容、范围及方式方法等；有的交代写作目的，说明选题的重要意义，以利于读者了解作者的写作动机，引导读者把握分析报告的重心，正确理解分析报告的基本含义；有的简要介绍分析报告的主要内容；有的点出作者的基本观点；有的介绍分析对象的基本情况；有的提出问题，以引起读者的注意……

业务经营分析报告前言的写法很多，可以灵活运用，有时可单独采用一种写法，有时需要综合运用多种写法。

3）主体

主体是业务经营分析报告的主要部分。此部分需要围绕选题提出问题、分析问题、解决问题，并且要有情况、有数据、有观点、有分析。

主体部分的结构有纵式结构和横式结构两种。

纵式结构按照事物发生、发展的时间顺序或人们认识发展的规律，层层递进，依次安排布局，适用于事理明了、内容单一的专项分析报告。横式结构则根据分析内容的性质，将分析内容划分成几个方面或问题，循着某一逻辑关系并列安排布局，适用于综合性分析报告。例如，《××公司××××年度财务分析报告》的主体部分，根据分析内容的性质分成"××××年财务收支基本情况""资金来源与运用分析""成本费用分析""利润分析""问题与建议"五个部分。每一部分又被分解为若干小部分，如把"利润分析"部分分成"存款规模对利润的影响""存贷款利差对利润的影响""贷款收息率对利润的影响"三个小部分，从多个角度分析该公司的财务综合状况。

4）结尾

结尾是分析报告的结束部分，其主要作用是总结全文、点明主题、得出结论、揭示问题、提出建议、展望未来、鼓舞斗志、加深认识等。但若在前言或主体部分已得出结论、提出建议、展望未来、点明主题，也就无须再画蛇添足，可灵活安排。

2. 网站运营分析报告

网站运营分析报告主要包括以下内容。

（1）数据整理。

（2）从不同维度进行数据分析：自己和自己比，产品内部横向对比，市面上产品的纵向对比，用户体验层面的比较。

（3）给出优化建议。

（4）列明下个阶段的工作计划。

3. 网站改版分析报告

以下为网站改版分析报告的主要内容。

1）建设网站前的市场分析

（1）相关行业市场的具体情况，市场有什么特点，是否能够在互联网上开展业务。

（2）市场主要竞争对手分析，竞争对手的网站规划、功能和作用。

（3）企业自身条件分析、企业概况、市场优势，分析利用网站可以提升企业哪些方面的竞争力，以及建设网站的能力。

2）建设网站的目的及功能定位

（1）为什么要建设网站？是为了宣传产品、开展电子商务，还是建设行业性网站？是出于企业的需要还是市场开拓的延伸？

（2）整合企业资源，确定网站功能。根据企业的需要和计划，确定网站的功能和类型，如产品宣传型、网上营销型、客户服务型、跨境电子商务型、行业门户型等。

（3）根据网站功能，确定网站应达到的目的和作用。

（4）企业内部网（intranet）的建设情况和网站的可扩展性。

3）网站技术解决方案

根据网站的功能确定网站技术解决方案。

（1）采用自建服务器还是租用虚拟主机。

（2）选择操作系统，分析投入成本、功能、开发、稳定性和安全性等。

（3）采用系统性的解决方案（如 IBM、HP 等公司提供的企业上网方案、跨境电子商务解决方案），还是自己开发？

（4）网站安全性措施，防黑客、防病毒方案。

（5）相关程序开发，如网页程序 ASP、ASP.NET、JSP、PHP、CGI、数据库等。

4）网站内容规划

（1）根据网站的目的和功能规划网站内容，企业网站一般应包括企业简介、产品介绍、服务内容、价格信息、联系方式、网上订单等基本内容。

（2）跨境电子商务类网站要提供会员注册、详细的商品服务信息、信息搜索查询、订单确认、付款、个人信息保密措施、相关帮助等基本功能。

（3）如果网站栏目比较多，则考虑安排专人负责相关内容。需要注意的是，网站内容是网站吸引访客的重要因素，无内容或不实用的信息不会吸引匆匆浏览的访客。企业可事先对人们希望阅读的信息进行调查，并在网站内容发布后调查人们对网站内容的满意度，及时调整网站内容。

5）网页设计

（1）网页设计一般要与企业整体形象一致，要符合企业识别（corporate identity，CI）规范。要注意网页色彩、图片的应用及版面规划，保持网页的整体一致性。

（2）在新技术的采用上要考虑主要目标群体的分布地域、年龄阶层、网络访问速度、阅读习惯等。

（3）制订网页改版计划，如每半年到一年时间进行一次较大规模的改版等。

6）网站维护

（1）服务器及相关软硬件的维护，对可能出现的问题进行评估，明确响应时间。

（2）数据库维护，有效地利用数据是网站维护的重要内容，因此数据库的维护应受到重视。

（3）内容的更新、调整等。

（4）制定相关的网站维护规定，将网站维护制度化、规范化。

7）网站测试

网站发布前要进行细致周密的测试，以保证正常浏览和使用。以下为网站测试的主要内容。

（1）测试服务器的稳定性、安全性。

（2）程序及数据库测试。

（3）网页兼容性测试，如浏览器、显示器。

（4）根据需要进行的其他测试。

8）网站发布与推广

（1）网站测试后进行发布的公关、广告活动。

（2）搜索引擎登记等。

9）网站建设日程表

明确各项规划任务的开始、完成时间、负责人等。

10）费用明细

制作各项事宜所需费用清单。

以上为网站改版分析报告中应该体现的主要内容，根据不同的需求和建站目的，其内容也会相应地增加或减少。在建设网站之初，一定要进行详细的策划，才能达到预期的建站目的。

4. 单品分析报告

对于任何一份单品分析报告来说，开篇的点题和背景介绍都很重要。单品分析报告主要包括如下几个部分。

1）行业概述

（1）介绍行业背景（包括行业发展情况及发展趋势）。

（2）介绍产品对应市场的情况（市场规模、用户群体、产品组成及竞争情况、新趋势）。

2）产品概述

（1）产品的战略定位与目标。

（2）产品的发展历程（针对已有的产品）。

（3）产品的发展规划。

3）用户需求的收集与总结

收集与总结用户出现了哪些需求，哪些需求还未被满足或未被较好地满足，便于在后面提出优化方案。

4）产品功能分析

（1）功能列表、主要业务流程介绍，便于在后面对比优缺点。

（2）介绍行业背景和产品后，就可以通过 SWOT 分析法搭建产品分析的核心框架。

5）产品优势分析

（1）用户体验方面。

（2）功能设计方面（包括横向和纵向，即功能是否全面，流程是否完善、简便）。

（3）资源、性能方面。

6）产品劣势分析

（1）用户体验方面。

（2）功能设计方面（包括横向和纵向，即功能是否全面，流程是否完善、简便）。

（3）资源、性能方面。

7）行业竞争分析

从用户体验、功能设计、资源、性能几个方面对行业内的同类产品进行横向比较，最后结题并总结。

8）产品发展建议

通过产品优劣势及行业竞争分析，给出产品发展建议，如哪些优势需要巩固和发扬，如何规划；哪些劣势需要弥补和完善，如何规划；哪些行业机会、新需求可以满足，如何规划。

10.2.4 数据分析报告实例

1. 用户舆情分析

用户舆情是企业的宝贵资源，用户舆情分析可以向企业反馈用户的心声、用户对产品的看法、用户真正的需求。

用户舆情信息包括文本、音频、图片等各种各样的形式，实际工作中应用较多的还是文本类的用户舆情。综合考虑数量、丰富性、易获得性、信息匹配度等方面的因素，文本相较于音视频、图片而言的信息价值、性价比都是高的。

1）项目背景

某家用养生壶生产企业现阶段在给淘宝天猫店铺供货，想转型线上市场，决定优化产品，与其他产品差异化，企业认为应该在质量方面进行改良，让产品可以用 3~5 年，从而体现产品力。

2）项目目标

分析用户舆情，了解用户对产品的真正诉求，从而帮助企业确定产品的优化方向。

3）分析思路

分析用户好评内容，了解用户关心的内容。

分析用户差评内容，了解导致用户不满意的原因。

4）重要过程与结论

如图 10-41 所示，产品效果和企业提供的服务是用户最关心的内容。产品效果是功能和材质选择的问题。

指标	频率
质量	20
包装箱	71
外观	137
物流	99
服务	169
性价比	102
效果	203
说明	36
促销	9
朋友推荐	45
操控	136
速率	141
容量	102

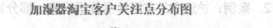

图 10-41 产品效果舆情指标

如图 10-42 所示，用户使用产品的场景决定了为什么用户关心效果，因为封装品比产品本身的价值更高。

养生壶卖点介绍	
开水	火锅
花茶	煲汤
煮蛋	药膳
大米粥	凉茶
五谷粥	灵芝水
甜品	酸奶
煮酒	煮咖啡
消毒	婴儿用水
热奶	保温

图 10-42　产品使用场景

如图 10-43 所示，差评是因为产品质量出现问题，综合上面的分析可知，在质量必须保证的前提下可以优化产品效果。

淘宝客户差评关注点分布图

类别	频率
质量	63
效果	59
物流	45
服务	37
说明	25
操作	12
发票	8
包装	6

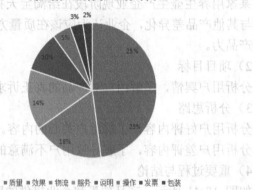

■质量 ■效果 ■物流 ■服务 ■说明 ■操作 ■发票 ■包装

图 10-43　差评分布

2．案例：护法产品市场数据分析报告（部分）

1）背景介绍

电子商务的竞争在很大程度上就是大数据的竞争，客户洞察、营销规划、物流管理、流程规划、风险控制等，都将受益于大数据相关技术。由于电子商务平台可以产生巨大的信息量并且其所收集的用户信息具有真实性、确定性和对应性特点，电子商务具有了利用大数据的天然优势，其应用将贯穿整个电子商务的业务流程，成为公司的核心竞争力。以数据化思维分析问题、解决问题并预测可能出现的问题成为电子商务运营数据化决策的重要依据，越来越受相关企业、行业的重视。

2）需求分析

本报告以护法产品为例，以 2020 年 1—2 月护法产品的市场销售额为分析对象，按照数据可视化分析的工作路径，对访客数、搜索人气、交易指数、客单价、加购人数等进行交叉分析，以发现店铺运营中存在的问题，并提出市场应对策略。

3）数据处理运用

（1）数据来源。本报告数据来源于山东半亩花田天猫店铺护发产品 2020 年 1—2 月的销售额，包括访客数、搜索人气、卖家数、交易指数、客单价、被支付卖家数、加购人数和支付金额等字段。通过对各省支付买家数占比、加购数据、近 90 天支付金额、品牌数据等方面进行多维分析，为店铺运营提供数据化决策依据。

（2）数据处理思路。本报告主要使用了多维数据分析思路，对各地区品牌销售情况、搜索人气、访客数、卖家数、交易指数、客单价数据等多个字段进行交叉分析，以发现该店铺的实际运营状况，为下一步店铺的运营决策提供依据。

4）应用成果

（1）搜索情况分析。护发素搜索指数趋势如图 10-44 所示，可以看出：该店铺访客数、搜索人气数据同比增幅明显，说明该产品受大众喜爱，整体情况好，消费群体稳定，并占有一定市场份额；卖家数呈减少趋势，说明行业经过一定的竞争，淘汰了部分卖家，而该家店铺运营状况整体较稳定，并有了一定的市场份额。

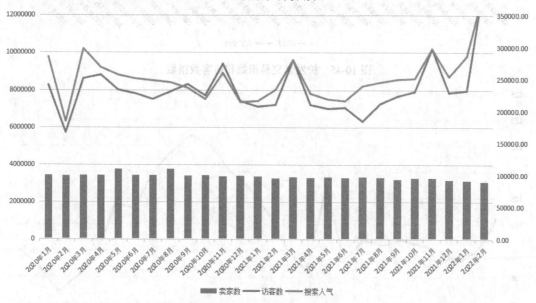

图 10-44　护发素搜索指数趋势

（2）交易情况分析。护发素交易指数和访客数趋势如图 10-45 所示。在卖家数量明显减少的情况下，交易指数呈增长趋势，可以看出消费群体稳定，护发素产品市场前景较好。同时，卖家大幅度减少，交易指数增长，说明产品的品牌化趋势明显，人们的消费习惯趋于定势并有了品牌意识。而且该店铺的访客数一直比较稳定，说明该护发素产品在市场中已经有一定的品牌知名度，市场可接受程度较高。所以，护发素卖家应注重提升产品的质量，提高品牌忠诚度，进一步扩大市场份额。

（3）客单价分析。护发素客单价趋势如图 10-46 所示。客单价在 2021 年 6 月呈下降状态，在下降到一定程度后基本保持在 95 元左右。客单价呈下降趋势说明产品趋于大众化。同时，2021 年比 2020 年销量好，说明该护发素市场需求在增大，品牌知名度进一步提升。

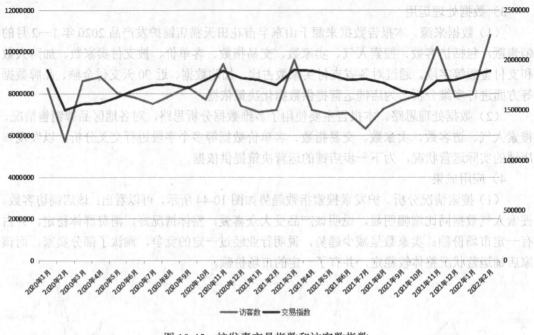

图 10-45　护发素交易指数和访客数指数

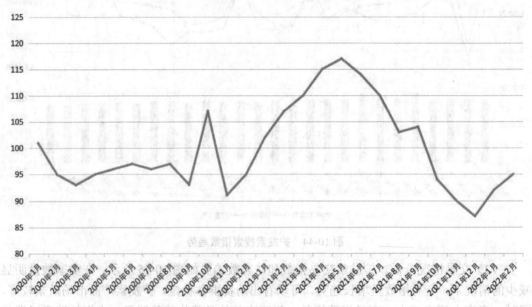

图 10-46　护发素客单价趋势

（4）卖方市场分析。卖家数趋势如图 10-47 所示。护发素卖家数减少，说明市场经过一定的竞争，淘汰了一些卖家；被支付卖家数较稳定，说明留下的卖家都有了稳定的店铺，同时新进入的卖家已经从中竞争到自己的市场。

（5）加购情况分析。护发素加购人数与交易指数趋势如图 10-48 所示。交易指数和加购人数增幅较明显，说明此需求已经有了一定的目标消费者群体，护发素的市场需求在进一步扩大。卖家应明确消费者的需求，激发消费者的购买欲望，促成交易。护发素在"双十一"时交易指数和加购人数达到峰值,产品受"双十一"影响较大,应在 9—10 月宣传和备货,以免缺货和断货,在"双十一"期间做好优惠狂欢等活动。护发素在 4 月交易指数和加购人数有一个小高峰,此时处于春季,气候干燥,而且有妇女节活动,卖家应做好宣传和备货。护发素在同年 1—2 月交易指数和加购人数处于低谷期,此时应该加大促销和打折力度,清理库存,降低成本。

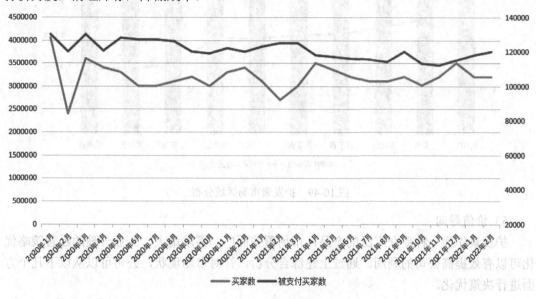

图 10-47　卖家数趋势

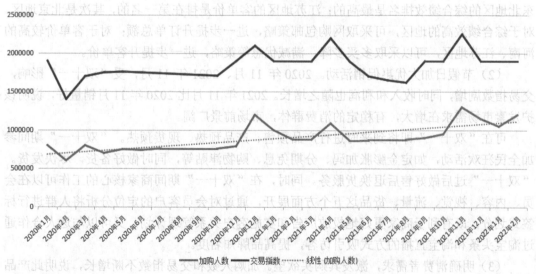

图 10-48　护发素加购人数与交易人数指数趋势

　　(6)市场的区域分布。护发素市场区域分布如图 10-49 所示。这些省、市的经济水平较高,客户购买能力强,应该加大该地区的产品宣传和投放力度,同时进行网购包邮等优惠策略,进一步提升销售额。

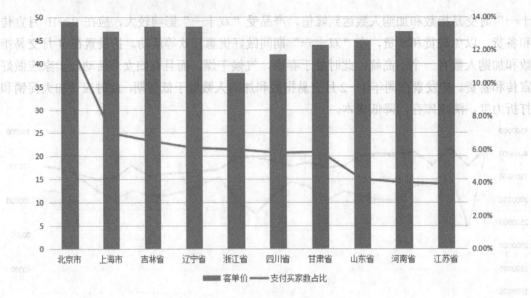

图 10-49　护发素市场区域分布

5）价值导向

护发素作为一种受众广泛的产品，市场覆盖面广，需求量大，企业合理的经营策略优化可以有效提高公司的利润。通过上述综合分析，针对市场现状，公司可以从以下几个方面进行决策优化。

（1）针对不同地区采取差异化营销策略。从收入、利润、订单量三个指标综合来看，东北地区的综合绩效排名是最高的；江苏地区的客单价是排在第一名的，其次是北京地区。对于综合绩效高的地区，可采取网购包邮策略，进一步提升订单总额；对于客单价较高的河南、江苏地区，可以采取多买多降、满减优惠等策略，进一步提升客单价。

（2）节假日加大优惠促销活动。2020 年 11 月、2021 年 11 月，受"双十一"影响，交易指数剧增，同时收入和利润也随之增长。2021 年 11 月比 2020 年 11 月销量好，说明该护发素市场需求在增大，有稳定的消费群体，市场前景广阔。

可在"双十一"即将到来时进行产品预售、产品预热、现货预热。"双十一"期间参加全民狂欢活动，如定金膨胀加码、分期免息、购物津贴等，同时做好备货，尽快发货。"双十一"过后做好售后退换货服务。同时，在"双十一"期间商家核心的工作可以在会员、内容、视觉、流量、货品这五个方面展开，通过对会员客户的定位分析将人群进行标签式划分，既有利于商家更好地投放广告和实施客户关系管理计划，又可以与达人合作通过淘宝头条和淘宝直播的方式吸引访客，提高品牌知名度。

（3）明确消费者需求，激发其购买欲望。加购人数和交易指数不断增长，说明此产品已经有了一定的目标消费群体，护发素的市场需求在进一步扩大。卖家应明确消费者需求，激发消费者购买欲望，促成交易。

（4）用明星效应提升品牌知名度。从各个品牌占比分析可以看出国产品牌占有最大的市场份额，同时明星效应有利于提高品牌的知名度，巩固品牌在消费者心目中的地位。此外，中低价的产品定位可以提升消费者的购买欲望，更快地促成交易。

拓展实训

【实训目标】

通过实训，使学生初步了解使用 Excel 制作特殊图表的方法，使用数据可视化是以图表和图形的形式呈现数据。

【实训内容】

针对"企业收支数据"工作表，如图 10-50 所示，制作瀑布图，分析企业收支情况。

	项目	金额
1	项目	金额
2	产品销售收入	2000
3	销售费用	−163
4	销售成本	−631
5	增值税	−302
6	城建税	−85
7	教育附加税	−61
8	其他附加税	−16
9	利润	742
10		

图 10-50　企业收支数据统计

【实训步骤】

（1）创建瀑布图。

（2）分析企业收支情况。

【实训要求】

（1）考虑到课堂时间有限，实训可采取"课外+课内"的方式进行，即团队分组、分工、讨论和方案形成在课外完成，成果展示安排在课内。

（2）每个团队方案展示时间为 10 分钟左右，教师和学生提问时间为 5 分钟左右。

课后习题

1．简述数据可视化的概念。

2．数据可视化主要有什么作用？

3．商务数据可视化的一般步骤是什么？

4．能够反映比例关系的是什么图表？

5．简述撰写数据报告的流程。

参 考 文 献

[1] 马世权. 从 Excel 到 Power BI：商业智能数据分析[M]. 北京：电子工业出版社，2018.

[2] 亚历山大. 中文版 Excel 2019 宝典：第 10 版[M]. 赵利通，梁原，译. 北京：清华大学出版社，2019.

[3] 牟春苗. O2O 电子商务模式中推荐方法的研究[D]. 大庆：东北石油大学，2014.

[4] 钱洋. 网络数据采集技术：Java 网络爬虫实战[M]. 北京：电子工业出版社，2020.

[5] 邵贵平. 电子商务数据分析与应用[M]. 北京：人民邮电出版社，2018.

[6] 孙俐丽，袁勤俭. 数据资产管理视域下电子商务数据质量评价指标体系研究[J]. 现代情报，2019（11）：90-97.

[7] 孙浦阳，张靖佳，姜小雨. 电子商务、搜寻成本与消费价格变化[J]. 经济研究，2017（7）：139-154.

[8] 王翠敏，王静雨，钟林. 电子商务数据分析与应用[M]. 上海：复旦大学出版社，2020.

[9] 王东. 基于 Hadoop 的电子商务推荐系统设计与实现[D]. 西安：西安工业大学，2017.

[10] 王鑫. 团购类 O2O 电子商务用户持续使用意向研究[D]. 长春：吉林大学，2016.

[11] 吴礼旺. 基于客户行为分析的电子商务潜在客户挖掘研究[D]. 武汉：武汉理工大学，2014.

[12] 徐萌萌. 中国跨境电商发展的现状及问题研究：基于阿里巴巴的 SWOT 分析[D]. 合肥：安徽大学，2016.

[13] 杨从亚，邹洪芬，斯燕. 商务数据分析与应用[M]. 北京：中国人民大学出版社，2019.

[14] 叶子. 电子商务数据分析与应用[M]. 北京：电子工业出版社，2019.

[15] 岳云嵩，李兵. 电子商务平台应用与中国制造业企业出口绩效：基于"阿里巴巴"大数据的经验研究[J]. 中国工业经济，2018（8）：97-115.

[16] 张珂. 大数据背景下京东商城供应链成本控制研究[D]. 大庆：东北石油大学，2019.

[17] 张俣. 阿里巴巴西安分公司客服人员绩效管理研究[D]. 西安：西安理工大学，2016.

[18] 赵龙. 电子商务数据分析平台的设计与实现[D]. 长沙：湖南大学，2015.

[19] 郑国凯，黄彩娥. 基于大数据的智能商务分析平台开发和设计[J]. 现代电子技术，2020（5）：163-166+170.

[20] 周庆麟，胡子平. Excel 数据分析思维、技术与实践[M]. 北京：北京大学出版社，2019.

[21] 周星. 基于大数据的中小型电商企业精准营销研究[D]. 衡阳：南华大学，2018.